McKinsey

マッキンゼー 勝ち続ける 組織の 10の法則

著　スコット・ケラー
マッキンゼー・アンド・カンパニー シニアパートナー
メアリー・ミーニー
元マッキンゼー・アンド・カンパニー シニアパートナー

訳　マッキンゼー・アンド・カンパニー・ジャパン
人材・組織・パフォーマンスグループ

日本経済新聞出版

Leading Organizations : Ten Timeless Truths, *First Edition*
by Scott Keller and Mary Meaney

監訳者まえがき

日本企業組織モデルの機能不全が議論されて久しい。止まらないグローバル競争力の低下、業界という枠を超えた産業構造変化、コロナ禍を経て「待った無し」の状況として、多くのマネジメントが課題意識を持ち、これまでに無く大胆な手を打たれようとしている。

背景には、社員を大切にし、長期に人を育てると信じてきた仕組みが、実態として、能力開発に対する投資の少なさ、挑戦しない・出来ないカルチャーなど、社員の能力を最大限に生かす組織となっていない現実が存在する。弊社がWar for Talentと言い始めたのが１９９７年だが、まさに人材の能力を最大限に引き出せる企業のみが資本市場からも、労働市場からも選ばれ、競争優位となっている。

一方で、業種を問わず一握りの優良企業は日本社会システムの中においても、高いレベルの組織づくりに成功し、勝ち続けている。いずれの日本企業においても、経営陣は社員の幸せ、成長を真の喜びと感じる方々である。では、この差はどこから来るのか？　私は、組織設計に関する知恵の深さの違いと考えている。そもそも複数企業を通じてキャリア形成を行う欧米マネジメントに比べ、生え抜きが中心の日本企業では、その実体験として経験出来る組織設計の幅にハンデキャップが存在する。

　前記の「勝ち続ける」企業においては、間違いなく人材を成長させる組織づくりがマネジメントの最大の仕事と定義され、ハード・ソフトな仕組みの両面でその時々の事業環境にあった仕組みの導入を行っている。組織の仕組みという、他社からは見えにくいこの巧拙が、企業の力の差として表れていると痛感する。これは企業の在り方に関わる話であり、一朝一夕に変えられるものでは無い。しかし、マネジメントが強い変革決意のもと、適切なアプローチを導入することで、数年という比較的短期間でこういった組織づくりを通じて大きな企業変革に成功したケースを見てきている。業績と組織健康度、その一体での変革が成功の鍵である。

　この本は２０１６年に英語版として出版されたものである。日進月歩で進むビジネスの世界において、必ずしも最新書とは言えないが、組織という時代を超えるテーマを扱っている点からも、また日本企業が組織変革を「待った無し」と感じている現在において有用と考える。日本の特殊性議論になりがちな組織論において、グローバル企業が組織づくりという観点で、何に苦労し、何が争点なのか、日本の特殊性を乗り越えんとするこのステージにおいて参考になるのではないかと思う。今まさに企業変革・組織変革を進められようとしている日本企業のお役に立てれば幸いである。

マッキンゼー・アンド・カンパニー
シニアパートナー　井伊宏光
人材・組織・パフォーマンスグループ
２０２２年11月

序文

この本の序文を書いて欲しいと依頼を受けたとき、最初は断るつもりでした。マッキンゼーのような有名なコンサルティング会社のパートナー２人が書いた本には、斬新なアイデアや魔法の洞察力によってクライアントの業績が驚異的に改善したという宣伝文句が、さも自慢げに盛り込まれているだろうと思ったからです。これほどまでに私がシニカルなのは、毎年出版される１万１０００冊のビジネス書の多くは独創的で画期的なアイデアがあると主張している一方で、そのほとんどが、組織論の大家であるジェームズ・Ｇ・マーチが言うところの「独創的であるという主張のほとんどは無知の証であり、万能な解であるという主張のほとんどは傲慢の証である」[1]に当てはまると思っているからです。

この本を読み始めたとき、私はいつものように独創性や魔法が自慢げに書かれていると想像しました。しかし、実際はそのようなことは全くなく、第二次世界大戦以来、長きにわたりマッキンゼーが観察し、助言してきた組織やリーダーの成功に不可欠であった「時代を超えた10の法則」を明らかにしたものでした。その本は、私と同僚のスタンフォード大学教授のジェフリー・フェファーが共同で執筆した本で説明している「フェファーの法則」に則った稀有なビジネス書、つまり「新しいことに興味を持つのではなく、何が真実であるかに興味を持つべきである」[2]というエビデンス・ベースト・マネジメントに関する本でした。そう、ここに書かれているアドバイスは、著者らが収集しうる最新の（特に、最も優れた）エビデンスと経験によって形作られています。また「今日のリーダーにとって、40年前や40年後も変わらず役立ち続ける」トピックにフォーカスしています。著者が取り組む、時代を超えた厄介な問題を考えてみてください。どの時代のリーダーも、これまでも、そしてこれからも、次のような問いと格闘していくことでしょう。「意思決定の質とスピードを高めるにはどうすればよいのか？」「組織文化を競争力にするにはどうすればよいのか？」。本書では、新しいことよりも変わらぬ法則に焦点を当て、組織とそのリーダーが永続的に成功するために最も必要な10のトピックに絞って紹介がされています。

　また、本書の読み手に分かり易い構成、内容、文体にも惹かれました。著者は、「時代を超えた10の法則」のそれぞれについて、「なぜ重要なのか？」「なにが重要なのか？」「どのように実現させるか？」というセクションに分けて考察することで、読者の理解を助けています。それぞれのセクションの中身は厳選されたものです。例えば、私が仕事をしたことのある分野（組織改革など）では、誇張された意味のないことやトリビアを徹底的に排除し、本質的な部分のみに焦点を絞っていることに驚かされます。また、変革を成功に導くための章では、成功の確率を2倍にする方法や、一見非合理的なことを合理的に行うことの重要性など、最も重要ないくつかの教訓に絞り掘り下げています。私の嫌いな空虚な言葉、いわゆる「マーベリック・カンパニー」の著者ポリー・ラバールが言う「専門用語の一酸化炭素中毒」がないのも良い点です。

この本を読んでから数日間たって、著者は「時代を超えた10の法則」は、著者とその同僚たちが長年にわたって多くのリーダーの成功と失敗を観察し、学び、人に伝える経験をたくさん積んだからこそ、とても分かり易く、役に立つのだということに気づきました。この本は、心理学者ウィリアム・シュッツが著書『Profound Simplicity』の中で「人の理解は、単純化、複雑化、深遠なる単純化という3つの段階を経て進化する」[3]と語っていたことを思い出させました。私は本書は、そのような深遠なる単純さを示す素敵な例だと思います。皆さんもぜひ読んでみてください。

２０１７年１月　ボブ・サットン

ボブ・サットン（ロバート・I・サットン）は、スタンフォード大学工学部経営科学科教授、組織研究者、ベストセラー作家。１００本を超える学術論文や、１０００以上のブログ記事を執筆し、最新作のScaling Up Excellenceを含む６冊のマネジメント本を出版している。最近では、米国経営者協会（AMA）の「ビジネス界のリーダー」トップ10に選ばれ、ビジネスウィーク誌の「B-School All-Stars」10人の１人に選ばれている。

はじめに

本書執筆の理由―WHY

今日の多くの組織と同様、マッキンゼーもクライアントを支援し、組織がより効率的かつ効果的に仕事ができるよう、テクノロジーの活用に多大な投資を行っている。例えば「自らをデジタル化」する活動の一環として、マッキンゼーは、クライアントリンクと呼ばれるリレーションシップ・マネジメント支援ツールを導入している。

２０１５年初頭から、すべてのパートナーのメールアドレス帳に登録されているクライアントの連絡先情報を基に、世界中の一流の情報源から公開されたばかりのビジネス記事のデータベースを自動的に参照するようにした。クライアントの会社名や役職をもとに、データベースが興味のある記事の候補をマッチングし、パートナーは関連記事をクライアントに転送することができるようになった。

これは、私たちコンサルタントにとっても、クライアントにとっても素晴らしいサービスだった。なぜなら、私たち自身では収集できなかったであろう無数の情報源から、最先端の関連情報をタイムリーに入手することができたからだ。

ただ問題は、このメールが毎日送られてくるようになったことであった。

初めは斬新さに感動し、次第に面倒になり、そして最後には全くばかげたことだと感じるようにすらなった。その理由は、量の問題ではなく（1日に送られてくる量はせいぜい1、2通といった処理可能な数／範囲であった）、個々の記事の内容が説得力がなかったからでもない。バズワードやフレームワーク、誇大広告、矛盾した主張が乱立する中で、どうしても迷いが生じてしまったのだ。ある日の見出しは、「厳しさよりも思いやり」。ところが、一ヶ月後には、「強い権限こそが動機づけの源泉である」という記事が届く。また「自分の強みに目を向けよう」「強みにフォーカスするのはやめよう」「パフォーマンス・マネジメント・システムに依存するな」「パフォーマンス・マネジメント：大切なものを不要なものと一緒に捨ててはならない」といった正反対の記事が届く、といった具合である。

また、書かれているテーマの大半が、私たちがビジネススクールで学んだことや、過去20年以上にわたってクライアントを支援してきた内容と同じであることにも驚かされた。人材、リーダーシップ、組織設計、組織文化やチェンジマネジメントに関す

図表0-1　リーダーへのアドバイスが無限に増え続け、過度に関心をあおり続け、しばしば矛盾しているという状況を打破する

るトピックは、突然現れたわけではない。しかし、集団的リーダーシップの力、ホラクラシー（フラットな組織）、予測分析、採用分析などに関する最新の記事の多くを読むと、人類は過去１８０万年ほどの間に、自分たちの組織について何も学んでいないのではないかと思ってしまう。

　これらの事例を見ていると、「知識は一昔前では考えられなかったようなスピードで創造され、消費されている。しかし私たちは、これらの情報の多くがいかに不安定で一時的なものであるかを見逃している。我々は、何を記憶し、何を忘れるか、これまで以上に積極的に選択する必要があるのだ」というオックスフォード大学ボドレアン図書館の司書で作家のリチャード・オーヴェンデンの見解[1]に納得してしまう。

本書を執筆した理由は、リーダーが組織を率いる上で「何を覚えておくべきか」を、繰り返し「わかりやすく、一目で分かるように」提供することである。

何が書かれているのか？―WHAT

リーダー論や組織論に関するどのようなトピックに言及するかを決めるために、私たちは３つのデータソースを調査した。１つ目は、１９７６年から２０１６年までにハーバード・ビジネス・レビュー（ＨＢＲ）に掲載された記事の量である。記事を組織やリーダーシップに関連する20のトピックに分類し（戦略、オペレーション、マーケティング・セールス、ファイナンス、リスクなど、特定の機能に関連するトピックは除いた）、それらのトピックについて書かれた記事の数が、掲載された全記事に対する割合として、時系列でどのように変化しているかを分析した。40年間の変動が小さいほど、そのトピックは時代を超えて重要である（つまり、そのトピックは一貫して取り上げられており、反対に、変動が大きいトピックは時代とともに重要性が移り変わる）、というのが私たちの考え方だ。

図表0-2　40年前も、今日も、40年後も、すべてのリーダーが取り組むべき10のトピック

ハーバード・ビジネス・レビューで掲載された各トピック関連記事割合の変動

（全記事数に対する各トピック関連記事数の割合を5年ごとに算出しばらつきを算出:変動係数、%、1976-2016年）

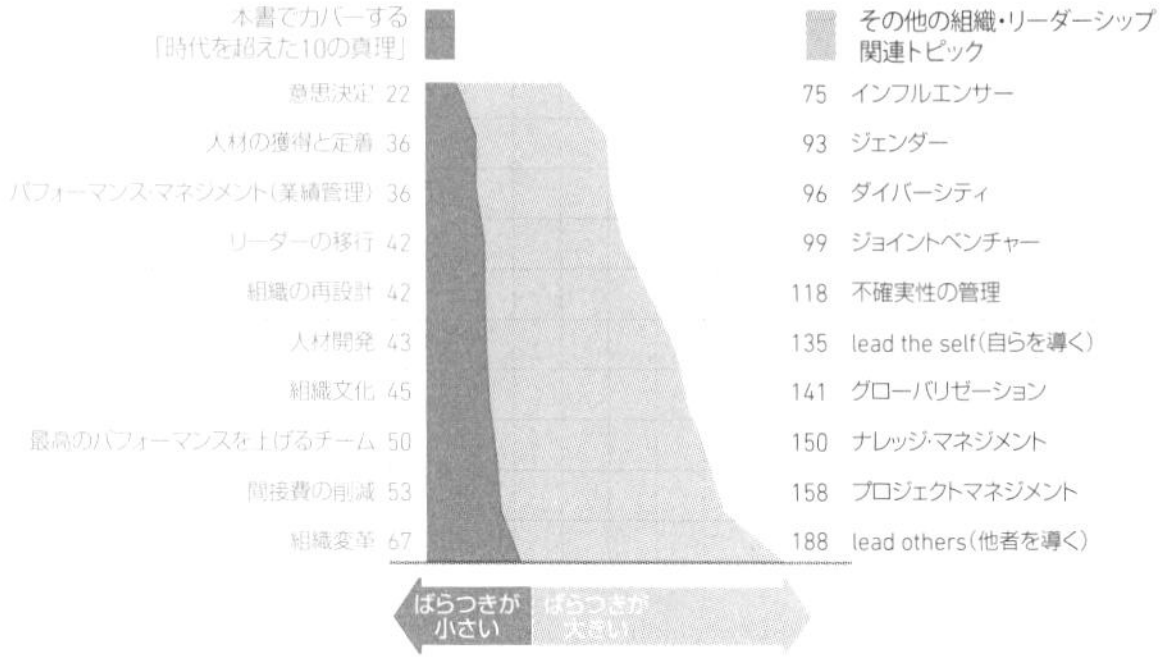

次に、マッキンゼーのナレッジマネジメントシステムにコンサルタントが問い合わせる頻度を、１９９０年代後半まで遡って調査した。この分析により、組織やリーダーシップに関する検索の90%以上が、ＨＢＲの分析で明らかになった「時代を超える」上位10トピックのうち少なくとも１つを含んでいることが明らかになった。加えて、第二次世界大戦以降のマッキンゼーのコンサルティング業務の履歴を調べたところ、これらのトピックについて、長期にわたって比較的一貫してクライアントにサービスを提供してきたことが確認された。

これらの資料そのものは決定的にトピックを決めきるものではないが、私たち

自身の経験も踏まえると、トピックを厳選する作業をやめて、実際に内容を書き始めるには十分な材料であった。選んだ10のトピックは、今日のリーダーたちにとって有益であると自信が持てるようになった。40年前のリーダーにとってそうであったように、そして40年後のリーダーにとってそうであるように。

どのように書かれているのか？―HOW

ビジネス書の中には、最初の数章で優れたアイデアを1つだけ説明し、あとは「水増し」しているような本もある。また、「何もかもを書こうとして、何も書けない」という格言どおりの犠牲になっているものもある。本書では、1分ごとにパンチの効いた新しいアイデアが得られるよう、内容を構成し、形式を工夫している。

内容は、一度に消化することも、1日、1週間、1ヶ月など時間を区切りながら簡単につまみ食いすることもできるように構成した。すべてのトピックは、直感的にわかりやすい「3つのセクション」に分かれている。

なぜ重要なのか？　テーマごとのトピックを紹介・定義し、それが時代を超えて重要であることを説明する序章に続き、そのトピックが組織にとって価値を生む理由の上位3つを解説する。ここでは、事実を豊富に提供し、この問いに取り組むためのビ

図表0-3　なぜ、何を、どのようにするのかを、現代風で消化しやすいフォーマットで解説

ジネスケースを示した。

なにが重要か？　ここでは、組織の価値を高めるための最も重要な洞察を伝える。常識的なことを繰り返し説明するのではなく、読んだ結果、読者の皆さんがこれまでと異なる考え方や行動ができるよう、最善を尽くしている。

どのように実現させるか？　次に、実践にフォーカスし、洞察をどのように適用し、実際に結果を出すかを伝えている。改善までの道のりをイメージできるようなケーススタディを紹介し、具体的なプロセスを詳しく説明する。すべてのプロセスは、スコットがコリン・プライスとともに『Beyond Performance』で書いた変革への「５Ａ」アプローチで構成されている。偉大な組織はいかにして究極の競争優位を築くのか？　２０１１年の出版以来、このアプローチにより、変革プログラムの成功確率が、一般的に知られる30％とい

う低水準から79%に上昇することが証明されている[2]。

1. Aspire（志す）：どこをめざすか？
2. Assess（診断する）：出発の準備はできているか？
3. Architect（設計する）：到達には何が必要か？
4. Act（実行する）：どのように進んでいくか？
5. Advance（前進する）：どうすれば継続して改善を続けられるか？

トピックは時代を超えたものであるが、上記の各セクションをカバーする形式は、現代に即したものとなっている。各処方箋は、まずリーダーが知っておくべき重要なポイントをTwitter形式（注：１４０文字以内程度）で要約して伝える。そして、ブログ形式でその処方箋を解説し、要点を視覚的に補強する図解を添えている。各章のアイデアを積み重ねることで、読者の皆さんに優れたＴＥＤトークを観た時のような知的アドレナリンの分泌をもたらすことを、私たちは願っている。

我々は誰か？――ＷＨＯ

私たちは、マッキンゼーの多くの同僚をはじめ、世界中の実務家や有識者の知見と研究を結集し、読者にとって最善の考えをまとめた。しかし、私たちは、数十年、数百年にわたる無数のリーダーたちの経験と知恵によって培われた、真に時代を超えた洞察を基に、その恩恵を受けているに過ぎないと自覚している。

　マッキンゼーとは１９２６年に設立された世界的な経営コンサルティング会社である。（マッキンゼーの）クライアントには、世界の大企業の80％、政府機関や非営利団体など幅広い企業が名を連ねている。フォーチュン５００に名を連ねる現役のＣＥＯや元ＣＥＯは、他のどの企業よりもマッキンゼーの卒業生が多い。

　著者のスコットは、マッキンゼーに20年以上勤務するシニア・パートナーである。南カリフォルニア在住で、マッキンゼーの組織・人材・パフォーマンスグループのグローバル・リーダーを務めている。仕事以外では、妻と３人の息子と過ごす時間、ギター演奏、運動、そして旅行（これまでに世界１９６カ国中１９４カ国に行ったことがあるほど！）を楽しんでいる。スコットは、ノートルダム大学でＭＢＡと機械工学の学士号を取得。Ｐ＆Ｇ社で製造マネージャーを務め、米国エネルギー省で太陽光発電のエンジニアとして勤務した経験を持つ。

メアリーは、マッキンゼーに20年近く勤務するシニア・パートナーである（2022年現在はマッキンゼーの卒業生となっている）。フランス北部に在住し、ヨーロッパ、中東、アフリカにおけるマッキンゼーの組織・人材・パフォーマンスグループをリードしている。仕事以外では、家族、読書、旅行をこよなく愛する。ローズ奨学金を得てオックスフォード大学で博士号を取得し、プリンストン大学で公共・国際問題の学士号を取得している。

さて、前置きはこのくらいにし、いよいよ本編を始めよう。

目次

第2編 意思決定と組織設計

第5章 意思決定の質とスピードを高めるには？

第6章 最大の価値をより速く創出するために必要な組織再編の方法は？

第7章 間接費を持続的に削減するには？

第1編

人材とチーム

第1章

優れた人材を獲得し、定着させるには？

時代を超えたテーマ——人材の獲得と定着

料理でよく使われる格言に「最高の食材が最高の料理を作る」というものがある。この考え方をビジネスに置き換えると、「最高の人材が最高の成果を生み出す」ということになる。それは、いつの時代も変わらない。

カトリック教会は、サンピエトロ大聖堂をローマ法王の権力の象徴とするために、誰に装飾を依頼したか。それは、ボッティチェリ、ラファエロ、ミケランジェロなど、ルネサンス期の著名な芸術家たちであった。そして彼らの努力の積み重ねが、今でも世界で最も有名な絵画の1つとなっている。第二次世界大戦中、ドイツの核の脅威を知ったフランクリン・D・ルーズベルト米大統領はどうしたか。彼は同盟国の中から最も優れていると言われる科学者たちを結集し、いわゆるマンハッタン・プロジェクトを開始した。このプロジェクトは、核分裂反応の力を利用することで、核科学の分野に大きな進歩をもたらした。

もしも、あなたが何か不思議な成り行きでワールドカップのサッカー代表チームの監督を任されることとなったら、誰をメンバーとして選出するだろうか？　当然、最も優秀な選手を選ぶだろう。もっとも、そもそも多くの人は自分が監督にふさわしくないと感じ、より優秀な監督にその任を受け渡すように申し出るだろう。

料理の話に戻ろう。勘のいい読者なら間違いなく、才能の無いシェフが、素晴らしい食材を使いながらも料理を台無しにすることがよくあることに気付くだろう（これは私たち自身が何度も証明している！）。逆に、多くの才能に優れたシェフは、平均的な食材から見事な料理を作り出してきた。トヨタ自動車のＣＥＯであった渡辺捷昭氏は、「我々は、普通の人材が優れたプロセスの下で働くことで、素晴らしい成果を出している。一方、競合他社は、プロセスが良くないために、優れた人材を集めて来てもたいした成果をあげられないケースがよくあるようだ」と指摘した[1]。

渡辺氏の考えは、優れた人材を獲得するには資金面で実現性に制約があること、また、優れた人材がいても、事業戦略と組織文化の下で、それらの人材を生産的に活用できなければ、高いパフォーマンスは望めないという現実を反映している。このことは、「人材」とは何かという重要な問題を提起している。

私たちは、才能を「何かに秀でる素質のある天賦の才能と生来の意志」と定義する。つまり、あなたに優れた料理人になるための「第六感」や「魔法のタッチ」といった天賦の才能があっても、料理に時間を費やす意志（情熱）や新しい組み合わせを生み出す勇気がなければ、キッチンで真の才能を発揮することはできない。

図表1-1　「能力」と「マインドセット」の両方が、優れた結果を出すために必要な才能である

優れた人材を獲得し、定着させるということは、組織の人的資本という「レシピに最適な材料」をいかに確保するかということだ。本章の後段では、これらの「材料」を最適に組み合わせ、望ましい結果を出すための方法について詳しく説明する。お腹が空いてきただろうか。それでは急いで次の話へ……

なぜ重要なのか？　優秀な人材は、その他の人材に比べて圧倒的に生産性が高い

「才能あふれる社員は、平均的な才能しか持たない社員よりも生産性が高い」というのは、もちろん完全なる言葉遊びである（私たちは、才能を生産性の高さで定義しているのだから）。しかし、興味深いのは、特に優れた社員によって、組織がどの程度生産性を向上させることができるのかという点である。

このテーマについては、多くの研究がなされてい

る。60万人以上の研究者、芸能人、政治家、アマチュアおよびプロのスポーツ選手を対象にした最近の研究では、ハイパフォーマーの生産性は平均と比較して4倍高いことがわかった[2]。企業における研究でも同様の結果が示されており、その差は仕事の複雑さに比例してさらに大きくなることが明らかになっている。高度で複雑な仕事、つまり管理職、ソフトウェア開発者、プロジェクトマネージャーなど、情報のやり取りや、双方向コミュニケーションが重要な仕事では、ハイパフォーマーの生産性が平均と比較して8倍高いことがわかった。

この事実を踏まえて考えてみよう。例えば、あなたのビジネス戦略には、部門横断的なプロジェクトが必要だとする。このプロジェクトは3年かけて完了する予定で、完了時点では顧客や株主が仕事の効果を十分に実感していると仮定する。ここで、魔法の杖を使って、このプロジェクトで働く平均的な人材の20%を、特に優れた人材と入れ替えることにする。現実的な制約はさておき、このように20%の人材に影響を与えるだけで、どれくらいの期間で望ましい効果が得られるだろうか。生産性が4倍だとすると、2年以内に達成できることになる。8倍なら、それは1年以内に短縮される。

逆に、競合他社が同様の努力をしたとすると、あなたよりたとえ1年後、あるいは

2年後にスタートしたとしても、あなたを市場で打ち負かすことができるのである。

さらに注目すべきは（実務的にはやや困難だが）、任意の人材プールにおける上位1%と下位1%の生産性の比較である。複雑性の低い仕事（未熟練、準熟練のブルーカラー労働者）では、上位1%の生産性は下位1%の3倍高いだけだが、中程度の複雑性の仕事（技術者や管理職）では、12倍の差がある。つまり、上位1%の人間1人は、下位1%の人間12人分に相当する。高度に複雑な仕事については、差があまりに大きすぎるため、正確に数値化することができないと研究者は述べている。

世界で最も収益性の高い企業の1つであるアップルの元CEO、スティーブ・ジョブズ[3]は、優れた才能の重要性を「クリームの中のクリームを狙え。A+評価の選手で構成される小さなチームは、BやC評価の選手で構成される巨大なチームを凌駕できる」と説いている[4]。経営の第一人者であるジム・コリンズも同じ意見だ。「もし今、会社経営を行うのであれば、他を差し置いて重要なことは、できるだけ多くの優秀な人材を獲得することだ。なぜなら、組織の成功にとって唯一最大の制約は、適切な人材を十分に獲得し、維持する能力なのだから」[5]。

図表1-2　平均的な社員と優秀な人材の業務生産性の差（%）

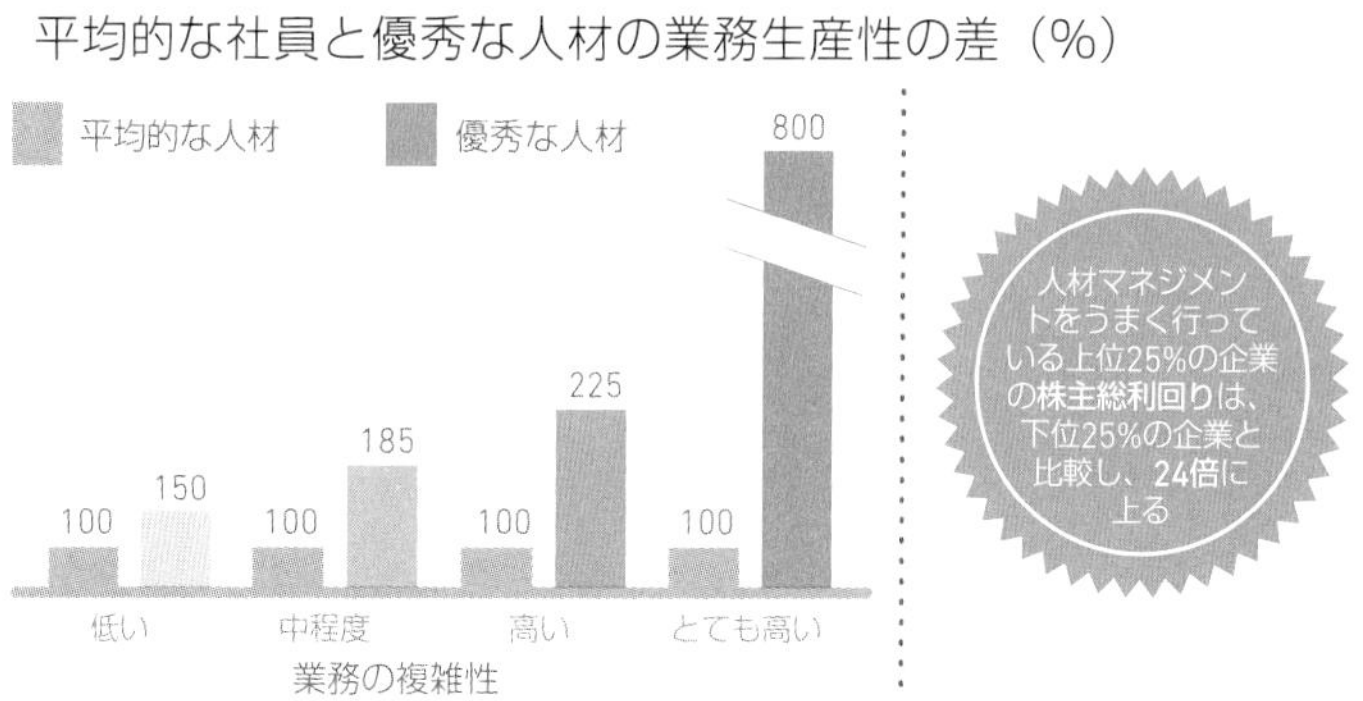

なぜ重要なのか？　優れた人材は枯渇している

「WAR FOR TALENT（人材獲得・育成競争）」は、１９９７年にマッキンゼーのスティーブン・ハンキンによって作られ、２００１年に同名の本によって広められた言葉である。この言葉は、世代交代が進むにつれて、社員の獲得と定着のための競争が激化していることを指している。欧米では、ベビーブーム世代の退職に対応できるベビーブーム後に生まれてきた世代の労働者人口が少なくなっていることも一因である。

しかし、それから約10年後のリーマンショックに続く「大不況」時代になると、「人材獲得競争」は「雇用獲得競争」と呼ばれるようになった。経済は金融危機に見舞われ、失業率は１９８０年代初頭以来の水準に達していた。その結果、多くの職種で応募者が途絶えることはなかった。２０１３年にウォルマートがワシントンＤ．Ｃ．に新店舗をオープンした際には、６００人の募集に対して２万３０００人もの応募があったそうだ。そのため、ウォルマートでのポジションを得ることは、数字だけを見ると、アイビーリーグのハーバード大学に入学することよりも困難だった（ウォルマートの合格率は応募者の２・５％だったのに対し、ハーバードの合格率は６・１％である）。

しかし、この買い手市場によって、人材獲得・育成競争が重要ではなくなったわけではない。実際、中程度以上の複雑な職種（つまりこれまで見てきたように、質の高い人材が収益に特に大きな影響を与える職種）では、逆のことが起こった。特に優れた人材は、不確実な時代にあえて他社に移る蓋然性が低くなり、危機以前の時点で既に優位性があった人材は、その優位性が強まっただけであった。加えて、人件費削減への大きなプレッシャーから、企業は最も優れた人材を見つけ、獲得することがさらに難しくなった。

「優れた人材の獲得と定着の失敗」が、経済成長や競争激化に関する問題を差し置いて、ＣＥＯが直面する問題の第１位に挙げられていることが、世界のＣＥＯを対象に

図表1-3　2020年までに予測された人材不足（地域別）

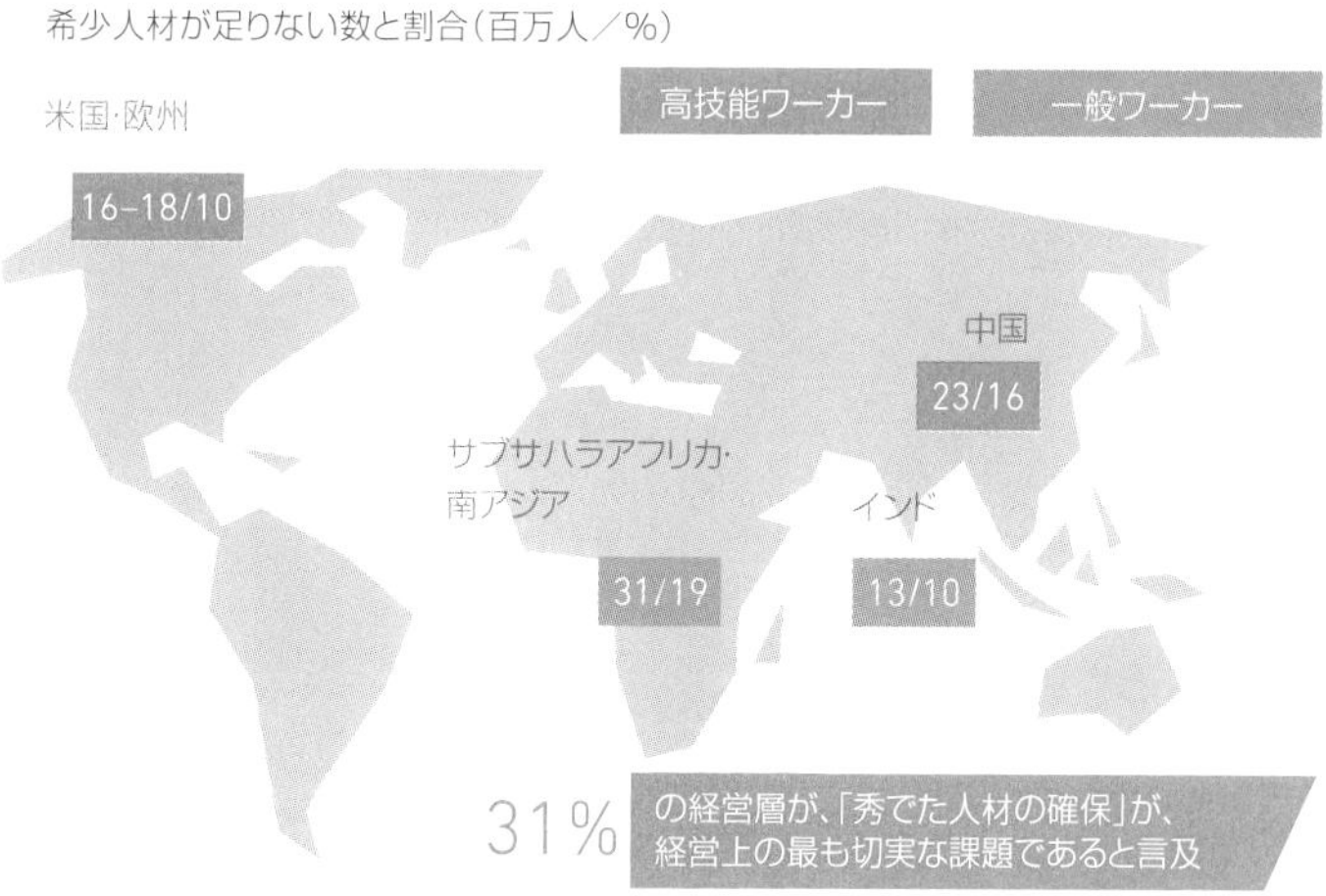

全米産業審議会が２０１６年に行った調査でわかった。この調査に代表されるように、あらゆる指標が「人材獲得・育成競争」の激化を今後も示してゆくであろう。ベビーブーム世代（とその長い経験）が労働から退き、技術の進歩がより高度なスキルセットを要求するようになるにつれ、より複雑な職種においてこの傾向は今後も続く。

マッキンゼー・グローバル・インスティテュートの最近の調査によると、ヨーロッパと北米の雇用者は、２０２０年に人材市場で実際に採用可能な人材よりも１６００万から１８００万人多い大卒の労働者を必要とし、このギャップは人材需要の10％に相当する。

つまり、必要な職務の10分の1は人材を獲得できない可能性があり、ましてや優れた人材の確保はより困難であるということだ。さらに、先進国では、最大で９５００万人の労働者が雇用に必要なスキルを保持していない可能性があるほか、同様に、発展途上国では、中等教育や職業訓練を受けた労働者が４５００万人ほど不足すると予想されている[6]。

なぜ重要なのか？　実は多くの企業がうまくいっていない

人材は貴重であり、希少であるということは、ほとんどのリーダーにとっては驚きではないはずだ。そのため、人材獲得・育成競争に勝つための方法について、リーダーたちは比較的精通していると思われがちだ。しかし、事実は、決してそうではないことが示唆されている。

実に82％の企業が、優れた人材を採用できているとは思っていない。優れた人材を獲得できた企業でも、その人材を定着させられるという自信があるのは７％だけだ[7]。さらに憂慮すべきは、人材関連のトピックに積極的に取り組んでいる経営者のうち、現在の獲得・定着戦略が実際に機能すると考えているのは、わずか23％に過ぎないということだ！[8]。

　このリーダーらは単に謙虚なのでなく、ほとんどの企業が人材を獲得し、定着させることが不得意なだけだという示唆もある。ギャラップ社は２０１５年の調査で、50％以上の従業員が「会社にエンゲージしていない（積極的に貢献したいと思わない）」、さらに17・２％は「極めてエンゲージメントは低い」と報告している[9]。関連する調査では、73％の従業員が「転職を検討している」と報告し、43％が「1年前よりも転職を考える機会が多くなった」と回答している[10]。

　これに、ベビーブーム世代が蓄積してきた文字通り数十年にわたる知識と経験が職場から永遠に去りつつあるという人口動態の現実が加われば、状況はさらに不穏なものになる。資源メジャーのＢＰ社の例をもとに考えてみよう。同社の上級エンジニアの多くは、重要で高価、かつ非常に不安定な機器を正常に保つことに長けていることから、「マシン・ウィスパラー（機械のささやきが聞こえる人）」と呼ばれるようになった。もし、彼らの代わりとなる優秀な人材を確保できなければ、その結末は破滅的なものとなりかねない。

　ベビーブーム世代が退職することは一要素にすぎない。それ以上に、優れた人材が不足するほど、人材獲得・育成競争に参加できていない企業は、最高の人材が一部の競争に参加している企業によって独占されることに気が付くだろう。ミレニアル世代

図表1-4　フォーチュン500社の経営者が彼らの組織に当てはまると回答した割合（%）

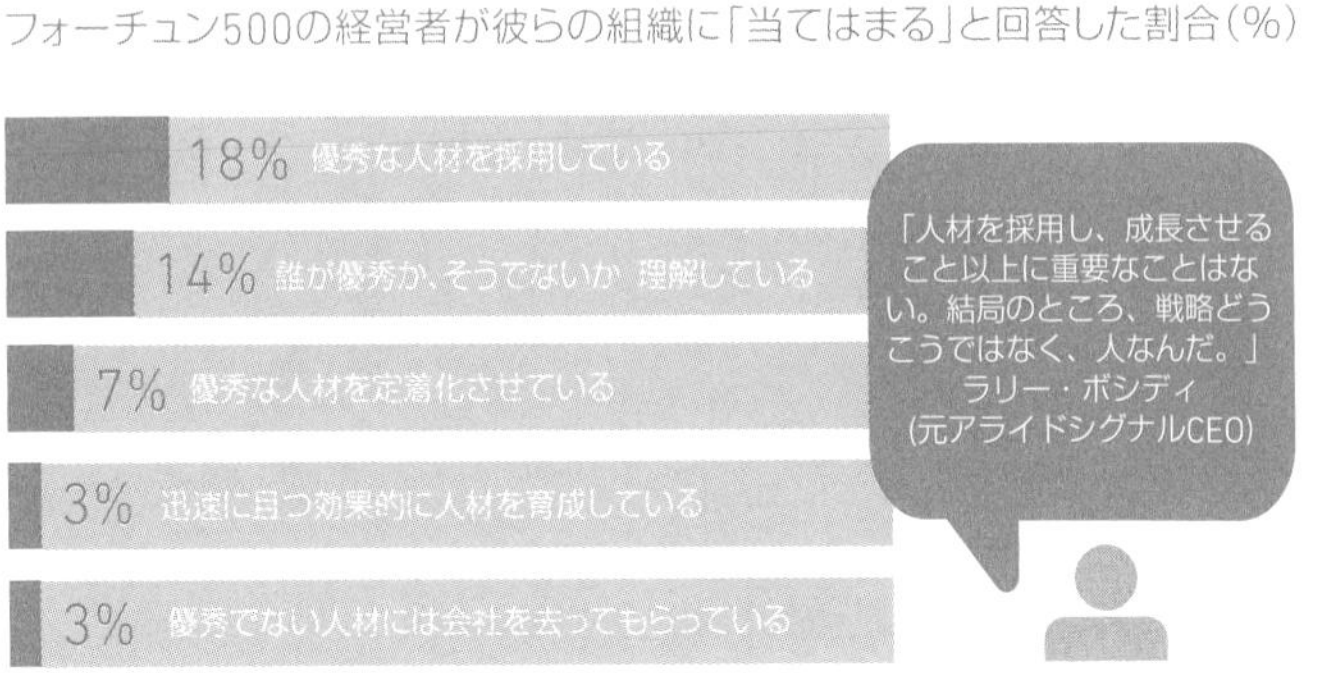

は、雇用主に対する忠誠心が彼らの親世代よりもはるかに低いので、この傾向は今後さらに強まるだろう。

このような離職に紐づくコストは過小評価されがちである。情報のやり取りや、双方向コミュニケーションが重要な仕事であればあるほど、その領域の生産性に大きな影響を与える（研究によると、上級職を採用してから生産性が完全に向上するまでには平均6ヶ月かかる）。また人材を探し、研修を行うために多くの時間と資金を投資する必要がある。

ここまでを要約すると、「なぜ優れた人材が重要なのか？」に対する答えは、優れた人材は、「価値を生み出し」＋「希少で」＋「獲得や定着が難しい」こと、すなわち、「優れた人材を獲得できた企業には極めて大きなチャンスがある」からである。では、そのために必要なことは何だろうか。

なにが重要か？　95％の価値をもたらす5％にフォーカスする

既に見てきたように、人材が重要であることは、新しいことでも、驚くような現象でもない。私たちは、多くの企業が人材を惹きつけ、定着させるために、幾度も試行錯誤しているのを目の当たりにしてきた。すなわち、現在のプロセスを分析し、ベストプラクティスと比較し、採用するための網が十分に張られているか、適切な候補者が特定されているか、適切な人材育成方法が用いられているかなどを分析する。しかし、結局改善はわずかで、大多数のリーダーは、高い能力を持つ人材を採用できず、現在の戦略で状況が抜本的に変わるとも思っていない。

　何が足りないのか？　アメリカンフットボールを例に、スポーツ伝記映画『ブラインド・サイド』の冒頭シーンを紹介する。チームの中で最も給料の高い選手は誰かと聞かれれば、ほとんどの人はクォーターバックと答えるだろう。なぜなら、クォーターバックはプレーの大部分を担う最も中心的な人物だからである。２番目に給料の高い選手は誰かと聞かれれば、ほとんどの人はランニングバックかワイドレシーバーと答えるだろう。なぜなら、彼らはボールを前進させるためにクォーターバックと最も直接的にプレーをしているからだと。しかしながらその答えは間違いで、実はレフトタックルが2番目に給料が高いのだ。レフトタックルは、ボールに全く触れず、フィールド上で比較的目立たない選手であるにもかかわらずだ。なぜか？　それはレフトタックルが、クォーターバックが怪我をする可能性の高い、「ブラインドサイド」（つまり右利きのクォーターバックにとって見えない部分のすべて）からクォーターバックを守るからである。

この事例が示すのは、すべての職務が平等に作られているわけではないということだ。ある職務は、特に大きな価値を生み出し、あるいは生み出された価値を維持する。そして、何がそういった重要な職務かどうかは、時には判断が難しい。例えば、海軍が原子力潜水艦の司令官として獲得するのは、海軍の中で最も優秀な人材であろう。しかし、それと同様に、ＩＴ障害に対応するためのＩＴエンジニア（「レフトタックル」に相当）にも優秀な人材を獲得すべきである。ＩＴエンジニアが優秀であれば、乗組員のみならず、環境、そして人類にとって甚大な影響を与える大惨事を防ぐことができる。また世界最大の物流企業であるユナイテッド・パーセル・サービス（ＵＰＳ）では、適切な荷役作業員を確保するだけでなく、わずかなズレによりコストと配達時間に何億ドルもの影響を与える物流ルートエンジニアを確保することも重

図表1-5　95％の価値をもたらす5％を特定する方法

要な課題となっている。

リソースや予算が限られる中、あらゆる領域で優れた人材を確保するのではなく、特に重要な領域に絞って取り組むことを私たちは推奨する。採用プロセス全体の改善は全体的な底上げを行うかもしれないが、ビジネスに大きな価値を生むものではない。特定の人物のヘッドハンティングに力を入れることは、その場限りでは役立つかもしれないが、重要な職務において長期的に優秀な人材を惹きつけ、定着させられるような組織力を構築できない。すべては重要な職務の特定から始めるのだ。

重要な職務の特定は容易ではな

い。特定するためには、各職務と生み出される企業価値の関係を理解する必要がある。しかし、だからこそ、人材獲得・育成競争に勝つための秘密兵器となるのだ。

なにが重要か？　魅力的なジョブオファーを行い、実際に実現する

多くのリーダーは、「Employee Value Proposition」（ＥＶＰ）という言葉を聞いたことがあるだろう。この言葉は、社員が「与える」ものに対して「得られる」ものを定義したものである。「与える」ものには、時間、労力、経験、アイデアなど、さまざまなものがある。また、「得られる」ものには、具体的な報酬、会社の一員となった際の経験、企業のリーダーによるサポート、仕事の中身そのものなど様々である。最終的に、あなたの会社のＥＶＰが競合他社よりも強ければ、優秀な人材を惹きつけ、定着させることができるのだ。

このコンセプトはビジネスにおいて新しいものではない。しかし、実際に人材獲得・育成競争に勝てる強力なＥＶＰを持つ企業はほとんどない。それには3つの理由がある。

一般的すぎる（独自性がない）。人事部は何ヶ月もかけて、しばしばマーケティング部のやり方を真似て、社員が何を望んでいるかを判断する。それはたいてい、「素晴

らしい会社で、素晴らしいリーダーのもとで、素晴らしい仕事をし、素晴らしい報酬を得る」というものである。そして、人事部は、それを実現するような自社が目標とする提供価値（ターゲット・バリュー・プロポジション）を作成し、その結果、同じプロセスを経た他の企業のものと比べて特徴が無いものになってしまうのだ。私たちは、企業とはある側面で突出しているべきであろうと考える（もちろん他の側面が壊滅的であってはいけない）。例えば、常に複雑な課題に直面する仕事がしたいならGoogle、リチャード・ブランソンのリーダーシップに刺激されたならバージングループで、「死を克服したい」ならアムジェン社で、鉄鋼業で裕福になりたいならニューコア社で働けばいいのだ。

不明確なターゲット。組織全体としてのＥＶＰを持つことは否定しない。しかし、よりインパクトがあるのは、最も重要な５％の役割に特化した勝てるＥＶＰを持つことだ。例えば、データサイエンティストが重要な役割を担っている場合、彼ら彼女らに新しいアイデアを生み出させ（過去の焼き直しではなく）、明確で迅速なキャリアアップが可能で（専門分野以外での育成プログラムもある）、実際のビジネスインパクトに直結する（プロジェクトのスコープと意思決定のためにＣＸＯ達と連携）、といった価値を提案することを検討すべきだ[11]。

実態を伴わない。 人事部が作成した魅力的なＥＶＰを上手に発信し、優秀な人材を獲得できる会社もある。しかし、職場の実態が宣伝通りでなければ、優秀な人材はすぐに幻滅してしまうため、これは長期的に見ると有効な戦術ではない。そもそも現在では、そういった実態と異なるＥＶＰを持つ会社は採用自体が困難となっている。社員の生の声は、ＣＥＯよりも信頼できる情報源と考えられており（社員の生の声vsＣＥＯの声の信頼度は50％vs38％）[12]、インターネットやソーシャルメディアによって、顧客が製品の宣伝文句が本当かどうかを確認できるようになったのと同じことが、ＥＶＰについても言える。社員の口コミサイトは、トリップアドバイザーに相当する就職情報サイトとなり、その企業で働くことが実際にどのようなものなのか、社員による評価やコメントを提供している。ＥＶＰは、単なるハリボテではなく、実態を表している必要がある。

独自性があって、ターゲットが明確で、かつ実態を表しているＥＶＰは、人材獲得・育成競争における強力な武器となる。競合他社にこの競争を勝ち抜かせてはならない。

図表1-6　優秀な人材が最も重視する４つの要素。このうちの１つ以上が差別化の源泉となっているべきである

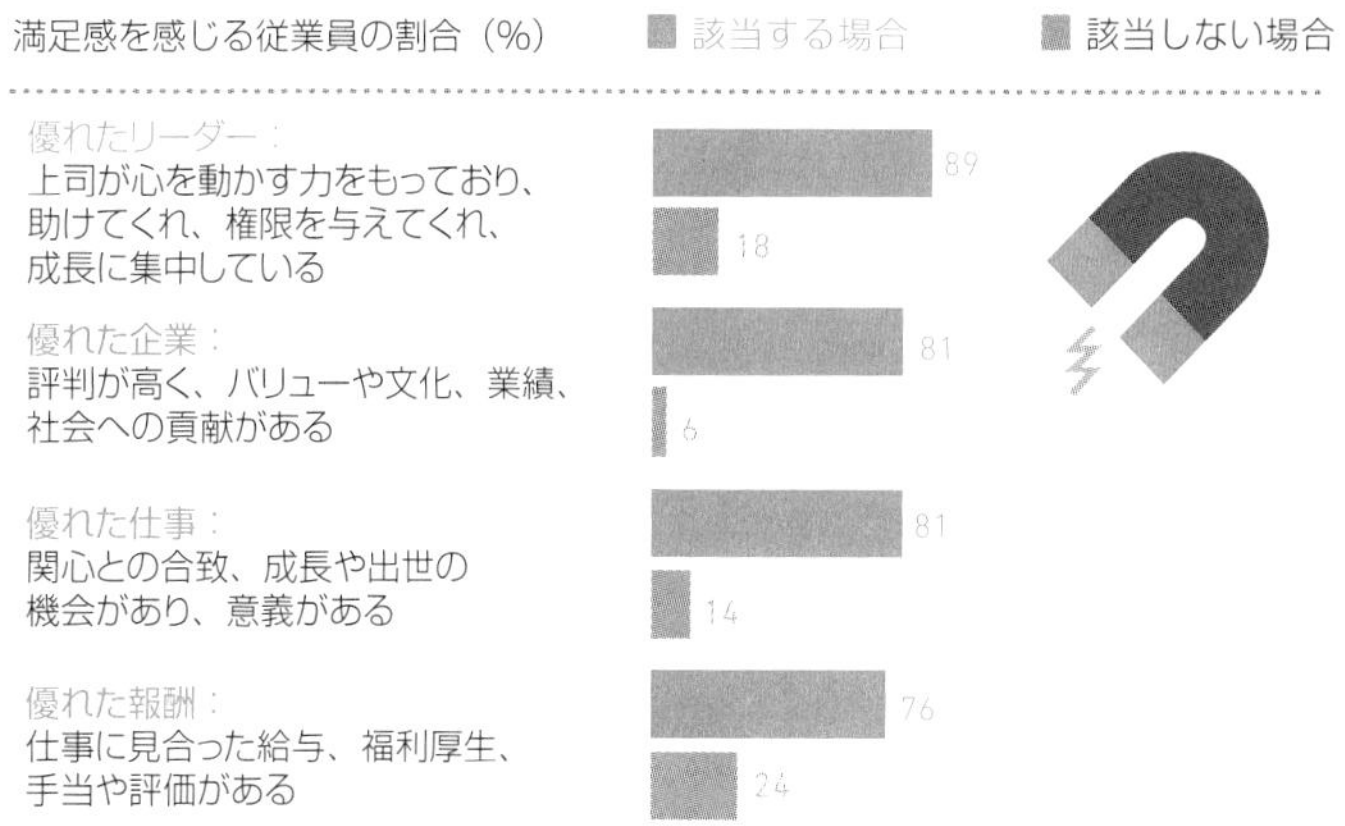

なにが重要か？　テクノロジーは次のゲームチェンジャーになる

マイケル・ルイスの著書『マネーボール』をご存知の方は、獲得する選手を決めるにあたり、野球関係者（選手、監督、コーチ、スカウト、フロントオフィス）の知恵の結集と、厳格な統計分析と、どちらが優れているか著書の中で比較したエピソードをご存知だろう。読んでいない人にはネタバレになってしまうが、マシン（厳密な統計分析）が勝ち、文字通り永遠に「ゲームを変える」のである。ビジネスにおける優れた人材の採用の世界でも、同じことが言えるのではないだろうか。

全米経済研究所がこの問題を調査した。15社の離職率の高い職種で30万人以上の採用者に対して、人間対マシンで勝負をしたところ、人間の経験、本能、判断力は見事にマシンに敗れ去った。しかも、マシンが選んだ人材は、人間が選んだ人材より長く定着し、パフォーマンスも同等かそれ以上だった[13]。ミネソタ大学の教授たちは、このような17の研究を分析し、採用におけるアルゴリズムの活用は、人間の判断を少なくとも25％上回ることを発見した。「この効果は、候補者が多数いるあらゆる状況で、その仕事が現場レベルであるか、中間管理職であるか、あるいはＣＸＯであるかにかかわらず、発揮される」[14]。

これは、多くのリーダーにとって腹に据えかねることだろう。私たちのほとんどが、応募者のフォルダをよく見て、丁寧に質問し、その人の目を見て判断することが、採用の重要な判断材料になると考えているからである。しかし、そのような考えを捨て去る企業も出てきている。ゼロックスでは、採用選考のプロセスをエボラブル社が開発したオンラインテストに切り替えた。これを導入して以来、離職率が20％減少した。

ビッグデータやアナリティクスは、人材の採用だけでなく、優れた人材の定着にもますます役立つようになる。Workday、ＳＡＰのSuccessFactors、Oracleの人事ソフトウェアシステムは、すでにLinkedInなどのソースから情報を収集し、優秀な人材が転職を考えている場合に事前に警告を発している。マッキンゼーでは、機械学習アルゴリズムを用いて、マネージャーの離職要因の60%を占める３つの変数を特定した。これらの変数は、離職要因としてそれまで想定していた給与、出張頻度、労働時間といった変数とは無関係であった。

ピープルアナリティクスはまだ黎明期ではあるが、その発展速度は増している。２０１６年時点で機械学習による分析を活用した予測が完全に可能であると報告した企業はわずか８％だったが、これは２０１５年の４％から増加している[15]。リーダーとして、人材獲得・育成競争においてテクノロジーの活用を具体的に計画していない場合、間違いなく、急速に後れをとることになる。

マシンが優秀であるのは事実であるが、もちろんすべての領域においてマシンを用いれば良いとは考えない。１９９７年にＩＢＭのコンピュータ「ディープ・ブルー」がチェスのグランドマスターであるゲーリー・カスパロフをどうやって打ち負かしたかを思い出そう。今現在、世界最高のチェスプレイヤーはコンピュータでも人間でもなく、コンピュータと対戦する際にチームを組んだ時の人間なのだ。ビジネスにおいても、同じことが言えるに違いない。

図表1-7　テクノロジーが人材の獲得と維持に与える影響の例

どのように実現させるか？　5つのステップを踏んで、人材を惹きつけ、定着させる

米国のある大手公共機関の新任リーダー（女性）は、変革を命じられた。5年連続で予算が達成できず、マスコミは組織の無能さ、非効率さ、官僚主義の狂気について騒ぎ立て、社員の士気はかつてなく低下し、主要人材は大量に離職していた。リーダーは、「何を直さなければならないか、自分には分かっている」と思っていた。しかし、問題は、やるべきことを実行するための人材が組織内にいないことだった。そして、この問題はすぐに解決できるものではなく、各部門が独自の方法で採用活動を行っており、いずれも目先（翌月）のニーズを満たすという悪循環に陥っていた。さらに悪いことに、組織を離れているのは、組織が失いたくない優秀な人材やスペシャリストである。この状況を変える必要があった、それも迅速に！

1．Aspire（志す）

「壊れたバケツを修理して、想像を絶するような素晴らしいもので満たす」ことを標

榜し、チームが発足した。各事業部から、この課題に取り組むコアメンバーが選ばれ、事業部長には成功の責任があることが明確化された。まず、5カ年計画を実現するために必要な人材の持つべき能力は何か、厳密に定義することから始めた。

その結果、より多くの優れた人材が必要とされているのは、マネージャーと、データ分析の専門家という2つのポジションであるとの結論に至った。そして、この人材に関する「需要」と「供給」の視点を組み合わせて、ギャップを特定した。この分析結果を経営幹部が確認し、今後どこに重点を置くべきかを決定した。幹部は、このような人材を獲得するために、タスクチームに大胆な行動をとるように命じた。

Aspire（志す）

▼どこをめざすか？

戦略的な展望：3～5年後を見据えた事業戦略と備えるべき組織能力を明らかにする。

需給計画：3～5年のシナリオに基づいた、付加価値の高い人材に対するニーズと、それを市場から満たすことができる可能性を予測する。

経営幹部との合意形成：人材ニーズの予測やビジネスへの価値について、経営幹部からの賛同を得る。

2. Assess（診断する）

優先順位が確定したところで、現状を深く掘り下げることにした。ターゲット層の人材は何を気にしているのか。また、他の選択肢と比較して、この組織はどのように見られているのか。重要な役割を担う人材が減少している場合、その原因は何か？　現在進めているアプローチについて、何がうまくいき、何がうまくいかないのか？　これらの疑問やその他の質問に答えるため、チームは表面的で社交辞令的な答えの裏の真意を知るための工夫をしつつ、定性的にデータを収集した。定量的なデータとしては、予測分析アルゴリズムを使ってパターンを把握し、マネージャーにとっての重要事項を分析して、彼らの時間の使い方を理解することにした。

その結果は非常に示唆に富むものであった。組織が約束するＥＶＰ、すなわち興味深い仕事、職場での成長、魅力的で柔軟なキャリアパスといったものは、まさに人材が求めているものだった。しかし一方で入社後に、現実に提供されていたものは入社前に約束されたＥＶＰからはかけ離れたものだった。新入社員が過去に採用された友人に電話をかけてみると、聞かされるのは「コーチングはほとんど受けずに、組織は官僚化している」というような話ばかりだった。採用担当者は実態に気付いてはいたが、彼らのインセンティブは人を採用することだったので、短期的な目標を達成するために、わかっていながら職場の魅力を採用活動時には「誇張」して宣伝していた。その結果、優秀な人材はすぐに辞めてしまい、一方で、地位が保証されていて比較的高い給与に満足した人材は、「辞めながらにして残る」、つまりほとんど業務には貢献しなくとも給料だけもらっているような状態になっていた。

また、スペシャリスト候補は、より深い技術開発、特別なプロジェクトを遂行するための自由な時間、よりリラックスした打ち解けた職場環境など、他の候補者とは異なる価値を求めているということも明らかになった。また、データ分析の専門家は、「フォームへの入力」や「管理業務」に対してあまり忍耐力がなく、これは人材喪失につながりやすいポイントであることがわかった。

Assess（診断する）

▼出発の準備はできているか？

検証可能な基準値：ベンチマークを用いて、現在の人材の強みとギャップを定量的・定性的に把握する。

オファーの評価：従業員および広範な労働市場から、実態を含む従業員オファーに関する意見を得る（例：実際に影響を与えることができる能力、経営幹部の関与）。

離職の理由：予測分析および定性分析を用いて、重要な人材が離職する理由を特定する。

3. Architect（設計する）

評価段階で得られた知見をもとに、タスクチームは幹部に対していくつかの変更を提案した。まず、ジェネラリストとスペシャリストの2つのキャリアパスを提案した。次に、大規模な部門における部長の役割に関して、マネージメントを行う範囲を狭めて管理負担を軽減することによって、調整業務ではなくよりコーチングの役割を果たすことができるようにした。データ分析の人材に対しては、よりリラックスしたカジュアルなイベントを各大学で開催し、リファラルプログラムをより有効に活用するなど、より一元的なアプローチを提案した。予測分析で弱点と示されている特定の職務については幹部陣が最も高い業績を上げている人たちと「一人ひとりと向き合って」フォローアップディスカッションを行い、彼らの感じている課題を理解し、すぐに実行できる一連の行動を特定することで合意した。

さらに、アナリティクスによって退職の恐れが指摘された10人の重要なリーダーには、マネージャーの役割に対して提供すべき価値をどのように定義するか、再設計するプロセスに参加してもらうことにした。これは、単純により良い答えを導き出すという目的のためだけでなく、人材の定着ための打ち手としても機能した。さらに、毎年の後継者育成計画の作成プロセス見直し（極めて重要な役職にのみ絞るなど）や、採用プロセスをより効率的にするための変更（求人情報と候補者のトラッキングを統合的に管理するウェブベースのプラットフォームへの投資など）も提案された。

Architect（設計する）

▼到達には何が必要か？

魅力的なジョブオファー：オファー内容における価値のある差別化要因を選定し、業務の「鍵となるポイント（例えば、営業部隊の監督など）」を改善する。

リーンな人材の絞り込み：採用時の候補者の絞り込みプロセスを見直し、採用時間を短縮し、採用率を向上させる。

ジョブデザインの最適化：希少な人材の仕事から付加価値のない業務を取り除き、彼ら彼女らの能力を集中させ、希少人材の必要採用人数を減らす。

4．Act（実行する）

本チームのリーダーと経営幹部は、ターゲット社員にとって重要な価値を組織内で実現し、動機付けすることの重要性を正面から伝え、模範を示した（例えば、新しく見直されたトップ人材のリーダーシップ開発プログラムに自ら参加するなど）。彼女はすぐに、業績に関する対話のたびに「トップ5～7の優先事項は何か？」という質問と、「最も優秀なリーダー上位5～7名は誰か？」という2つのつっこんだ質問をすることで知られるようになった。

さらに、進捗状況を確認するためにタレントオフィスを設置し、（全体および主要な人材それぞれの）採用までの時間やコスト、採用率、離職率などの主要指標を定期的に報告し、業務や財務の指標と同じくらい集中的かつ真剣に検討した。人材を他の要素と同様に厳格に管理できることは、リーダーたちにとっては新鮮な驚きだった。また、人事部は、履歴書のスクリーニングと離職において注目すべき「隠れた着眼点」の発見などをめざしてより包括的な人材テクノロジー戦略を展開した。

Act（実行する）

▼どのように進んでいくか？

プロセスを見直す：EVPを支える重要な業務改革を実行し、評価基準、トラッキングメカニズム、ガバナンスが適切に行われていることを確認する。

テクノロジーのロードマップ：いつ、どこで、どのようにテクノロジーによって採用・定着をより効率的、効果的に行えるかを決定する。

リーダーシップのコミットメント：優先順位の高い人材を惹きつけ、定着させるために、重要な役割を担うリーダーを確保する。

5. Advance（前進する）

取り組みの結果、従業員のエンゲージメントが高まり、特に最近採用した従業員の離職率の低下がみられた。新卒社員のモチベーションの上昇は大学内での評判となり、内定承諾率が改善した。社員の幸福度は上がり、より前向きに仕事に取り組むようになっただけでなく、積極的に採用候補者を紹介するようになり、社員が強力な採用ソースとなったのであった。人事部はこの新たな勢いを活用し、「一緒に働きたい人を選ぼう」キャンペーンを展開し、最も活動的なリーダーや専門家を主要大学やキャリアフェアの「リクルーティング・キャプテン」として巻き込んだ。この時点で人事部は、組織全体の人材の透明性を制度化し、採用数、人材の質、適合度、効率性に関する指標を備えた人材ダッシュボードを活用していた。

Advance（前進する）

▼どうすれば継続して改善を続けられるか？

採用サイクルの好循環：社内の人材プールや既存の希少人材を、外部の推薦者や候補者紹介のソースとして活用する。

モチベーションの仕組み：企業の動機（方向性、能力、意欲、定着）と従業員の動機（目的、重要性、認識と報酬、帰属意識）を一致させる。

モニタリングと調整：長期的な視点と短期的な戦術を継続的に見直し、社員や市場の願望を満たす。

それから約7年後、この組織は「働きがいのある組織」ランキングの公共セクターで40位近くも順位を上げ、これは記録上、過去最も大きな改善を果たした例となった。また、このような社会的評価により、組織の評判も高まり、特にワークライフバランスの状況に敏感なデータサイエンティストなど、必要な人材へのアクセスもさらに向上した。一方、特に重要な管理職や専門職の離職率は、歴史的な低水準を達成した。成功の最後の証として、その組織について語る記事の見出しはもはや組織の下降スパイラルについてではなく、大胆な新しい取り組みやリーダーシップが組織を好転させたことについてが占めるようになったのであった。

まとめ

★なぜ重要なのか？

―優秀な人材は、その他の人材に比べて圧倒的に生産性が高い。
―優れた才能は枯渇している（ますます獲得が困難）。
―実は多くの企業がうまくいっておらず、人材獲得に課題感を持っている。

★なにが重要か？

―95％の価値をもたらす5％の特定と、その獲得・定着に集中する。
―ジョブオファーを魅力的なものにし、オファーの中で語った謳い文句を実現する。
―テクノロジーは次のゲームチェンジャーになる。

★どのように実現させるか？

―次の5つのステップを踏んで、人材を惹きつけ、定着させる。

各ステップにおいて見逃しがちなアクション

Aspire（志す）：3〜5年の戦略と人材需給の見通しを立てる。

Assess（診断する）：離職率に関する予測分析を活用する。

Architect（設計する）：優れた人材の仕事から付加価値のない活動を取り除く。

Act（実行する）：改善を可能にするために必要なテクノロジー活用のロードマップを作成する。

Advance（前進する）：会社の価値と個人の価値を結びつける。

【訳者による第１章の解説】

日本企業においても「優秀な人材を如何に獲得・定着させるか」は、就職観の変化、デジタルなど新たなスキルの必要性に伴い喫緊の課題として認識されており、従来の人事・雇用システムの限界という議論も盛んである。

ただ、日本企業で十分に議論されない点として感じるのは、価値創出という観点に立った場合、すべての職務が等しい訳では無く、その重要性に大きな差があるという点である。つまり本章で指摘されている、何が重要な職務なのかを明確に定義した上で、重要な職務領域にこそ優秀な人材を確保すべき（95％の価値を提供する5％の役割に注力する）という論点では無いだろうか。平等を重んじる価値観がこの議論の心理的バリアを上げているのは間違いない。もう１つ難しさがあるとすると、この議論の前提条件である、戦略の明確性、つまり、「自社は何を競争優位の源泉とするのか」「それを実現する上で必要な組織スキルが何であるか」が、明確に定義されていない場合も多いのではないかと思う。

多くの企業がジョブ・ディスクリプション導入など様々な人事改革を進めようとしている。「自社戦略に必要な組織スキルは何か」「自社にとっての5％の役割は何か」

「その要件を満たす人材パイプラインは存在するか」の3つは、マネジメント間で是非この機会に議論頂きたいテーマである。

第2章

勝つために必要な人材を育成するには？

時代を超えたテーマ —— 人材開発

人間の成長はいつの時代においても個人、組織、社会の進歩の中心であった。もしあなたが1万2千年前の石器時代にタイムスリップしたなら、火打石や鹿の角、歯を道具に加工し、それを使って広い範囲を歩き回り、食べ物を探し、他の人と物を交換する技術をすぐに習得したい、と思うだろう。もしあなたが古代ギリシャにタイムスリップしたなら、おそらく何年もかけて商人のもとで見習いをしながら、その時代で生き残り、成功するための方法を学ぶことになるだろう。中世の騎士になるとしたら、猟師や鷹匠のもとで修行し、牧師のもとで学問を学ぶことになるだろう。そして従者となって、乗馬、射撃、トーナメントへの参加、フェンシングなどを習得して、必要な才能を身につけたら、騎士の称号を得るのだろう。

このような場合、単にスキルを身につけるだけでなく、自分が身を置く組織や社会で評価されるような形でスキルを応用できるよう、関連する振舞いや考え方を身につける必要があるだろう。第26代アメリカ合衆国大統領セオドア・ルーズベルトは、「モラルのない人間を教育することは、社会にとって脅威となる人間を教育することである」と述べている[1]。ここで、才能の定義を「何かに秀でる素質がある天賦の才能と生来の意志」としたことに立ち戻る。しかし、「天賦の才能」や「生来の意志」という言葉は、才能が生まれつきのものであることを意味するのだろうか？　私たちはそうは考えていない。確かに生まれつき才能がある人もいるが、才能は開発できるものである。

車の運転を例に挙げてみる。生まれつき運転の仕方を知っている人はいない。運転ができる年齢になったら、技術を学び、交通量の多い道路で安全にうまく運転できるよう、正しい心構えを身につけなければならない。初めて運転するときは、全神経を集中させなければならない。車線変更するときはミラーを確認し、曲がるときは合図を出し、交差点ではどちらが優先か、などを考える必要がある。しかし、経験を積むと運転は比較的簡単なものになる。会話をしながら、おやつを食べながら、携帯電話で道順を聞きながら、運転に関係のない看板を見ながら運転ができるようになるのだ。運転に慣れてしまうと、目的地に到着したら運転していたことをほとんど覚えていない。その時には、運転という技術は自然に感じられ、運転する心構えは身につき、生まれつき運転できていたように感じられる。あなたは最初の頃よりはるかに才能に恵まれたドライバーになっている。

もちろん、より高いレベルでは、「魔法のタッチ」の要素が作用し、最高レベルと

図表2-1　人材開発には、従業員のスキルモチベーションを向上させることが含まれる

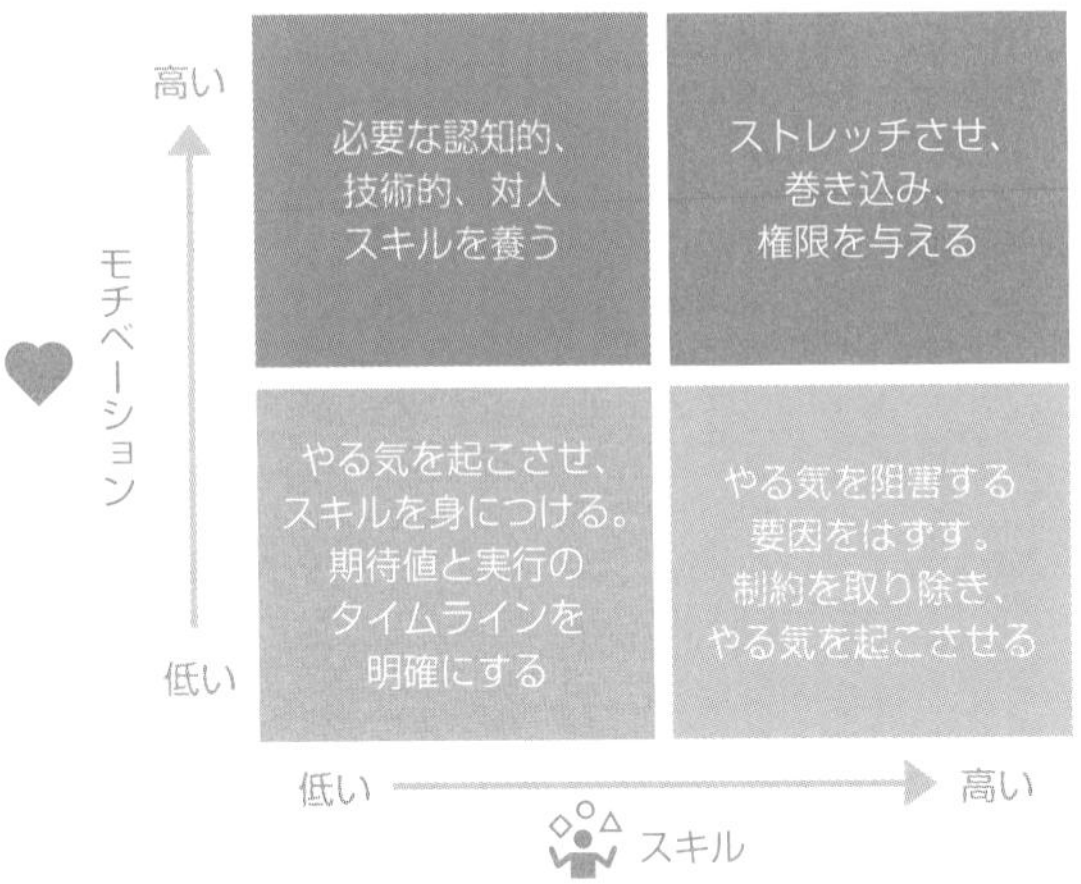

それ以外を分ける。例えば、F1マシンのハンドルを握って、イギリスのルイス・ハミルトンのような選手と競争できる人はほとんどいないだろう。私たちは前章ですでに、価値創造に最も重要な5%のポジションにはルイス・ハミルトンに匹敵する人材を採用、雇用し続けることを目指し、残りの人には、素早く、うまく、安全に、そして合法的に移動することができる「優良なドライバー」を勧めることを提案した。

なぜ重要なのか？　外部から採用できないなら、中で育てるしかない

人材が不足していることはすでに証明されている。マッキンゼー・グローバ

図表2-2　シニアリーダーのタレントマネジメントの必要性への認識

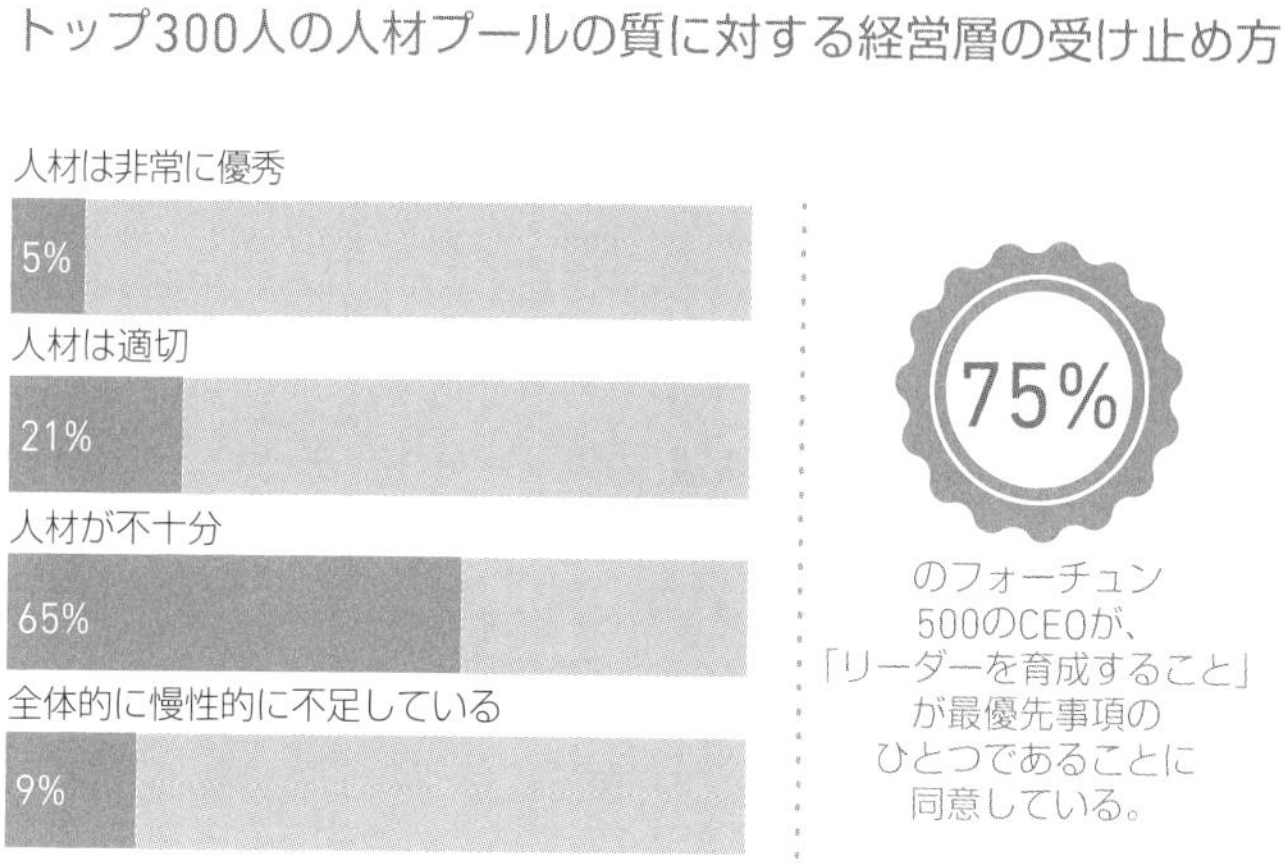

ル・インスティテュートは、２０２０年までに高いスキルを有する労働者が世界全体で13％不足すると予測している。現在でも、米国では30％の企業が６ヶ月以上募集しているポジションを埋めることができないでいる。日本では、80％の企業が同様の問題を抱えている。

その理由の１つとして、仕事の性質が変化していることが挙げられる。今世紀の最初の10年間で、取次業務（例：銀行の窓口係、小売店のレジ係）や生産業務（例：工場労働者、農民）の仕事の伸びはマイナスだったが、密なやり取りが必要な仕事や、問題解決型の仕事、経験・判断が重要な仕事、専門知識が求められる仕事（例：看護師、弁護士）は５％近い伸びを示した[2]。テクノロジーが生産業務や日常の取次業務を、いかに人間の直接的な介入なしに遂行するかに新しい可能性を与え続けており、この傾向はさらに加速するだろう。

企業のリーダー層に目を向けると、この課題はさらに大きくなる。経営層は、トップ３００人の管理職の70％以上が、その企業にとってのビジネスチャンスを捉えるのに十分なスキルを有していないと報告している[3]。人事担当者の65％がリーダーシップとその後継者の育成を人事部門の最優先事項であると評価し[4]、雇用者の50％以上がリーダー育成への投資を増やす予定を報告しているのも不思議ではない[5]。

講演家のジグ・ジグラーはかつて、「従業員を訓練して失うより、訓練せずに引き留める方が悪い」[6]と言った。しかし現実には、継続的に成長する機会を得た社員は、その会社でキャリアを積む確率が２倍となっている[7]。これはビジネス面でも割に合う計算だ。

なぜ重要なのか？　多くの企業で人材開発に苦労している

人材育成に対する企業のコミットメントを示す最も象徴的なものの１つが、企業内大学である。ゼネラルモーターズ社は、１９２７年にゼネラルモーターズ・インステイテュートを設立し、その先駆者となった。戦後は、１９５６年のゼネラル・エレクトリック（ＧＥ）社のクロトンビル校、１９６１年のマクドナルド社のハンバーガー大学が有名で、１９７０年代には、ディズニー社やモトローラ社などがこれに続いた。企業内大学を設置している企業の数は１９８０年代後半には４００を超え、今世紀には２０００を超え、現在では４０００を超えている[8]。

人材開発への投資も同様に高い割合で増加している。企業による学習・人材開発費は、ここ数年でおよそ15％増加し、世界中で１３００億ドルを超えている[9]。学習・人材開発予算のうち最も大きな割合を占めるのはリーダーシップ開発で、研修費１ドルのうち平均35セントが、第一線のマネージャーから経営者まで、すべてのレベルのリーダー向け研修に費やされている[10]。

前述のような状況にもかかわらず、企業がリーダーシップ開発に正しく取り組んでいないことは明らかである。なぜならば、フォーチュン５００に選出されている企業のうち、自社が効果的にリーダーを育成していると考えるＣＥＯはわずか７％[11]、自社のリーダーシップ開発プログラムが明確なビジネスインパクトを与えていると考えているＣＥＯはわずか８％で、87％のリーダーは「組織の人材育成方法の大幅な変更」を望み、70％以上の組織が「能力のギャップ」をトップ５の課題の１つとして挙げている[12]。

もちろん、人材開発は企業内大学を利用した正式な研修プログラムへの投資だけではない。調査によると、人材開発のほとんどは、コーチングや新しい課題への挑戦を通じて、仕事の中でＯＪＴとして行われることが分かっている。しかし、過去５年間に雇用主からＯＪＴを受けたと回答した従業員はわずか20％程度で[13]、リーダーが能力開発を促進していると感じる従業員は50％未満だ[14]。さらに、正式な能力開発の仕組みとキャリアパスを導入していると回答した雇用主は半数未満（実際にその効果をモニタリングしているのはその中の４分の１）、マネージャーが従業員とキャリア開発の議論を行うのが有効だと答えた組織はわずか３分の１だ[15]。

経営学の権威であるピーター・ドラッカーは、１９５９年に「ナレッジ・ワーカー（知識労働者）」という概念を提唱した。彼はビジネスや経済が、製造能力による成功から、知識を生み出し、活用する能力による成功へと移行することを予見した。そして、「人材を育成することはビジネスにとって最も重要な課題であり、知識経済における競争の必須条件である」と述べている[16]。

図表2-3　人材開発における改善機会は大きい

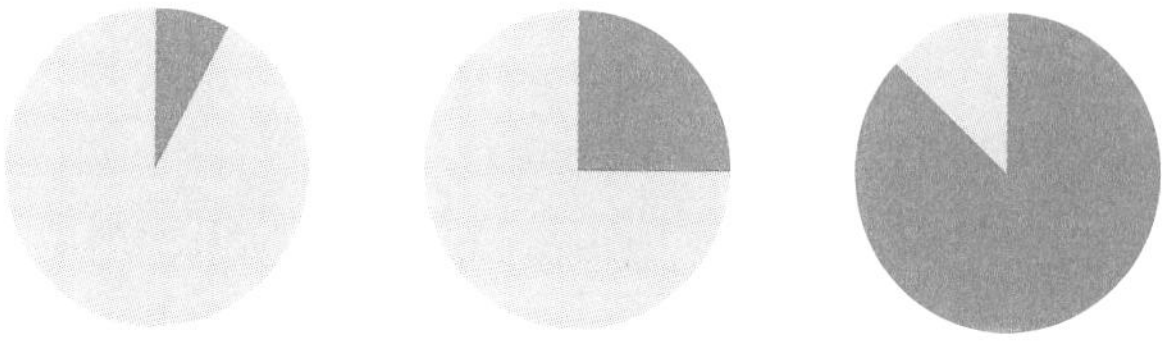

なぜ重要なのか？　求められるスキルの変化が加速しており、一層人材開発の必要性が高まる

ＰＡＬＭ　ＰＩＬＯＴをご存知だろうか。１９９６年にＵＳロボティクス社から発売され、ポケットサイズのＰＤＡ（携帯情報端末）として「これぞ」と言わしめた存在だ。その人気は高く、瞬く間に世界で最も有名なブランドの１つとなった。ＰＡＬＭ　ＰＩＬＯＴの特徴は、小さなタッチパッドにアルファベットを一筆書きする「グラフィティ・アルファベット」を採用していたことだ。手書きよりも早く、しかも画面を見ずに正確なメモを取ることができるのだ。

その３年後、ＲＩＭ（Research In Motion

Limited）社のブラックベリーが、アルファベットを使わずに親指で入力できる、使いやすく新しいミニチュアキーボードでデビューした（後にｉＰｈｏｎｅがタッチスクリーン方式で実現）。そしてＰＡＬＭ ＰＩＬＯＴは急速に姿を消し、グラフィティ・アルファベットも廃れていった。

今の従業員のスキルや仕事への取組み姿勢は、グラフィティ・アルファベットと同じで、３年以内に時代遅れになると言ったらどうだろうか？　これが確実に起こりうるとは思わないが、そう突飛な話ではない。１９００年まで、人類の知識はおよそ１世紀ごとに2倍になっていた。第二次世界大戦までは、25年ごとに2倍になっていた。ＩＢＭによれば、ＩｏＴ（Internet of things）の浸透により、近い将来、知識は12時間ごとに倍増するようになる可能性がある[17]。

もちろん、1年前に知っていたことの半分が、今日ではもう古いということではない。すべての知識が有用な知識であり、一部の知識は時代を後えて有用である（そう信じていなければ、この本は書いていない！）。しかし、競合他社に後れをとらないようにするため、どの新しい情報やスキルがビジネスに役立つかを見極めることがいかに重要であるかは、この本で強調している。例えば、今日の最高マーケティング責任者（ＣＭＯ）は、Hadoop、WordPress、Google Analytics、Hubspot、Salesforce の

図表2-4　知識の種類の適用可能性の経年変化

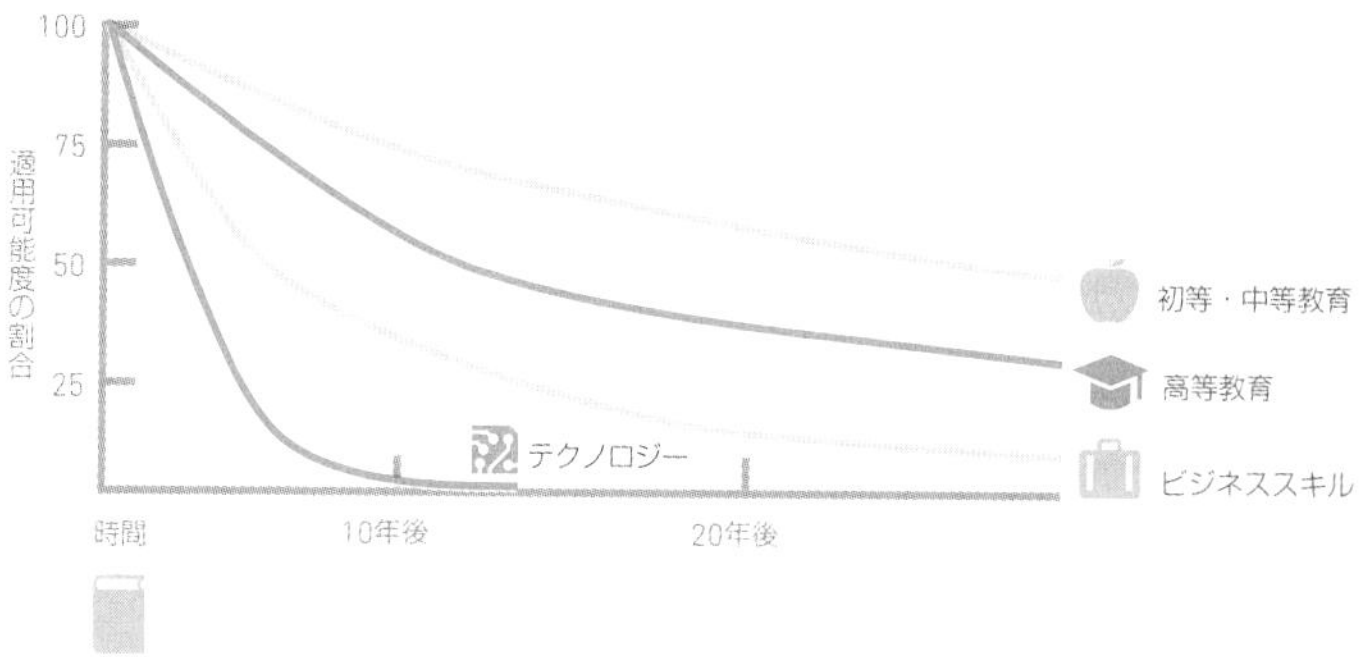

活用方法を知らなければ、有能とみなされない。

知識が陳腐化する、ということ以上に深刻なのは、過去に「正しい」と信じられていたものが実は間違いであったと証明された場合である。あなたの身には起こりえないことだろうか？　恐竜は冷血動物だったのか？　サッカリンはガンの原因になるのか？　食物繊維はガンを防ぐのか？　ヒルは薬になるのか？　冥王星は惑星か？　これらすべての答えは「ノー」だ。しかし、そうではないと学んできた人は多い（そして今もそう信じている人も多い）。顧客、コスト、資本、リスクマネジメントについて、従業員はもはや真実ではないことを「知っている」かもしれず、それはあなたのビジネスにどんな影響を与えるだろうか？

雇用主も教育の対象者として考える必要があることは明らかだ。しかし、そのような教育を自社で行うにはどうすればよいのだろうか。

なにが重要か？　教室やコンピュータの枠を超える

80年代半ばに開発された「70：20：10モデル」は、現在でも人材育成の最良の公式として広く知られている。このモデルでは、知識の70％は仕事に関連した経験から、20％は他者との交流（例：ピアラーニング、コーチング、メンタリング）から、そして10％は公式の教育（対面またはオンライン）から構築されるべきであるとされている[18]。最近、製品開発マネージャーに昇進したステファンの例を見てみよう。彼は、最近、製品開発マネージャーに昇進した。この昇進に伴い、彼は会社のＦＬＬ（ファースト・ライン・リーダー）開発プログラムに参加することになった。このプログラムは９ヶ月間行われ、ステファンが「製品開発サイクルの期間を50％短縮する」という非常に高い成果目標を達成するために必要なスキルと心構えを身につけることを目的としている。

まず３日間の合宿に参加し、社内から集まった20人の仲間とともにプログラムをスタートする。そこで彼は仲間たちが同じような希望や不安を抱いていることを知り、元ＦＬＬたちとのパネルディスカッションで不安を払拭していく。そして、ケーススタディ、ロールプレイ、グループワークから得た学びをもとに、自分の担当領域の計画をまとめ、発表する。また、自分自身についても学び、リーダーシップについて抱いていた思い込みが、マネージャーという新しい役割ではいかに役に立たないかを知る。

　最初の研修の後、彼は学んだことを仕事に応用し始める。オンデマンドの教材を含む、e-ラーニングツールを使い、メンター（元FLLで、現在はシニアリーダー育成プログラムの一環としてメンターの役割を担っているマネージャー。彼女もまた、自身が主導している事業横断的な施策についてステファンに助言を求めている）と毎週ミーティングを行い、知恵を身につけている。毎月1回、少人数の同僚から成るグループで仮想会議を行い、講師が進行する問題解決セッションを受講している。

　3ヶ月後、今度は変革をリードするための研修が行われる。そして、さらに3ヶ月間、メンターと講師によるピアコーチングを受けながら、実践する。そしてまた研修が行われ、さらにフィールドワークが行われる。9ヶ月目には、自分の役割に自信を持ち、前に進んでいることを実感した参加者が、経営陣にその成果と学びを発表することで、プログラムはハイライトを迎える。

　ステファンの複合研修の旅は、70：20：10モデルの比較的単純な適用である。しか

図表2-5　人材育成の理論と実践

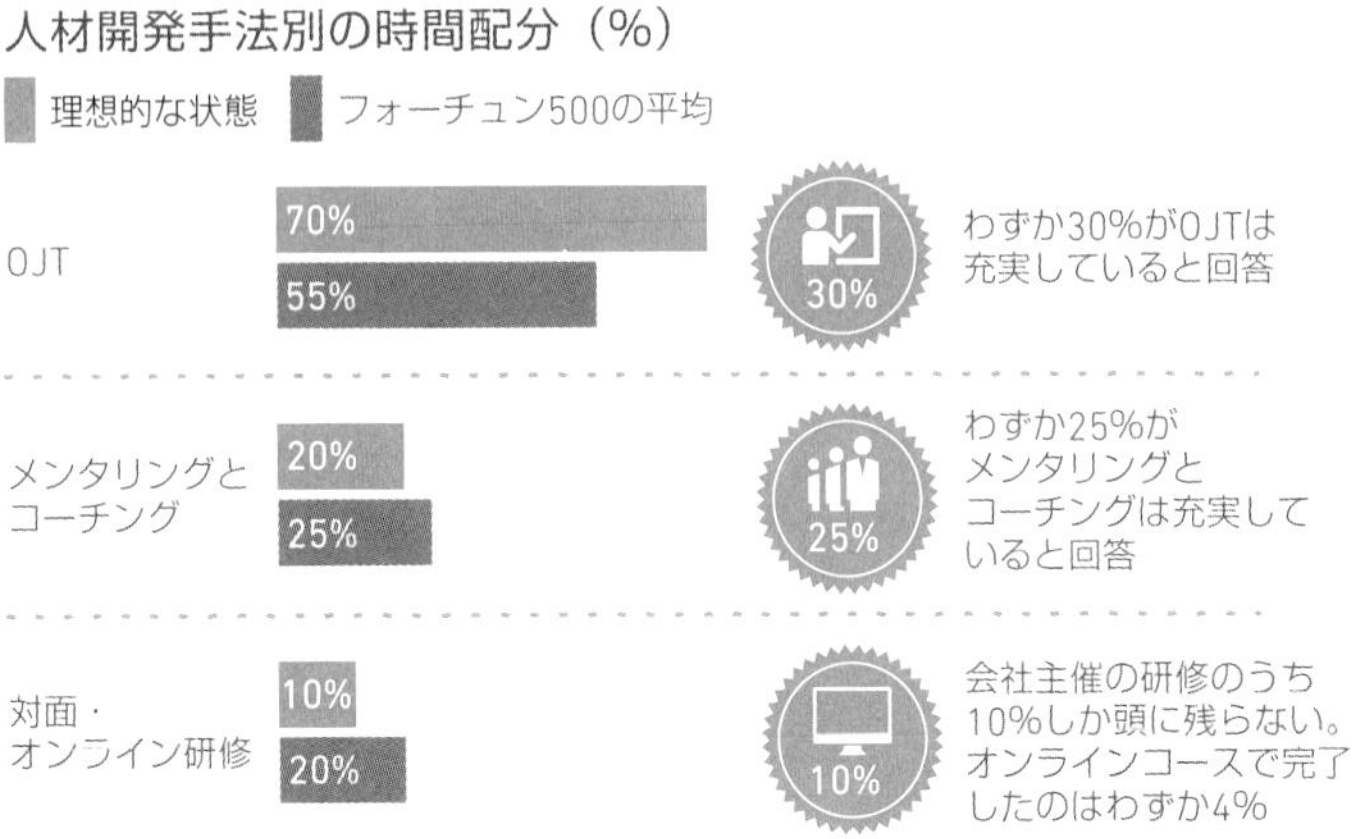

し、このような事例は実際にはほとんど見られない。「自社はＯＪＴや研修が充実している」と回答したＣＥＯはわずか30％で、コーチングとメンタリングについて同様に回答したＣＥＯは25％しかいない[19]。会社主催の研修に参加した人は、仕事に戻るまでに学んだことの90％を忘れてしまい、オンライン研修では、受講者が修了するのは研修全体のわずか４％にすぎない[20,21]。しかし、勝者は常に正しいことを行っている。

なにが重要か？　何を学ぶべきか、自身の気付きが重要

社員がさらにスキルを伸ばし、より高いパフォーマンスを発揮する考え方を身につ

けることはあなたの会社では有益だろうか？　ほとんどのリーダーは「はい」と答えるだろう。では、どのようなスキルを身につける必要があるのだろうか。また、どのような考え方が、より高いパフォーマンスの発揮を妨げているのだろうか。リーダーは通常、この問いには答えられない。

ある企業でリーダーたちに、「私のアイデアはあなたのものだ」と思わせたり、他人の領域に踏み込まないように気を配るなど、他人のエゴのためにどれだけの時間を使っているか聞いてみた。ほとんどのリーダーが20～30％と答えた。次に、他の人達はあなたの領域に踏み込まないためにどれくらいの時間を費やしているのかを聞いてみた。すると、ほとんどのリーダーが口をつぐんだ。これは、誰もが「信頼度の低いチームだ」と思うのに、各メンバーが「自分は信頼できる」と答えたり、組織が官僚主義だと自認する一方で、自身が官僚的であると認める人がなかなか現れなかったりするのと同じ現象である。

どうなっているのだろう？　心理学ではこの現象を、容易に予測可能で、非常に人間的な「自己奉仕バイアス」の結果として説明している。この作用によって、88％のドライバーが自分自身を上位50％の安全運転者と評価し[22]、25％の学生が他人とうまくやっていく能力の上位１％に自分を位置づけ[23]、夫婦の家事への貢献度の合計が１

００％を超える[24]のである。もちろん、これらはすべて統計的に不可能なことであり、多くの行動関連分野において私たち人間は常に、自分は実際よりも優れているという根拠のない楽観主義を持っている。

　このダイナミズムが意味するところは、どのような学習の行程においても、まずリーダーが自分で何を変えることができ、何を変えるべきかを気づく（自分自身について今まで知らなかったことを学ぶ）ことが不可欠である、ということだ。このステップを踏んで初めて、学習の行程で何を学び、成長するのかを明確にし、挑戦と支援がある環境の中で新しい知識、スキル、態度を実践し、最終的には他者のコーチとなることで学びを定着させるという次のステップへと進むことができる[25]。

　一般的に、変化に必要な気づきは、アンケート、会話、またはその両方を活用した、３６０度フィードバックによって得ることができる。ここでは、コンピテンシー（職業能力であり、それを構成する知識や能力に加え技能、行動特性等を含むもの）モデルに照らし合わせた一般的なフィードバックの話ではなく、パフォーマンス向上につながるスキルや心構えに特化したフィードバックの話をしていることに留意してほしい。学習プログラムの内容によっては、熟練したファシリテーターが日常業務の第三者による観察、シミュレーション、カレンダー分析などを通じて、個人の内省を促す

図表2-6　個人的な洞察から始まる4つの発達段階

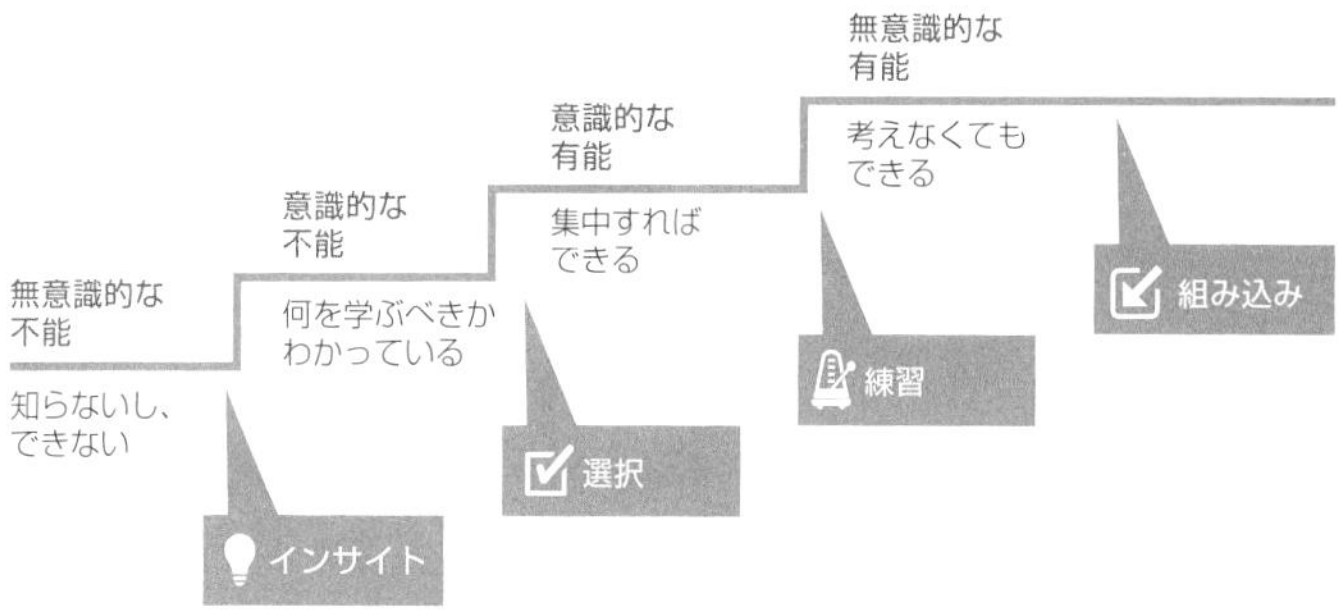

こともできる（例：「あなたは自身を顧客志向と言っている一方で、顧客関連データの確認や顧客との会議、顧客に接する従業員との時間は５％にとどまっている」）。

組織全体で人材開発を自分ごと化すると、「私の仕事はベストを尽くすことだ」ではなく、「私の仕事は常に改善することだ」という考え方が、より深く組織的に形成されるようになる。前者は最終的に停滞をもたらし、後者は継続的な成長をもたらす。選択するのはあなた自身だ。

なにが重要か？　強みと伸びしろに集中する

「気付きを与える」とは、全員に自分に問題があることを認めさせることではなく、むしろ、自分の強みが大胆な、新しいものを生み出すことができることを理解してもらうことである。

　ウィスコンシン大学で行われた、２つのボウリングチームでの研究を考えてみる。まず、チームが互いに競い合う様子を撮影した。一方のチームは、自分たちのミスだけを集めたビデオを受け取った。彼らはガターボールの映像をを見て、何が悪かったのかを分析し、どうすれば問題を解決できるかを考えた。もう一方のチームには、成功例だけを集めたビデオを渡し、自分たちのストライクの映像を研究し、どうすればもっとストライクが取れるかを検討してもらった。その後、両チームは再び競い合った。その結果、両チームとも上達したことがわかり、ビデオレビューの有効性が証明された。しかし、成功体験を研究したチームは、失敗例を研究したチームに比べて２倍も上達していた。

　なぜだろう？　人間にとって間違っていることに執拗に目を向けることは、非難、疲労、抵抗を呼び起こす。一方、うまくいっていることに目を向け、それをより良くするにはどうしたらよいかを考えることは、一緒に働きたいという気持ち、インスピレーション、モチベーションを呼び起こす。このことは研究でも裏付けられており、強みに着目するアプローチで育成された社員は、生産性が12・5%向上し、離職率も14・9%低下している[26]。さらに、マッキンゼーとエゴンゼンダーの共同研究によって、「尖った」リーダー（いくつかのコンピテンシーで卓越し、その他は平均または不足）と「よくまとまった」リーダー（ほとんどのコンピテンシーで非常に優秀、不足はない）が、組織のパフォーマンスにどのように関連しているかが明らかにされている。パフォーマンスの上位25％の組織には、上位26％～50％の組織よりも2倍の数の「尖った」リーダーが存在することが判明した[27]。リーダーシップの強みを引き出し、人材開発でそれを「尖らせる」ことは、欠点の穴埋めよりも大きな利益をもたらす。

　強みにフォーカスする秘策は、ストレッチさせる（挑戦的ではあるが達成可能な）目標設定がベストである。すでに何かに秀でている人は、自分がどれだけ良くなることができるかを常に理解しているわけではない。１９６０年代、ジョン・F・ケネディ大統領が「10年後までに人類を月に到達させる」というストレッチさせる目標を掲げた結果、どれだけの才能が開花したことだろうか。自分のキャリアを振り返り、自分の潜在能力を引き出すのに役立ったものを挙げてもらったところ、71％の人がストレッチさせる目標設定を挙げたというのも不思議ではない[28]。「もしあなたにとって挑戦的でなければ、それによってあなたが変わることは無いだろう」という格言が明らかに当てはまる。

　強みが万能だとは言わない。確かに強みを発揮しすぎると弱みになるし、アキレス

図表2-7　強みと伸びしろを生かす方法とやりがい

強みを伸ばす方法

- 強みを生かす機会をつくる
- 強みを他人と教え合う
- 既存の強みを関連するスキルや役割で補強する
- 強みを新しい状況に適応させる

新しく強みをつくる方法

- 意識的に社員の能力以上の目標を与える
- 挑戦することやリスクを取ることを促す仲間を増やす
- 相互学習のためにグループやチームを活用
- 新しいスキルを試す機会をつくる

強みをフィードバックに取り入れている組織の社員は生産性が 12.5% 向上し、離職率が 14.9% 減少

腱のような弱点もある。また、ストレッチさせる目標設定は行き過ぎると、その不可能性がモチベーションを低下させ、望ましくないリスクをとったり非倫理的な行動まで誘発する可能性がある。しかし、従業員に自分の強みを生かしてストレッチさせる目標を達成するように求める方法で才能を開発することは、うまくいけばボウリングでもビジネスでも、勝利の方程式となる。

どのように実現させるか？　5つのステップで、必要な人材を育成する

ある大手製薬会社のケースを考えてみよう。この会社のＣＥＯと経営陣は、ブロックバスター（年間１０００億円を越えるような売上を生み出す画期的な薬効を持つ新薬）の特許切れに加え、価格圧力とヘルスケア業界の事業環境の厳しさに直面し、事業戦

略の見直しを決定した。包括的な評価を行った結果、特定の事業から撤退する一方、より専門性の高い新たな分野で積極的に事業を拡大する必要があるとの結論に達した。しかし、この新戦略を実行するために必要な人材が、既存の人材プールと合致していないことがネックとなった。戦略を変更するか、必要な人材を育成するために投資するかで議論した結果、経営陣は全員一致で後者に決定した。

1. Aspire（志す）

人材開発は、会社の将来を左右する重要なテーマであるため、専任のチームを編成した。2年間の任期でチームを率いることになったのは、同社で最も成功した専門医療ビジネスを率いていた新星だった。チームの最初の仕事は、今後3～5年の間に戦略を実行するために中心となる具体的な能力を包括的にマッピングすること（需要の視点）と、会社の出発点を明確に理解すること（供給の視点）だった。

2ヶ月の間に、チームは勝つために必要な総合的な能力、すなわち戦略で決定した専門医療ビジネスにおける主要な技術的スキルや、さまざまなリーダーシップ能力について、明確な見通しを立てた。この「トップダウン」の分析に加え、チームは主要20カ国のリーダーと「ボトムアップ」のワークショップを行い、自分たちの提案を検証し、主要国の人材開発ニーズとその価値を十分に理解した。最終的には、トップ主導の人材育成を、特定の技術スキル（対象となる治療領域におけるより深い医療スキル、デジタルおよびリアルワールドエビデンス能力の開発など）と、変革の先頭に立つマネージャースキルに絞り込むことに成功したのだ。これらの提言は、ＣＥＯや経営に近いステークホルダーと長時間にわたって議論された。

Aspire（志す）

▼どこをめざすか？

戦略的な展望：３～５年先を見据え、事業戦略における人材育成の意味合いを明確にする。

需要と供給の計画：３～５年のシナリオに基づき、最も付加価値の高い人材とそのニーズ、および研修や人材開発を通じてニーズを満たす方法について、見通しを作成する。

投資対効果：ビジネスリーダーと協力して、改善が必要なパフォーマンス指標を特定する。

シニアリーダーとの連携：予測されるリーダーシップのニーズ、望ましいコンピテンシー（職業能力）、ビジネスへの価値について、経営陣からの賛同を得る。

2. Assess（診断する）

各能力領域において、チームはトップ企業や自社の優れた分野を調査し、「望ましいスキルとマインドセット」、「能力を強化するために必要なマネジメントシステム（目標、決定権、評価、結果）」、「能力を構築して影響を与えるためのツールとテクノロジー」の３つを定義する「ゴールドスタンダード」を開発した。そして、このゴールドスタンダードに照らし合わせて、フォーカスグループや、インタビュー、業務の観察、業務レビューを組み合わせて、企業の現状を評価した。

さらにチームは、対面研修、オンラインプログラム、コーチングとメンタリング、ＯＪＴ、ストレッチさせる人材登用、ローテーションの機会などの質をもたらした結果を調査し、同社の現在の能力開発アプローチの効率と効果を評価した。優秀な部分も多くあった一方で、研修はほとんどの職種の日々の現状と明確に関連していないこと、継続的なフィードバックやメンタリングが行われていないこと、さまざまな要素を融合し、それらを明確な成果に結びつける学習の行程の作成に会社は投資していないことなどが明らかになったのだ。

Assess（診断する）

▼出発の準備はできているか？

検証可能な基準：ベンチマークを使用して、質と量の両面で人材の強みとギャップを把握し、最大の人材開発ニーズを特定する。

プログラムの評価：人材開発プログラムの内訳を理解し、対面研修やオンライン研修、メンタリング、コーチング、OJTの質を評価する。

人材強化の仕組みの質：業績管理、キャリアプラン、フィードバック、コーチングのプロセスを評価する。

3. Architect（設計する）

チームは必要な学習プログラムとアプローチを設計する準備が整った。この学習プログラムは、対面式とオンラインの研修、メンタリング、フィードバックを組み合わせたもので、会社の最も重要な戦略的活動に学習内容を直接適用する「フィールドワーク」も含まれている。例えば、主要な治療分野の１つである神経科学のフィールドワークでは、技術力とネットワーク力を深め、主要なオピニオンリーダーを巻き込む新しい戦略的アプローチを実行することができた。また、チェンジリーダーシップコースでは、改善策のポートフォリオを開発・管理するスキルを身につけると同時に、根底にある文化が実行を助けるか邪魔するかを確認するなど、多くの要素が盛り込まれた。

具体的なコース設計に加え、期間内に十分な受講者を確保するため、必要な講師の育成計画も作成した。コアとなる専門家講師に、最終的に講師となる参加者のグループを加える「トレーナー育成」方式を採用した。さらにチームは、選考基準を定め、プログラムに参加する候補者を特定し、ＣＥＯが中心となって体系的なコミュニケーションと参加キャンペーンを展開し、この取り組みの戦略的根拠を共有し、会社全体に積極的な参加を促した。最後に、プログラム参加者の上司を正式に関与させ、期待値を設定し、上司のサポートを確保した。

Architect（設計する）

▼到達には何が必要か？

参加者のターゲット：選考基準の設定、複数の見解（経営陣の見解だけでなく）を取り入れた初期候補者の選考。

ビジネスケース：使用するビジネスケース、選択の基準、期待される効果を伝え、賛同を得る。

ハイレベルな計画：ビジネス、技術、行動の専門家を集め、望ましい学習プログラムの構成要素を設計する。

4．Act（実行する）

各能力の構築にあたっては、まずパイロットプログラムを実施し、詳細な教材やアプローチを改良し、最終的に完成させた。その後、計画に基づいてプログラムの規模を拡大した。このような展開がスムーズに行われたのは、早い段階から経営層や地域代表の参画と賛同があったからで、彼らに賛同された理由は、プログラムによってビジネスの成果を加速させることができると判断されたからである。一方、パイロット版の参加者はこのプログラムを他の人に勧めることで、プログラムへの支持を集めた。彼らは能力構築の新しい方法に携わる先駆者であることを、誇りにそして光栄に思い、同時に大きなビジネス価値を生み出すことができた。

パイロット運用と並行して、会社の業務管理やその他の人材管理プロセスにも調整が加えられた。それは、開発中のリーダーシップと専門スキルの重要性を強化し、取り入れるためだった。従業員の採用から入社、評価、報酬のすべてにおいて、重点的な能力が自立的に発揮できるよう担保した。特に革新的だったのは、技術専門家の育成コースを設けることと、新進気鋭のリーダーにストレッチさせる登用を行う際に、チェンジリーダーシッププログラムを「パッケージ」の一部にして提供することの2点だ。

Act（実行する）

▼どのように進んでいくか？

きめ細やかな実行：日常の業務の成果向上に直結するきめ細かな学習体験を開発し、社内講師／外部ベンダーを決定する。

上司向け研修：対象者の上司は、人材開発において果たすべき役割を認識し、コミットし、必要なサポートを受けられるようにする。
正式な仕組化：評価と人材管理プロセスを再構築し、強みを強化し、ストレッチさせる。
説得力のあるストーリー：ビジネスケース、選択の基準、期待される効果を伝え、幅広い支持を得る。

5. Advance（前進する）

施策の効果は3つのレベルで追跡された。まず、各コンテンツごとに参加者アンケートと定性的なフィードバックが実施された。次に、360度フィードバックと能力評価の変化から、参加者の技術スキル、リーダーシップスキル、行動の改善を評価した。第三に、各プログラムの受講者が経時的に生み出した財務的成果を抽出した。これらの測定値を基に、プログラムは継続的に改善された。嬉しいことに、対象となる参加者グループの約30%が研修プログラムを経験すると、言語、コンセプト、ツールが「企業文化の一部」となり、プログラムへの参加そのものよりもはるかに速く普及し始めることがわかった。そのため、導入の最終段階では、プログラムを短縮し、より高度な内容に改善した。

もう1つの予想外の結果は、研修プログラムの終盤、同社が新たな問題を生み出したことに気づいたことだ。それは同社が、目標とする分野の人材が集まる「アカデミー」として業界に認知されるようになったことだ。そのため、競合他社は学習プログラムを修了した優秀な人材を引き抜こうとし始めたのだ。この問題を解決するために、重要な役割を担う社員への報酬を引き上げ、予測分析を活用して離職の可能性を早期に察知して対処するなど、さまざまな仕組みが導入された。

Advance（前進する）

▼どうすれば継続して改善を続けられるか？

効果のモニタリング：他の取り組みと同程度の厳密さで投資対効果を測定し、必要に応じてアプローチを調整する。

好循環を実現する：卒業生が次のリーダーを育成し、さらに下の階層や採用プロセスに、望ましいリーダーシップの期待値を定着させる。

定着の仕組み：育成した社員を貴重な資産として大事にし、予測分析、追跡メカニズム、経営陣と協力して、社員の離職を防ぐ。

３年後、同社は戦略を順調に実行に移し、集中的な人材開発への取り組みのおかげで、従業員は阻害要因ではなく、インパクトを加速させる要因になっていた。ビジネス面でも、業界平均の２倍のペースで売上を伸ばし、利益も力強い成長を遂げていた。「人材アカデミー」としての挑戦について、ＣＥＯはチームに対し「これは最も重要な問題だった！」と語っている。

まとめ

★なぜ重要なのか？

—外部から採用できないなら、中で育てるしかない。

—多くの企業で、人材開発に苦労している。

—求められるスキルの変化が加速しており、一層人材開発の必要性が高まっている。

★なにが重要か？

—教室やコンピュータの枠を超え、仕事を通じて学ぶ。

—何を学ぶべきか、自身の気付きが重要。

—強みと伸びしろに集中する。

★どのように実現させるか？

—5つのステップで、必要な人材を育成する。

各ステップにおいて見逃しがちなアクション

Aspire（志す）：戦略を実現するために必要な能力に焦点を当てる。

Assess（診断する）：現在のアプローチの有効性を理解する。

Architect（設計する）：設計に事業部（人事だけでなく）を巻き込む。

Act（実行する）：参加者のマネージャーが役割を持つようにする。

Advance（前進する）：学習と定着の仕組みを連動させる。

【訳者による第２章の解説】

人材の流動性が低い日本企業においては、リスキリングは他国以上に重要テーマである。例えば近年では、ＤＸの推進に伴いビジネスプロセスすべてで異なるスキルが必要になっており、ビジネス課題を理解している現社員にこそデジタルスキルの獲得が求められている。一方で、人材サービス会社のランスタッド社が行った調査によれば、「会社が費用を負担する研修を受けている人」の割合は、日本が33カ国中で最下位という結果が出ている[29]。流動性も低く、他国以上に人材開発に高いリターンが期待できるにもかかわらずである。個人が成長できる企業に、優秀な人材は集まる時代であることを重く受け止める必要がある。

リスキリング施策の成功に大きな影響を及ぼすのが、「新たなスキルを身に付けたい」という社員のモチベーションである。欧米企業においては、新たなスキルを身に付けることはキャリアアップに直結するなど、明確なインセンティブが設計されていることが多い。一方、日本企業の場合、新たなスキルを獲得しても「評価は変わらず、むしろ仕事が増えるだけ」という不満が社員に付きまとい、モチベーションが上がらないことも多い。

（本章でも語られている）自身に気づきを与えるフィードバックや褒める文化を導入することで、自身の達成感や他者からの承認といった非金銭的インセンティブが新たな挑戦への励みとなる場合も多い。リスキリング施策の一部としてモチベーションを高める仕掛け作りを併せて実施していきたい。

第3章

潜在能力をフルに引き出すためには、どのようにパフォーマンスを管理すればよいか？

時代を超えたテーマ――パフォーマンス・マネジメント（業績管理）

あなたは、野心に満ちた政治家で、総理大臣への立候補を考えている。公務員の経験は豊富だが、総理大臣の役割と成功の秘訣をもっと知りたいと考えている。そこであなたは、ネット上の様々な文章に目を通した。その中で、特に目を引くものを見つけた。それは、総理大臣という職務についての明確な記述だった。必要な省庁を定義し、省庁間の責任を整理し、各省庁が仕事に集中できるようにするための手順が詳細に記述されていた。また、昇進、報酬、表彰などを通じた報奨の与え方や、うまくいかない場合の罰金や罷免ついても詳しく書かれていた。「完璧だ」とあなたは思った。そして、タイトルを見てみると……「周の官吏」とあり、なんとこの本が紀元前１１００年に書かれたものだと気がついた[1]。うーん、これは最良のスタートではないかも……。

３千年前の中国周代の古文書は、あなたが総理大臣になりたい場合にはそぐわないが、その存在は、パフォーマンス・マネジメントが長い間、組織運営の一部であったことを示している。パフォーマンス・マネジメントとは、会社の目標に合わせて個人の業績目標を設定し、その目標に対する進捗をサポート、奨励、評価し、それに応じ

図表3-1　パフォーマンス・マネジメントとは、会社の目標と個人の業績目標を結びつけ、その目標を達成するように動機づけるプロセスである

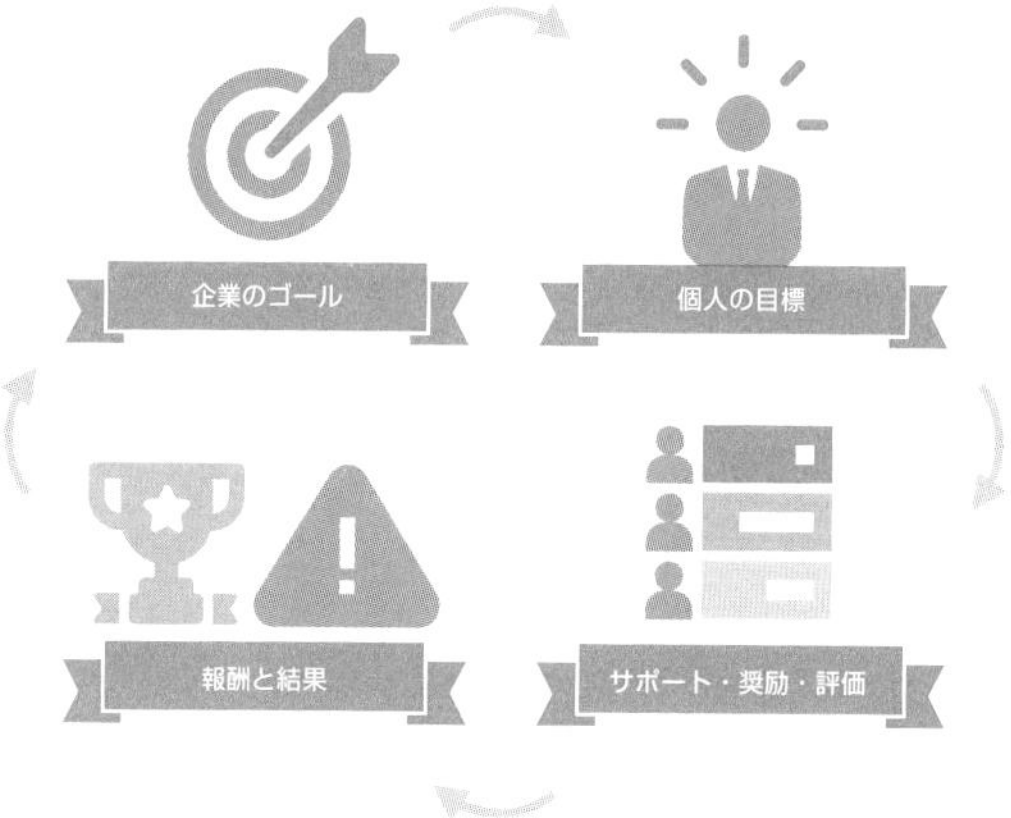

て報酬と結果を管理するプロセスのことだ。

　近代のパフォーマンス・マネジメントの歴史は産業革命までさかのぼる。１８００年代初頭、スコットランドの綿工場では実力主義的な評価制度が初めて導入され、それぞれの作業員の持ち場には、作業員の成績によって色分けされた木製キューブが吊るされた[2]。１９６０年代初頭までに、アメリカに存在する組織の60％以上が何らかのパフォーマンス・マネジメントシステムを導入し[3]、１９８０年代には、事実上すべての大企業が制度を導入していた。

　この30年間で、この領域は一進一退しつつも、金銭的な報酬と結果だけでな

く、より充実した動機づけの導入も進んできた。また、この間、従業員のパフォーマンスの差を明確に描き出すために、無理やり全従業員に順位付けを行う手法が台頭し、そして衰退したことも事実だ。このような手法の目的は、従業員のモチベーションを高めることだったが、ＧＥやマイクロソフトのような著名な企業がこの手法を全面的に取りやめたことで認識されたように、結果は真逆のものだった。

今日、「The End of Performance Management」[4]という見出しで、３千年の進化にもかかわらず、この領域は消滅しうるということすら書かれている。しかし、私たちはそうは思わない。その理由を説明しよう。

なぜ重要なのか？　優れたパフォーマンス・マネジメントは業績向上につながる

なぜ、パフォーマンス・マネジメントが重要なのだろうか？　アメリカの大学フットボールのコーチであるミック・デラニーは、「怠けくさった者と頑張り屋に同じ報酬を支払うビジネスや産業は、遅かれ早かれ、頑張り屋より怠け者が多くなることに気づくだろう」という独特の言い方で要約している[5]。一件落着？　確かにこれは説得力のある主張だが、パフォーマンス・マネジメントが組織の命運を左右する理由は、実はもっとたくさん存在する。

マネジメントの第一人者であるピーター・ドラッカーは、多くの点で現代のパフォーマンス・マネジメントの父と言える。ドラッカーは、１９５４年に出版した『The Practice of Management（邦題：現代の経営、ダイヤモンド社）』で、「目標による管理」（Management by Objectives：MBO）と呼ばれるプロセスを提唱した。ＭＢＯは、まず、戦略を目標に落とし込み、それを階層別に分解して、「何を、何のために達成するのか」という社員の問いに答えることから始まる。そして、「自分はどうなのか」という社員の問いに答えるため、目標に対する進捗を測定する。目標は規定しても、それを達成するための具体的な方法は規定しないことで、社員の創造性と能力を最大限に発揮させることができるのだ。さらに、「どうすれば改善できるか」という社員の問いに答えるため、社員がより素晴らしく、より持続可能な成果に向けてより速く前進するためのツールとガイダンスを提供する。最後に、目標の達成度合いに応じて、報酬と評価を与え、公正に結果を管理することで、「これは私にとって何を意味するのか？」という社員の問いに答える。このプロセスは、全体として、事業戦略の実行における各社員の役割に見合った、公平で透明性のある「原因と結果」を生み出すことができる。

図表3-2　パフォーマンス・マネジメントをうまく機能させるための要素と、パフォーマンス・マネジメントのもたらす効果

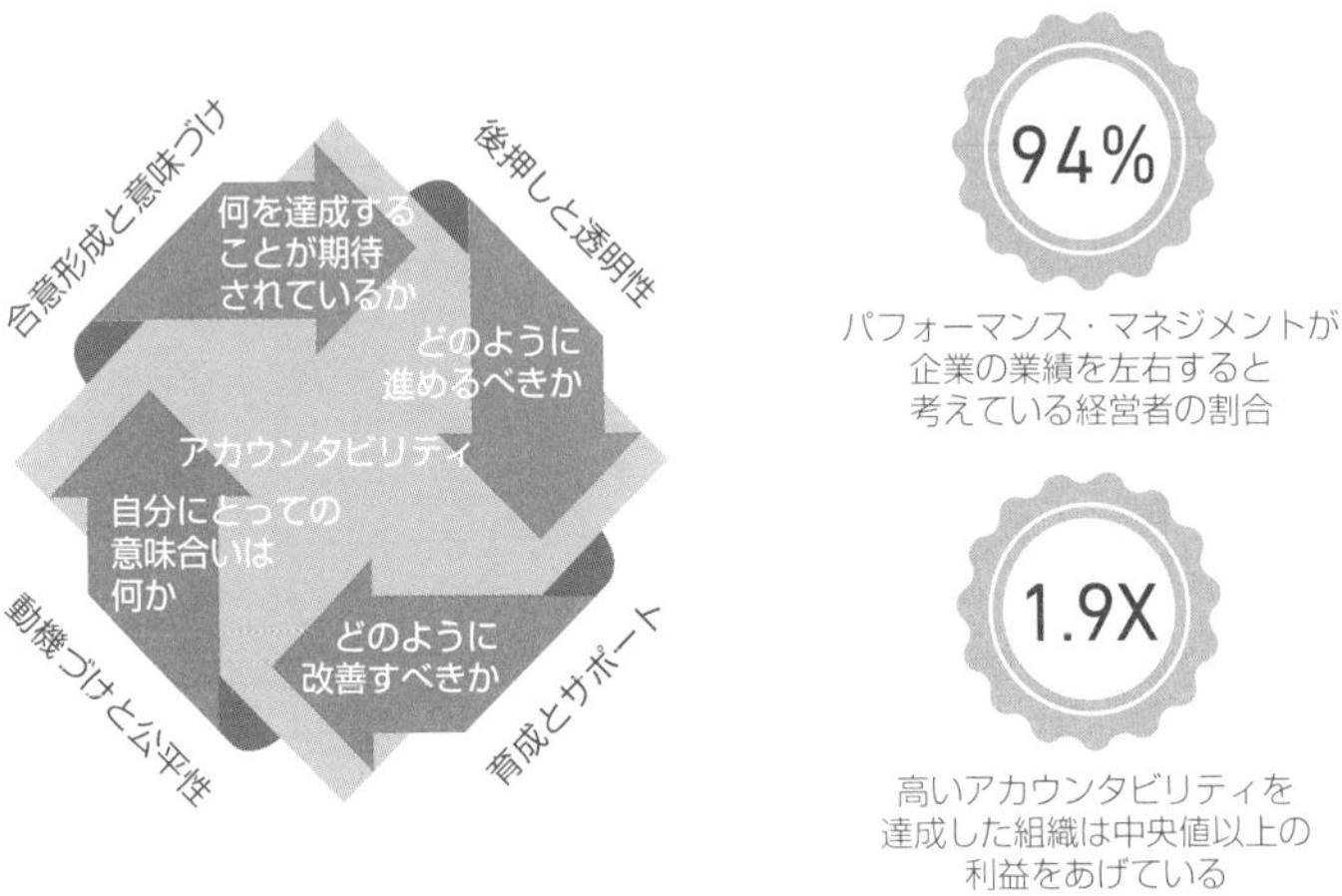

このレベルであれば、ヒューレット・パッカード、デュポン、インテルなど、数々の名だたる企業がドラッカーのモデルを採用・応用し、成功の重要な要素であるとした理由も理解できなくはないだろう[6]。また、研究者が、リーダーシップがこの種のパフォーマンス・マネジメントに高いコミットメントを持っている場合、その努力によって平均56%の生産性向上が得られるのに対し、コミットメントが低い場合は6%であることを発見したのも何ら不思議なことではない[7]。マッキンゼーの調査では、この種のアプローチを用いて上位25%のアカウンタビリティ

を達成した企業の利益が中央値を上回る可能性は、そうでない企業の１・９倍であることがわかっている[8]。

このように、優れたパフォーマンス・マネジメントの事例は、明らかに強力である。しかし、あなたもそれを既に知っているはずだし、94%のリーダーが、パフォーマンス・マネジメントは業績向上の重要な原動力であると認めている[9]。実際、戦略の実行方法を尋ねられると、ほとんどのリーダーは、上記の４つの要素と非常によく似た公式を述べる[10]。そうであるならばなぜ２０１５年にＣＥＯが最も重要な人的資本戦略として「パフォーマンス・マネジメント・プロセスの改善」を挙げたのだろうか？[11]

なぜ重要なのか？　多くの企業では、うまくいっていない

最近のＤＩＬＢＥＲＴ ＣＡＲＴＯＯＮ（訳注：スコット・アダムスによる、官僚的な職場を皮肉った漫画）は、とんがり髪の上司がエンジニアたちを前に「どんな会社にも目標が必要だ」と述べるところから始まる。「どの会社にも目標がある。部門目標、部署目標、地区目標、個人目標がある。君たちには４時間の研修を受けて、目標の立て方を学んでもらう。毎週、目標に対して自分がどうなっているかを報告する。その

目標は、巨大なデータベースに登録される……」。エンジニアの一人であるディルバートが、「データベースが大きく複雑すぎて、何が起きているのかわからなくなるのでは」と質問をしたところ、とんがり髪の上司の答えは「そうだ。だから昇給は見た目で決まるんだ」。

この風刺的なオフィスライフの描写は、現代のパフォーマンス・マネジメントの悲劇を示している。パフォーマンス・マネジメントはもはや、ドラッカーが言うところの「The Practice of Management（マネジメントの実践法）」ではなく、ほとんどの場合、人事部が管理する複雑で官僚的なプロセスになっている。その結果、ほとんどの企業では、業績が向上することなく、むしろ低下しているのだ。

なぜこのような状況になっているだろうか？　現在のやり方が経営目標の達成を効果的にサポートしていると回答した社員はわずか29％であり、73％の社員が評価プロセスでは対話の手法ではなくペーパーワークになっていると回答し、評価を公正かつ公平なものにするための充分なスキルを上司が持っていると考える社員はわずか８％だった。しかし、最も重要なことは、89％の社員が、会社がパフォーマンス・マネジメントのアプローチを変更すれば、自分のパフォーマンスが劇的に改善すると考えていることだ[12,13]。

図表3-3　パフォーマンス・マネジメントの実践に関する認識調査

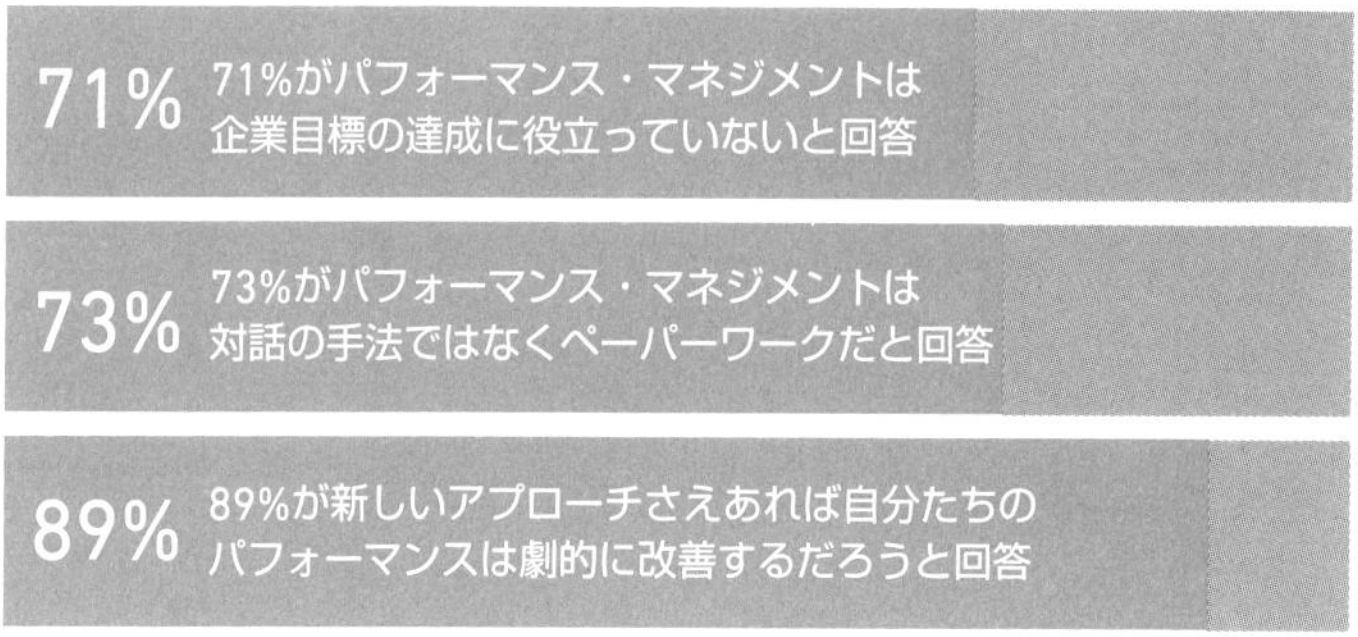

もちろん、どれも意図して起きていることではない。このような状況が現実のものとなったのには、複数の要因が絡んでいる。企業の規模が大きくなったことで、公平性の精神から均質なアプローチの採用が求められ、指標の乱立を生み、プロセスに費やす時間が膨大なものになった。規模のメリットや専門性のメリットを享受するためのマトリクス組織の登場により、原因と結果の追跡がはるかに困難になった。成果だけでなく、勤務態度、行動、潜在能力などの先行指標も測定・管理したいという要望が高まったことで、測定基準がさらに増殖し、プロセスにおける指標1つあたりの重要性が薄らいできた。また、テクノロジーの進歩により大量のデータを保存し、アクセスできるようになったことで、インプットの細分化やアウトプットの複雑さが増し、人々は「なぜそうな

るのか？」という問いに至らなくなった。最後に、訴訟社会がますます激化した結果、過剰な文書化が必要となり、継続的な対話ではなく、年に一度の報酬調整というイベントを中心にプロセスが設計されるようになったのだ。

冒頭で紹介したディルバートの漫画はまだ笑えるほうだ。しかし、今日のパフォーマンス・マネジメントの実践にかかるコストは、従業員1万人の企業で年間3500万ドルと推定されていることを考えると[14]、現実は笑えたものではない。幸いなことに、この話はもう少し前向きな方向に転じてゆく……。

なぜ重要なのか？　何が効果的なのか、研究が進んだ

あなたはリビングに置く革張りソファに目をつけていたが、定価は3000ドル。ソファに払うには高い気がして、今あるもので我慢することにした。一方、あなたはカーディーラーで、新しいファミリーカーの購入を検討している。車そのものは4万ドルだが、通常6000ドルもするレザーシートを半額でつけてくれるらしい。よし購入だ！

なぜ私たちは、セールの時には喜んでお金を払うのに、定価の商品にはそれほどお金を出したくないのだろう。それは、わが子が学校で使う鉛筆を自分の会社から持ち

出すことには抵抗がないのに、わが子が学用品を買うためにタンスのへそくりをあさったと聞いたらショックを受けるのと同じ理由である。その答えは、認知心理学にある。人間は「予想どおりに不合理」、つまり、一般的に「合理的」と考えられていることに従わない、予想可能な思考様式を持っているのだ。

なぜなら、ピーター・ドラッカーがＭＢＯについて書いた１９５０年代、心理学の主流は行動主義であり、環境、特に行動に対する報酬と見返りが、あなたの行動を決定すると考えられていた。しかし１９６０年代後半に登場した認知心理学は、刺激と反応を超えて、人間の意思決定の根底にある精神的プロセスを考察し、人間が必ずしも合理的に行動していないことを明らかにした。この発見は、経済理論を劇的に変え、行動経済学という学問分野を生み出し、パフォーマンス・マネジメントを発展させるという成果をもたらした。

行動経済学がもたらした発見は以下のようなものがある。例えば、想定外の追加ボーナスはたとえわずかであっても、事前にもらえると分かっている定例のボーナスより大きなモチベーション向上につながる。ボーナスそのものは、実はわずかな効果しかない[15]。また、内発的動機づけ（意義、自主性、達成感）は外発的動機づけ（金銭的または感情的な報酬や罰）よりも高いパフォーマンスをもたらし、実際には外発的動

図表3-4　金銭的・非金銭的インセンティブの有効性

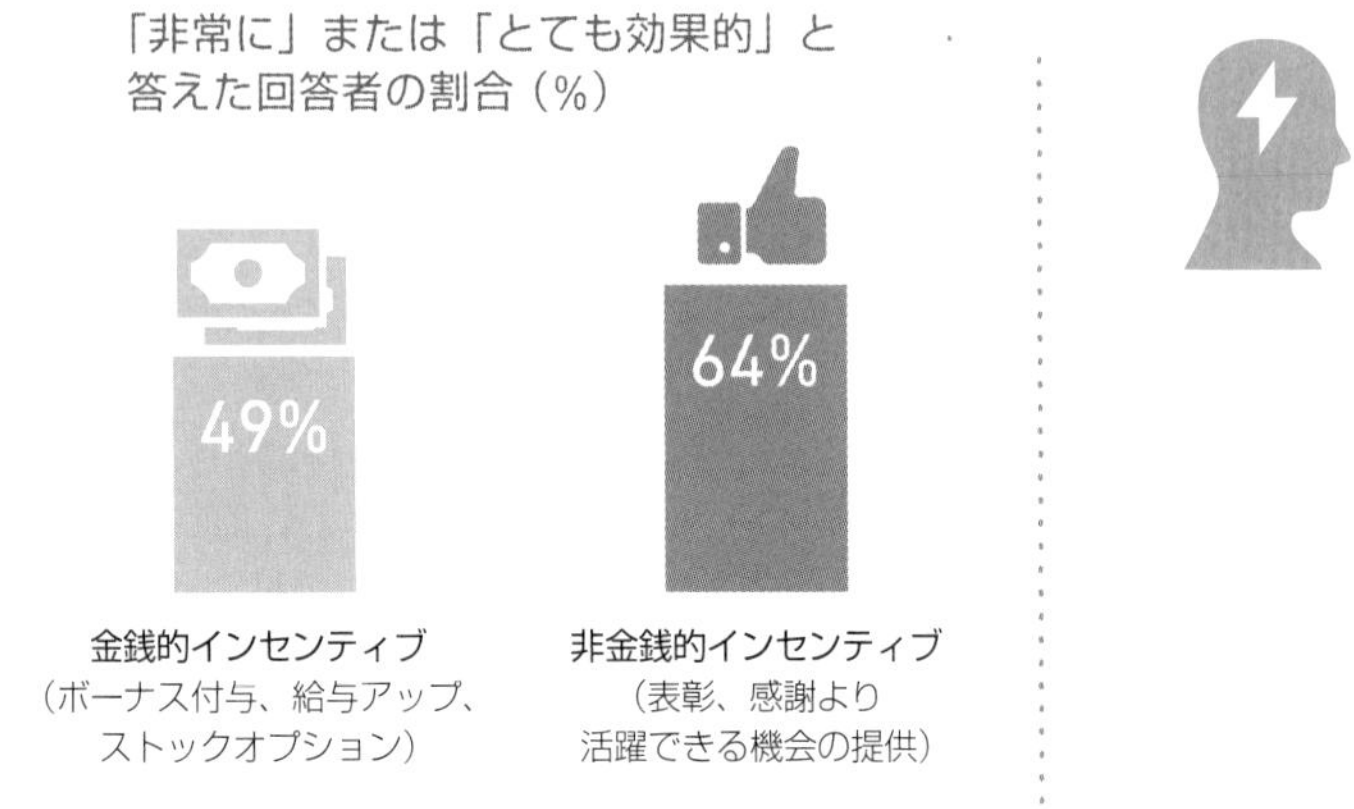

機づけが増加するとパフォーマンスが減少するという発見すらあった[16]。さらに、本書の他の箇所で述べているように、社員をプロセスに関与させると、彼らの結果に対するコミットメントを著しく高めること（第9章参照）、強みを活かすことに焦点を当てることが、弱点に取り組むよりもはるかに多くのエネルギーと熱意を生み出すこと（第2章参照）、プロセスが公正ではないと感じた場合は結果が公正でないと感じた場合よりも、社員のやる気が削がれること（本章で後述）なども、続々と発見されている。

　ダニエル・ピンクがベストセラー『Drive』の中で、「アメとムチは前世紀のものだ」[17]と宣言したのは、こうした研究成果によるものだ。この意見には、私たちは部分的にしか同意できない。私たちは、基本は決して崩れておらず、数十年の間迷走したに過ぎないと考えている。秘訣は、（パフォーマンス・マネジメントの終焉が迫っていると公言する人々こそが推し進めてきた）行動主義的なアプローチを放棄することではなく、むしろ認知的な見方から派生したテクニックでそれを補強することだ。陰と陽のように、一見正反対に見えるアプローチも、互いに補強し合うことで、従業員の潜在的なモチベーションを完全に解き放つことができるのだ。

なにが重要か？　会社と社員の目標を一致させる

欧米社会における子育ての歴史は、パフォーマンス・マネジメントを考える上で示唆に富むものだ。20世紀の大半は、大人中心の子育てが主流であった。このアプローチは、親が子どもに対して正当な権限を行使し、目標を設定し、子どもの成長を指導し、行動を改善するために結果を管理すべきであるとするもので、従来のパフォーマンス・マネジメントと類似していた。このような環境で育った多くの子どもたちは、大人になっても憤りを感じ、自信と自尊心を失い、情熱を持てない人生の道を歩むことが多くなってしまった。そこで、彼らは反撃に出た。

子ども中心の子育ての時代へ。このモデルでは、子どもは型にはめられる粘土の塊ではなく、自分自身の発達と学習に対して自由に活動することができる。親は全知全能の「壇上の賢者」ではなく、「傍らの案内人」であることを意味している。そうすることで、子どもたちは個性、創造性、そして人生の目的を強く意識して成長し、その結果、自分の可能性を最大限に発揮することが期待されてきた。しかし、残念ながら、その期待に応えるような結果は得られていない。多くの子どもたちが、ナルシストで、権利主張ばかり行い、困難に耐えて対処する能力に欠けるようになった[18]。

同じように、パフォーマンス・マネジメントも雇用主中心のアプローチと従業員中心のアプローチとの間で振り子が振れている。善意に満ちたビジネスリーダーや人事担当者は、業績評価や同僚との比較をせず、従業員が情熱を追求できるよう、不安のない継続的な育成のための対話に振り子を振っている。私たちは、このようなリーダーや社員は、例で述べた親子と同じように失望することになるのではないかと危惧している。

企業は、会社と社員の目標を一致させる必要がある。目標は、個々人のキャリアの希望やパッションを考慮して設定されるべきだが（従業員中心）、同時に会社の優先度の高い事業戦略を推進する必要がある（雇用主中心）。個人の強みは認識され、開

図表3-5　企業と社員のモチベーションの例と、そのバランスをとることで得られる見返り

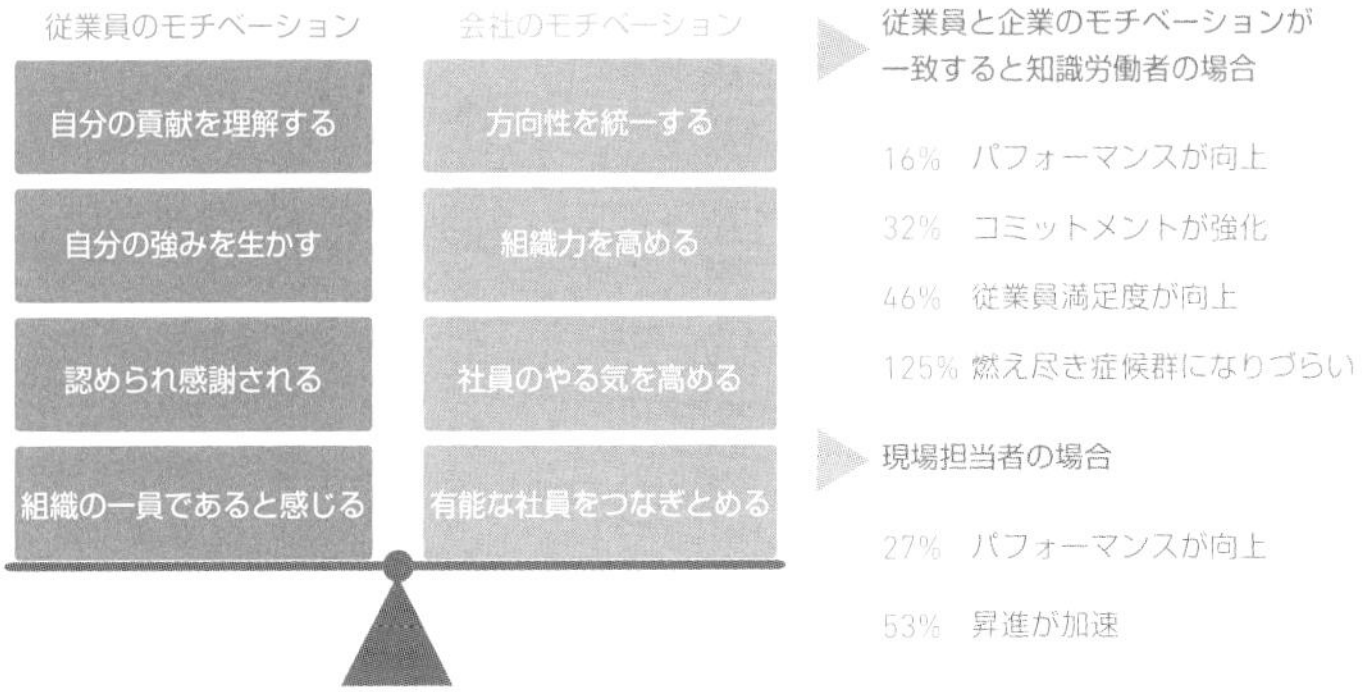

発され、目標達成のためにサポートされるべきだが（従業員中心）、構築されたスキルは、より広範な組織の能力構築の一部であり、企業価値と企業文化に寄与するものでなければならない（雇用主中心）。報酬は公平かつ十分なもので、自分のキャリアパス形成に役立つものでなければならない（従業員中心）。

従業員中心のパフォーマンス・マネジメント・システムの導入を進めている企業は、まだ変化の初期段階にあるため、子育ての例えが正しいかどうかは時間が経ってみないとわからない。しかし、上記のような「中道」を追求する企業は、失望することはないだろう。

なにが重要か？ 公平なプロセスを実現する

公平性はとても重要だ。前のセクションで述べたように、結果だけでなく、そこに至るプロセスにおいても重要である。

これを説明するために、「最後通牒ゲーム」と呼ばれるものを紹介したい。プレイヤーＡはある金額を渡される。例えば10ドル。プレイヤーＡはプレイヤーＢとお金を分け合うことになるが、どのような分け方を提示するかは自由だ。プレイヤーＢは、プレイヤーＡからの申し出を受け入れるか拒否するかを決めることができる。受け入れれば、両プレイヤーは合意した分け前をもらうことができる。プレイヤーＢが同意しない場合は、２人ともお金を得ることはできない。もしお金が均等に分配されれば、Ｂはその条件を１００％受け入れることになる。しかし、もしプレーヤーＡが７・５ドルを自分のものにし、２・５ドルをプレーヤーＢに渡すと言ったらどうだろうか？ この場合、95％以上の確率で、その申し出は拒否される。プレイヤーＡの不公平を罰するために、プレイヤーＢはお金を得る機会を放棄するのだ。これは少額の場合に限らない。２週間分の給料でも同じような動きがあることが実証されている[19]。

企業にとって高い価値を生み出すハイパフォーマーが、平均的な社員あるいはローパフォーマーよりも多くの報酬を受けることは公平なことなのだろうか。多くの人は「それは公平だ」と答えるだろう。賢明で、勤勉で、善意に満ちた従業員にとって、怠惰で、誤った決定をする、悪意のある従業員が罰せられないことは公平だろうか？多くの人は「それは不公平だ」と言うだろう。このような考え方が、パフォーマンス・マネジメントにおける強制ランク付け手法の台頭を招いた。このアプローチは、ジャック・ウェルチがＧＥを経営していた20年間（その間、収益は28倍に増加した）に開発され、フォーチュン５００の半数以上が使用している[20]。このアプローチでは、従業員を、通常は正規分布に沿って特定の業績評価、例えば「トップ」「良い」「まあまあ」「悪い」「許容できない」に格付けすることを要求する。そして、その評価に見合った報酬や見返りが与えられる。

強制ランク付け手法は一見公平に見えるが、実際には全く逆のことが実証されている。ランキングは、社員の自己顕示欲を刺激する、リーダによる政治的な活動とみなされているのだ。リスクをとることは避けられ、創造性は潰され、コラボレーションや会社の成功よりも個人の生存が優先される。このため、Adobe、Accenture、GAP、Medtronic、Deloitte、そしてＧＥなど、フォーチュン５００企業の約10％が、

図表3-6　公正なパフォーマンス・マネジメント・プロセスの重要なポイント

- ✔ 偽りのない真の差別化
- ✔ 過去の実績と将来性の両方を評価
- ✔ 疲弊しない程度の継続的なフィードバック
- ✔ 誠実な双方向の会話
- ✔ 複数のインプット（データ、顧客や同僚の意見など）
- ✔ 成果（何を）と行動（どのように）の両方を評価
- ✔ パフォーマンスと連動した報酬

このプロセスを公然と放棄している[21]。

この繰り返しにより、数年後には、そもそも強制ランク付け手法の隆盛を促したのと同じ状態に戻ってしまうのではないかと懸念している。私たちは、社員は評価されること自体に反対しているわけではなく、むしろ自分の立ち位置を知りたい、と考えている。ただ、そのプロセスが公正であることを望んでいるのだ。そのプロセスは、疑いようのない正確さで差別化され、未来および過去の両方に目を向け、年に1回よりもはるかに頻繁に行われ（ただしフィードバック疲れを起こさない程度に）、正直で双方向の会話によって成り立ち、上司の見解だけでなくより多くのデータとインプットに基づき、何が達成されたかだけでなくどのように達成されたかも考慮し、報酬と結果をパフォーマンスに関連付けるものであることが望ましい。

言うは易く行うは難し……だが、一度行ってしまえば簡単なことだ。

なにが重要か？　システムやデータではなく、人と対話する

２００２年５月20日の夜明けとともに、東ティモールは３年間の国連駐留を経て完全な独立国となった。その際、中国はいち早く国交を樹立し、東ティモールへの復興支援を１１千６００ドルに増額して約束した。しかし、この本の著者の一人であり、旅行好きのスコットは、５年後に同国を訪れた際、別の話を聞いたという。ガイドによると、現地の実情は新国家の誕生以来変わっておらず、その主な原因は交通インフラの貧弱さだという。その日、彼らはブルドーザー、コンパクター（転圧機）をはじめ、道路を作るのに最適な重機がたくさん並んだ広場に出くわした。「これは何ですか？」とスコットが聞いたところ「中国から寄贈されたものです」という答えが返ってきた。「どこか壊れているのか？」「何も壊れていないけど、誰も使い方を教えてくれないんだ」。

今日、多くの人事担当者に組織におけるパフォーマンス・マネジメントについて話

図表3-7　パフォーマンスを効果的に管理するために必要な能力の例

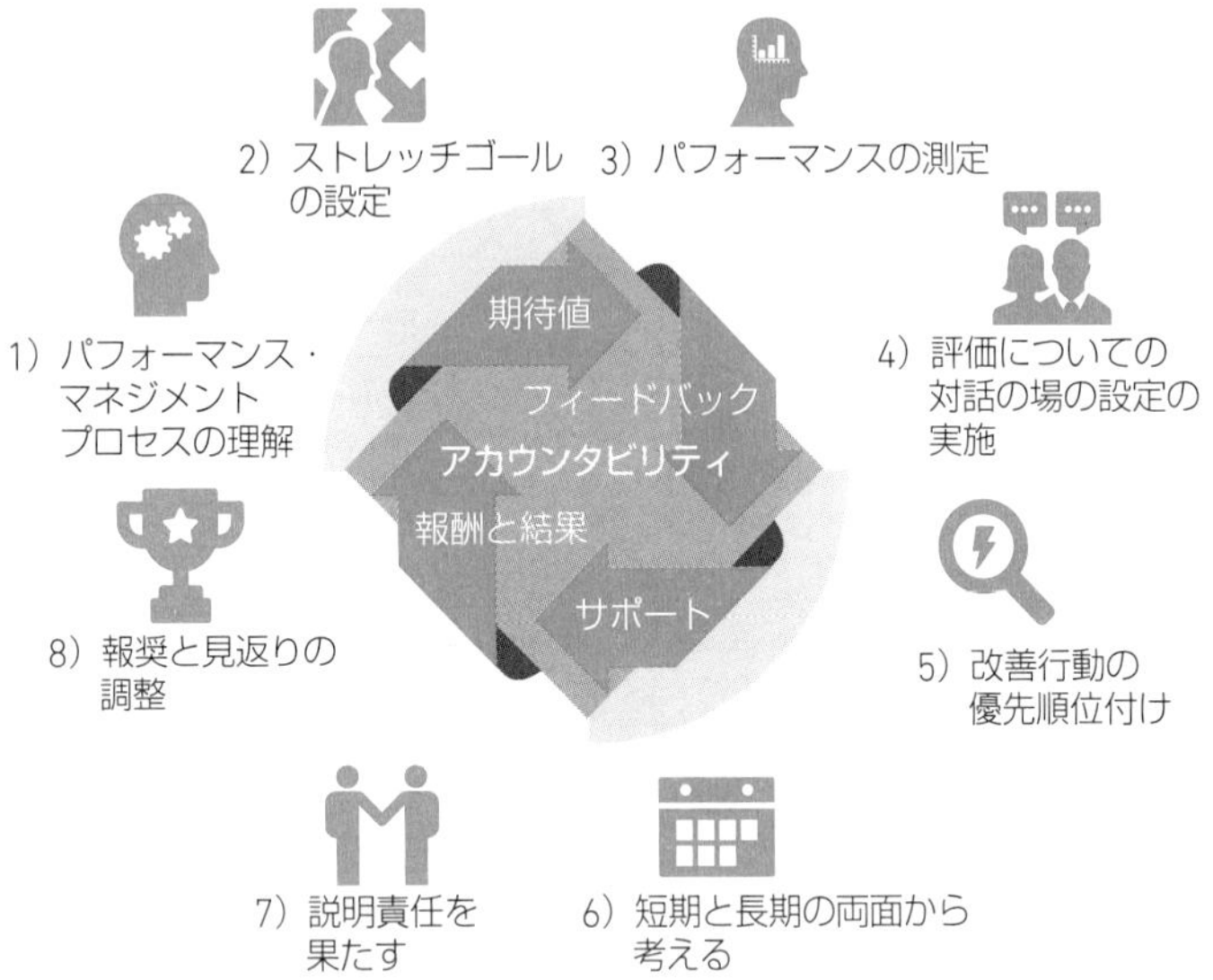

を聞くと、彼らは通常、格付けをしないという従業員中心の考え方だけでなく、ＩＴツールを活用した鈴やホイッスル漬けの考え方をすることもある。新しい人事管理（ＨＲＭ）ソフトウエアは、物事をより正確かつ合理的にし、より良い判断とフィードバックにつながる、と彼らは言うだろう。ＳＮＳ風のありがとう共有アプリは、より正確で頻繁、かつやる気を起こさせるようなフィードバックを可能にする。ウェアラブル技術から得られるデータの分析により、仕事をうまくこなし、うまく指

導するやり方に人に新しいインサイトが得られるだろう、などなど。

テクノロジーがポジティブな変化をもたらすことは間違いないが、リーダーはシステムやデータではなく、人に焦点を当てることをお勧めする。例えば、従業員のモチベーションを高めるような高い目標を設定し、パフォーマンスに関する双方向の対話を行い、強みを特定し、弱みを克服してパフォーマンスを向上させる方法を従業員に伝え、モチベーションを最大限に高めるためのメッセージと見返りを最適化するために、なにもテクノロジーは必要ない。

こういったことが得意なリーダーは、おそらく現在すでに行っていることであり、そうでないリーダーは、新しいシステムができたからといって変わることはないだろう。新たに格付け制度を導入した企業に関する最近の研究では、業績に関する会話の質が14％低下し、非公式な場でマネージャーが業績に関する会話を行う時間が平均10時間減少し、トップパフォーマーの賃金差別化に対する満足度が8％低下し、全体的な従業員エンゲージメントが6％低下していることが明らかになっている[22]。これらの悪影響の根本的な原因はすべて、マネージャーがガイドラインなしで仕事をすることを拒んだり、新しいやり方に適応するスキルが不足していることに関係している。そして、こういった点が、パフォーマンス・マネジメントに関する本章と人材開発に関する第2章の交差点である。

どのように実現させるか？5つのステップを踏んで、適切なアプローチを行う

あるヨーロッパの保険会社の経営者は、市場での強力なリーダーシップ、健全な財務実績、高い評価を得ている自社ブランド、顧客重視の姿勢に大きな手ごたえを感じていた。しかし、従業員アンケートで、従業員、特に中間管理職と下級管理職のモチベーションのスコアが、自社と類似する企業群の中で下位25％であることを知り、ショックを受けた。さらにデータを分析すると、問題の中心はパフォーマンス・マネジメント・プロセスにあることがわかった。特に、人事考査や、業績と報酬・見返りの関連付けがうまくいっていないようだった。「このままでは、せっかく向上した業績がすぐに崩れてしまう」と危機感を持った経営陣は、パフォーマンス・マネジメント・プロセスの改革に乗りだした。

1. Aspire（志す）

最初の仕事は、ＣＥＯと経営幹部が全社的な目標と、今後の仕事の指針について完

全に認識を合わせることだった。この決断を促すために、ワーキング・チームは、経営陣が議論するための大まかなオプションをまとめた。各オプションについて、現在の自社の状況を様々な視点から明示するとともに、同業他社がどのような選択をし、どのようなトレードオフがあるのかを示したのだ。この活動の目的は、単に調査で判明した問題点を解決することではなく、パフォーマンス・マネジメント・プロセスを、事業上の利益を生み出し、優秀な従業員を惹きつけ、維持するためのものにすることだ、と全員が合意した。また、管理上の負担を最小限に抑える必要があることでも意見が一致した。

　しかし、この原則に基づいたのちに、さらに多くの議論が巻き起こった。過去の実績と将来の発展性をどの程度重視すべきか？　ストレッチ目標とベース目標の使い分けはどうあるべきか？　格付けは必要なのか、その場合、どの程度格付けに差をつけるべきなのか？　金銭的な報酬と比較して、非金銭的な報酬や表彰はどのような位置づけにすべきか？　人事考査プロセスを推進すべきなのはマネージャーか、それとも従業員か？　評価プロセスで考慮すべき意見はどの程度広範から集めるべきか。パフォーマンス・マネジメントの議論はどれくらいの頻度で行われるべきか、また、年間報酬との関係はどうあるべきか？　このような疑問がすべて議論され、最終的に次の段階への明確な方向性が示された。

Aspire（志す）

▼どこをめざすか？

戦略的な目標：パフォーマンスフレームワークの主な目標を、志やビジネス上の要求に沿って明確に定義する。

設計：目標設定、パフォーマンス評価、報奨管理などにおける重要な論点を整理し、設計する

リーダーシップモデル：リーダーへの期待を明確化する。

2. Assess（診断する）

ワーキングチームは、大まかな原則に基づいて決定されたことをもとに、現状をより深く掘り下げ、変化が必要な領域について、何が起こっているのか、またなぜそれが起こっているのかを調査した。過去3年間の評価を精査したところ、5段階評価のうち95％のマネジャーが「平均以上」の評価を受けており、「平均未満」という評価

は文字通り一度も使われていないことがわかった。その理由を探ってみると、フレンドリーで親しみやすく、「家族的」な社風に誇りを持っているリーダーたちは、部下に低い評価をつけることは会社の価値観に反するように感じ、全員が光る何かを持っているはずだと考えていることが分かった（実際に、成績不振による解雇は前例がない）。しかも、平均的な評価を受けた部下は、他の部署への異動が難しく、そのような評価を部下に与えることは、パフォーマンスの低い部下と永遠に仕事をすることを宣言することを意味していた。

このような状況を打破するためには、プロセス管理だけでなく、社員のやる気を引き出し、考査に関する対話を通じてコーチングや育成を行い、パフォーマンスに応じて（プラスとマイナスの両方で）ふさわしい見返りを与えるという方向に、マネージャーの考え方や能力を大きく変える必要があると、ワーキングチームはすぐに気づいた。

そして、その結果は経営幹部で検討された。経営幹部は、組織の下層にいる中間管理職だけでなく、直属の部下からもフィードバックがあり、「変えるためには、自分たちが変わらなければならない」という事実に直面したのだった。次のフェーズに移る前に、経営陣は、自分たちがいかに厳しい会話を避け、人間関係の修復が不可能になることを恐れていたか、驚くほど率直に語り合った。そして、考査に関する対話が本当の意味でどのようなものなのか、また、オープンで直接的な文化がいかに重要かということをよく話していたにもかかわらず、自分たちがどれほどそれとはかけ離れているかを初めて認識したのだった。

Assess（診断する）

▼出発の準備はできているか？

プロセス診断：ベンチマークやベストプラクティスに照らし合わせて、プロセスの効率性と有効性を分析する。

フィードバック・レビュー：パフォーマンス（業績）評価に関する非公開のレビューを実施し、現在のアプローチの長所と短所を特定する。

変化への準備：現状のマインドセット、スキルと、あるべき姿とのギャップを見極める。

３．Architect（設計する）

以上のことを踏まえ、ワーキングチームは、新しいアプローチを実際に機能させるために必要な能力開発とチェンジマネジメントの詳細設計に取りかかった。主要な事業部門や組織のさまざまな職位の代表者から意見を聞きながら、複数のワーキングセッションを経て、チームは４つのパートからなるモデルにたどり着いた。まず、「何を達成すべきか」という問いに答えるパートでは、自分の強みに基づいてベース目標とストレッチ目標の両方を設定した。２つ目の「どうやってやるべきか」では、チームと個人のパフォーマンスを定期的に評価した。３つ目の「どのように改善できるか」では、短期的および長期的な改善事項の優先順位付けを行った。最後の「私にとっての意味は？」では、社員に説明責任を持たせ、成績の良し悪しに対して差別化された真の報酬を担保した。

このプロセスの各ステップには、一連のツール、能力開発モジュール、役に立つ考え方と有害な考え方の説明が添えられた。例えば、最初のステップでは、リーダーは５～７個以上の業績指標をプロセスに含めないことを担保し（以前は20～30個の指標があり、個々の指標はほとんど意味がなかった）、会社全体の事業目標との関連性を明記するためのツールを使用することになった。また、強みを見極め、それを活かして難易度は高いが実行可能なストレッチ目標を設定する方法をリーダーに教える、能力開発モジュールが作成された。そして「細部にまで入り込まないとコントロールできない」という従来の考え方が改められ、「チームに力を与えれば与えるほど、彼らのパフォーマンスが向上する」という、より有用な考え方を提案し、その有効性を裏付ける根拠が示された。

Architect（設計する）

▼到達には何が必要か？

詳細なプロセス設計：4つの要素にまたがるはじめから終わりまでのプロセスを設計し、それが単純明快なものになっているかどうかを確かめる。

ステークホルダーの巻き込み：ステークホルダーをマッピングし、目標や新しいプロセス設計に賛同してもらうための計画を立てる。

マインドセットとケイパビリティ（組織の能力）：必要なマインドセット変革と行動変容を促すための計画を具体化する。

4．Act（実行する）

新しいアプローチが設計されたのち、２つの領域で試験的に実施された。まず、トップチームが一連のワークショップに参加し、１年間の人事考査サイクルをシミュレーションして、新しいシステムを十分に理解し慣れることができた。このプロセスでは、役者が良い成績と悪い成績での会話を演じ、リーダーたちは自分の慣れきったやり方から大きく飛び出し、新しい対話のあり方を実践した。そして、１年を通じてさまざまな節目で、リーダーは新しいアプローチを自分のチームに適用し、何がうまくいき、何がうまくいかなかったかに関してフィードバックを受けた。トップチームによるロールモデルは、組織全体への強力なメッセージとなり、新しい制度がまだ正式に展開されていないにもかかわらず、すでに人事制度が変化しているという話がすぐに広まったほどだった。

２つ目のパイロットは人事部で行われた。人事部は新制度の正式な全社展開を支援する必要があるため、事前に習熟しておく必要があると考えられたからだ。最後に、このプロセスのさまざまな部分を小さいスケールで導入するパイロットを、いくつかの拠点や事業部で実施し、洗練させ、さまざまな文化的背景にも適合させた。

Act（実行する）

▼どのように進んでいくか？

試して、学んで、展開する：コントロールされた環境下での試験的アプローチ、学びの抽出、アプローチの調整、そして展開の規模拡大を段階的に行う。

ビジネス部門主導のガバナンス：事業部などビジネス部門主導で実施され、明確な意思決定権を持つ組織体によって監督されてることを確認する。

コミュニケーション：期待値が明確であること、プロセスに透明性があること、フィードバックが可能であることを確認する。

5．Advance（前進する）

パイロット運用が終わると、人事部はマネージャーと直属の部下にアンケート調査を行い、結果を評価し、学びをまとめた。また、より長期的な視点で、財務部門は業績の動向を注視した。ＣＥＯは、主要なリーダーと非公式な場で接点を持ち、生のフィードバックを得るとともに、リーダーシップ・サミットやその他の注目度の高いイベントで、自らの感動を共有した。パイロット期間が終了した時点で、この新しいアプローチは、若干の改良を加えながらも、従業員にとっても事業の利益にとってもメリットがあると判断された。人事考査サイクルでは、人事部がコーチとなって、組織全体に展開された。展開中は、パルスチェック（訳注：高頻度な従業員意識調査）を行い、導入の成果を確認した。同時に、採用面接、履歴書チェック、その他の採用活動、入社手続き、研修など、すべての人事プロセスに対して、刷新されたスキルとマインドセットの期待値が組み込まれるよう手配した。重要なのは、管理職の評価において、彼らがどれだけチームの業績を管理できたか、そして彼らのリーダーに対してどの程度同じことをさせるよう指導できたかが、明確に考慮されるように設計されている点だ。

Advance（前進する）

▼どうすれば継続して改善を続けられるか？

成果を評価する：業績の変化と、何が新しいプロセスに起因するのか、しないのかを常にモニタリングする。

エンゲージメントを確保する：新システムの運用に関するマネージャーと従業員

の体験を定期的に測定する。

制度化する：採用、入社、人材マネジメントを含むパフォーマンスに関連するあらゆる活動とリンクさせる。

最初の従業員調査から2年後、経営陣は、再調査の結果、従業員のモチベーションのスコアが全体的に上昇し、特にパフォーマンス・マネジメントが従業員にとってもはやパフォーマンス低下の要因ではなく、より多く、より良く、より早くビジネス成果を上げるための動機となっていることを知り、喜びを感じていた。特に、5段階評価から3段階評価への移行は、ごく少数を除き、すべての人が大きな前進と捉えていることがわかった。また、低い評価を受けた人たちでさえ、「何も言われないより、自分の立ち位置を知り、本音で話し合える方がいい」と答えた。また、調査以外の点では、自主退職者数が過去最低になったこと、そして最も重要なこととして、企業の業績がかつてないほど好調に推移していることが挙げられた。

まとめ

★なぜ重要なのか？

—優れたパフォーマンス・マネジメントは業績向上につながる。

—多くの企業では、うまくいっていない。

—何が効果的なのか、研究が進んだ。

★なにが重要か？

—会社と社員のモチベーションを一致させる。

—公平なプロセスを実現する。

—システムやデータではなく、人と対話する。

★どのように実現させるか？

—5つのステップを踏んで、適切なアプローチを実施する。

各ステップにおいて見逃しがちなアクション

Aspire（志す）：あらゆる角度から明確な設計上の選択を行う。

Assess（診断する）：現状の長所、短所を把握する。

Architect（設計する）：マインドセットとケイパビリティへの介入手段も設計する。

Act（実行する）：事業責任者に実行責任を負わせる。

Advance（前進する）：プロセスの成否はビジネスの成果で判断する。

【訳者による第3章の解説】

パフォーマンス・マネジメントは、日本企業が最も不得意と感じる領域の1つではないだろうか。「パフォーマンスの違いにより評価に差が出ない」「評価は属人的で公平性を感じられない」などの不満、そしてそのせいで「優秀な若手から辞めていってしまう」など悩みが多く聞かれる領域であり、終身雇用・年功序列などいわゆる日本的経営を深く引きずった領域でもある。

本章でもある通り、パフォーマンス・マネジメントは奥深く、欧米においても試行錯誤を繰り返しながら進化させていることが分かる。雇用主中心アプローチと従業員中心アプローチの間での振り子があり、また近年では個人の業績評価からチームとしての業績評価へシフトが進む。どこにバランスを置くか、という問題でもある。

しかしパフォーマンス・マネジメントを行う上で最も重要なことは従業員一人一人との「対話」を通じて、期待値を明確に伝え、評価プロセスを透明化し、的確なフィードバックを行うことで、個人のモチベーションやスキル向上を促すことには変わりない。不当に評価されていると感じることの影響は計り知れない。

日本企業においては、この対話を実現するためには、そもそも上長の評価スキル、コーチングスキルの向上を入念に行う必要がある場合が多い。また評価する際は上長以外の多様なメンバーからのインプットを得ることも重要である。我々の経験上、パフォーマンス・マネジメントが有効に働いている会社では、このような「対話」が組織のレイヤーをこえてなされており、その結果として経営陣の口からも20代・30代前半の優秀な人材の名前が何人も出てくる。

第4章

どのように最高のパフォーマンスを上げる経営トップチームを創ればよいか？

時代を超えたテーマ――最高のパフォーマンスを上げるチーム

チームワークの起源は、人類の夜明けにさかのぼる。初期の人類は、捕食者のいる世界において、単独で行動するよりも皆で協力した方が、身の安全、食料の確保、子どもの保護、といった原始的な欲求をはるかに満たすことができることを学んだ。そして進化に伴い、人類のチームワークはより洗練されていったのだ。それは、単に人数が多ければ手強い生物にたくさん石を投げられるといったことではなく、集団内に存在する多様な能力（知力、想像力、身体能力、その他の才能など）を活用できるという意味においてである。

現代では、人と人が協力し合うことで１＋１＝３になるようなことが、生活のあらゆる場面で見られるようになっている。スポーツでは、１９９８年のサッカーワールドカップで優勝したフランス代表チーム（大会中無敗。大会を通じて15得点に対しわずか2失点。ブラジル代表を完封し、史上最も一方的な決勝戦となった）、１９９２年のオリンピック男子バスケットボールの「ドリームチーム」（平均44点差で全勝し、金メダルを獲得）などは、優秀なアスリートによる素晴らしいチームワークを有するグループがいかに大会を制するのかを示している。

音楽では、ロジャース＆ハマースタイン（「サウンド・オブ・ミュージック」「南太平洋」「王様と私」などのミュージカルの作者、トニー賞34回受賞）、１９６０年代のイギリスのロックバンド、ビートルズ（世界で6億枚以上売れた史上最高のバンド、そのグループの魔法のような力は、メンバーのソロ活動よりも強力だった）などが、優れたチームワークが生み出す素晴らしい創造性を表現している。サイエンスの世界においては、個人の才能ではなく、素晴らしいチームワークが、人類を月に送り込むことに貢献した。コミックの世界でも、ジャスティス・リーグ、アベンジャーズ、ファンタスティック・フォーのようなチームワークの美徳が謳われている。

ビジネスの世界においても、もちろん同じことが言える。ヘンリー・フォード、クラレンス・アベリー、ピーター・マーティン、チャールズ・ソレンソン（彼らは自動車の製造プロセスにおいて高い生産性と品質を達成するため、共同で組立ラインを考案した）、ウォルト・ディズニー、ウブ・アイウェアックス、ロイ・ディズニーと「ナイン・オールドメン」と呼ばれる9人のアニメーター（ミッキーマウス、シンデレラ、白雪姫といったアニメ史上最も記憶に残り、さらには利益をもたらすキャラクターを生み出した）、グーグルのセルゲイ・ブリン、ラリー・ペイジ、エリック・シュミット、オミド・コルデスターニなど、最高のパフォーマンスを上げることのできるチームは、

図表4-1　最高のパフォーマンスを上げるチームは、共通の目標を持ち、
お互いに才能を補完し合いながら、優れた業績を達成している

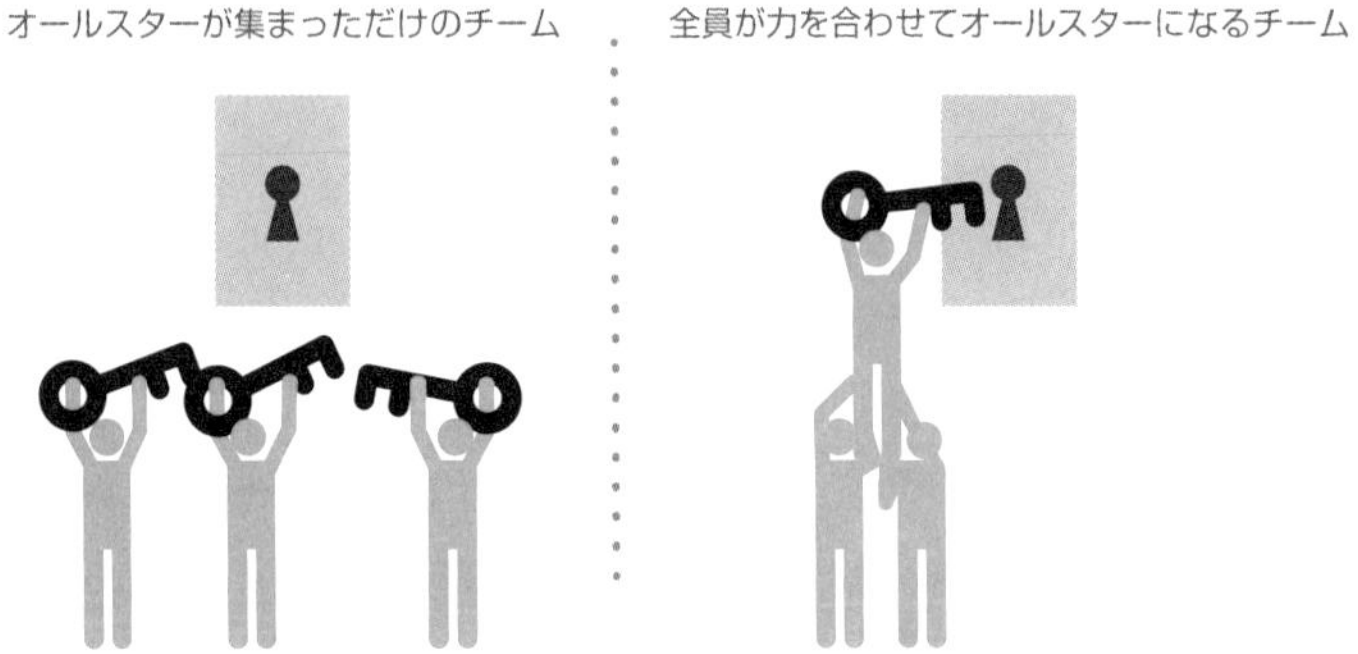

業界や歴史を変えるほどのインパクトをもたらした。

　これらの偉大な功績から考えて、私たちは「最高のパフォーマンスを上げるチーム」を、メンバーの才能やスキルを十分に補完しながら、共通の目標に向かって協力し合い、卓越した成果を実現するチームと定義する。ヘンリー・フォードは、「共に歩むことがはじめの一歩、互いに寄り添うのが進歩、共に前に進むのが成功である。[1]」という言葉を残している。あなたのチームは最高の成果を出すことができるチームだろうか？　どのようにそれを理解することができるのか見てみよう。

なぜ重要なのか？　チームワークは才能を凌駕する

１９９２年のオリンピック男子バスケットボールチームの選手名簿は、まるでこのスポーツの歴史上最も偉大な選手たちのリストのようだった。チャールズ・バークレー、ラリー・バード、パトリック・ユーイング、マジック・ジョンソン、マイケル・ジョーダン、カール・マローン、スコッティ・ピッペンなどの選手たちだ。しかし、世界最高のプレーヤーが集まったからといって、成功が約束されたわけではない。１９９２年６月、最初の１ヶ月間の練習期間、ドリームチームは大学の選手たちとの前哨戦にて８点差で負けてしまったのである。マイケル・ジョーダンの言葉を借りれば、「今日はボロボロだった……まったく連携がとれていない……何も継続してできないんだ[2]」。スコッティ・ピッペンは、「お互いにどうプレーしたらいいかわからなかった[3]」と、もっとはっきり言っている。勝利するためには、オールスターの選手が集まっただけのグループではなく、チームとしてオールスターであることを要求されるという事実に、彼らは目覚めざるを得なかった。そして彼らは改善を遂げ、その後に続いたのは歴史的な勝利であった。「ドリームチーム」と呼ばれた選手たちは、全試合で１００点以上の高得点をあげ、見事に金メダルを獲得したのである。

最近の例では、２０１６年のサッカードイツ代表が、アメリカ大陸で開催されたワールドカップに欧州勢として初めて優勝したことが挙げられる。ワールドサッカートークのソレン・フランクの解説によると、「ドイツの勝利は、チームワークと組織的アプローチの結果である。ある意味、ドイツの選手にはスターはいなかった。だが、別の言い方をすれば、チームとしてオールスターだった。11人（ドイツ人）がメッシ＋10人（アルゼンチン人）以上の力を発揮した。ドイツは、チームとして機能し、チームとして働き、チームとして守り、チームとして攻撃するようにレーヴ監督によってセットアップされていたのだ」[4]。

ビジネスにおいても同じことが言える。有能なスタートアップ投資家は、チームの質と創業メンバー間の相性といったところを、ビジネスコンセプトそのものよりも重要視している[5]。新規公開株式を評価する際に、90％の投資家が、経営陣の質を非財務的な指標として最も重要視しているのだ[6]。また、経営陣が共通のビジョンを持って協力し合っているチームは、平均的な企業の財務実績よりも高い成果を出す確率が1・9倍も高い[7]。ビジネスの成功にとって重要な分野において、チームが個人の能力を凌駕することは社会心理学によっても裏付けられている。例えば、米国心理学会（APA）は、「複雑な問題解決において、３人以上のグループの方が、同じ人数のバ

図表4-2　チーム力がパフォーマンスに与える影響

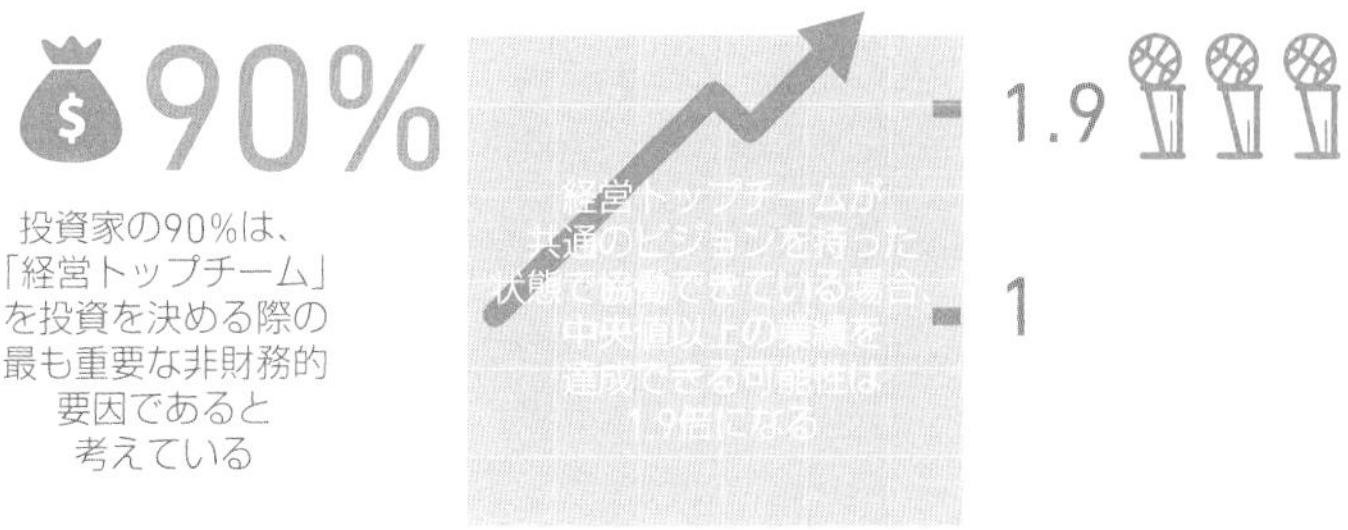

ラバラの個人のベストよりも優れたパフォーマンスを発揮する[8]」と報告している。

　リンクドインの共同創業者であるリード・ホフマンは、「どんなに優れた頭脳や戦略を持っていても、一人でゲームをしていれば、必ずチームに負ける」と断言している[9]。マイケル・ジョーダンは、「個人の才能でも試合には勝てる。だが、チームワークとインテリジェンスがあればチャンピョンシップで優勝することができる」と言っている[10]。

なぜ重要なのか？　偉業を成し遂げられるチームはごくわずか

　間違えてはいけないのは、優れたチームワークを実現するのは、特に経営リーダー層においては、簡単な仕事ではないということだ。なぜか？　1つには、各機能部門、製品部門、事業部、地域支社など、さまざまなグループを代表する経営リーダーたちが集まっているからだ。彼らは皆、影響力を高め、限られたリソースを取り合おうと競い合っている。また、多くの場合、次の昇進をめぐって互いに競争しているため、自身の意見を主張し、成果を差別化させ際立たせようとしている。そうした状況に置かれているため、会議の場では和やかに「チームのため」という顔をしているが、大抵は背後に注意を払いながら、抜きんでるための戦略を密かに画策しているのだ。

　集団力学の研究の第一人者であるケンウィン・スミス博士やデビッド・バーグ博士によると、グループでの協働には、避けることのできない、解決不可能なパラドックスが満ちていると指摘している。パラドックスの古典的な事例は次のようなものだ。「次の文章は真である」「前の文章は偽である」。この2つの文は完全に正しいが、一緒になると自己矛盾が生じる。グループ活動には、パラドックスがいたるところに見られる。例えば、集団には同調圧力がかかることになるが、メンバー個人の個性を活用することから集団の力は生まれる（アイデンティティのパラドックス）、グループに関与しようとするモチベーションは、外部でも活躍できる人の方が高いという比例関係がある（関与のパラドックス）、権力者の仕事は他の者が力を発揮できる状況を作り出すことにある（権威のパラドックス）といったようにである[11]。

人事担当役員の6％だけが「経営陣はよく統合されているチームだ」と答えているのも当然だ[12]。さらに言うと、経営トップチームの38％のみが自身の戦略は適切であると答え、35％のみがシナジーを効果的に活用していると回答し、たったの28％のみが、ギャップを把握しそれに対処する計画を持っている、と答えている[13]。トップチームでさえも、より良く協働している時と比べると60％以下の生産性しか発揮できていないと答えている。しかし、チームのリーダーたちは、この現実を十分に理解していないことが多く、自分のチームは最大限のポテンシャルの約80％程度の力を発揮して働いていると考えている[14]。

次のようなチームに所属したことがある人は手を挙げてほしい。なかなかチームで合意に至らない。リーダーが協調して行動できず、意思決定後に矛盾したメッセージがスタッフに送られたことがある。業績不振を他人のせいにしている（「〝彼ら〟さえわかっていれば」――典型的な例としてより下位の階層の人々が対象となる）。調和のとれた関係を維持するために困難な問題が避けられたりする。議論が個人攻撃に発展したりする。チームの時間が状況のアップデートに費やされ、議論の時間がほとんどなく時間の無駄とみなされている。読者の皆さんのほとんどはこれらの場面に遭遇したことがあると手を挙げるのではないだろうか。

図表4-3　経営陣のチームパフォーマンスに対する認識

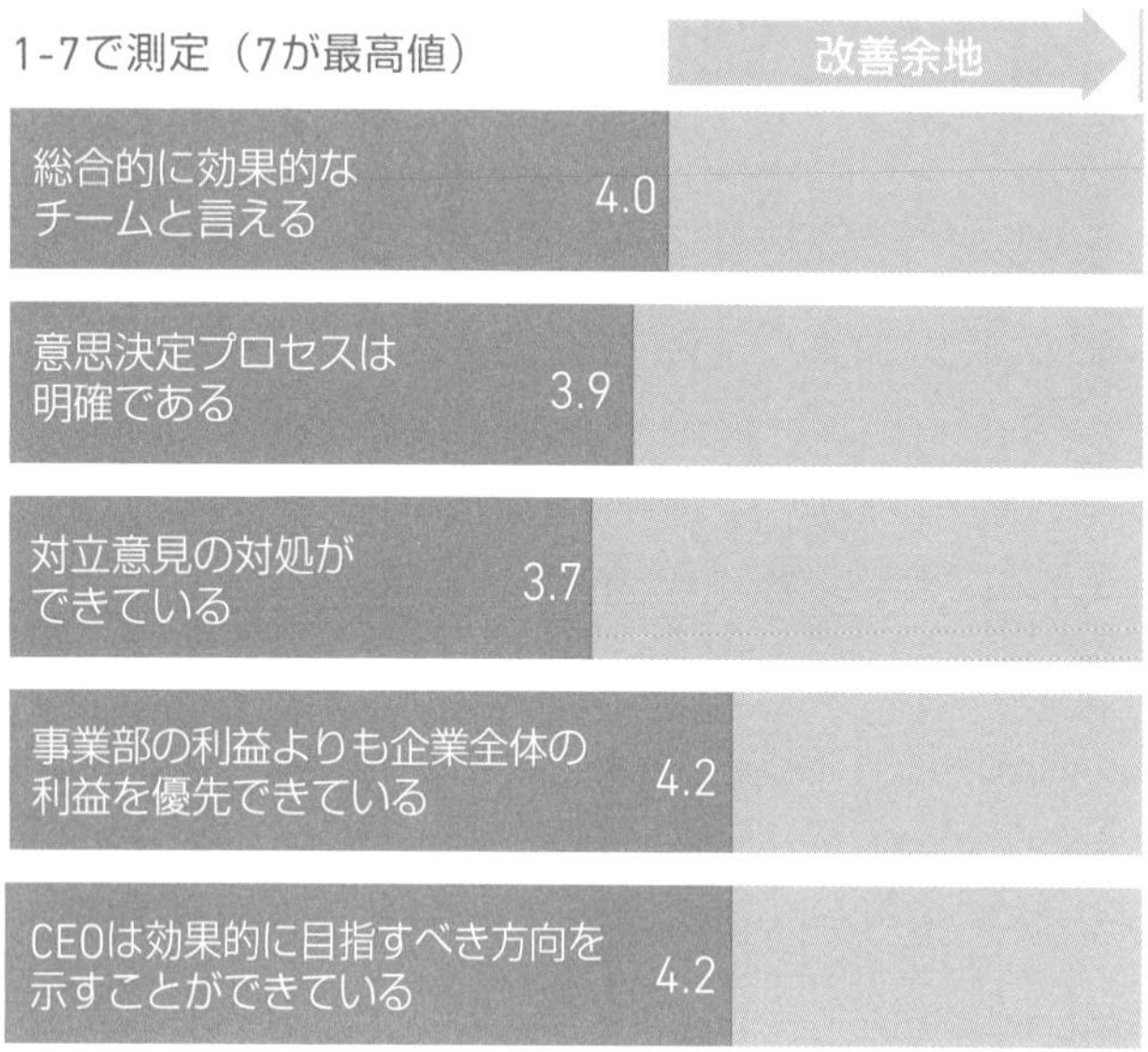

CEOはすべての項目において平均で1.5ポイント高くつける傾向がある

経営思想家のリチャード・ハックマンは、「集団が魔法を生み出すことに疑問の余地はない。集団自体を当てにしてないだけだ」と言った。リーダーとして、あなたも同じ轍を踏んではならない。

なぜ重要なのか？　今後は経営トップチームにより大きなものが求められる

　この50年間、ビジネスにおけるリーダーシップが、階層的で独裁的な支配形態から、より協力的で権限を与える形へと進化してきたことには議論の余地がないだろう。企業全体が部分の総和以上のパフォーマンスを発揮するために、経営陣がチームワークを発揮することの重要性が高まっている。しかし、将来はどうなるのだろうか。その結果、経営陣に求められるものはどのように変化するのだろうか。

　デジタル技術は、仕事をする場所とは何か、どのように仕事をするのかという概念を根本的に変えてしまっている。従来のオフィスは時代遅れとなり、バーチャルな手段でのコラボレーションが可能になり、仕事はリモートで行われるようになっている。そのため、人材の争奪戦は真の意味でグローバルな規模で行われるようになった。しかし、デジタル技術の進展は目覚ましいとはいえ、自動化やアルゴリズムがコモディティ化すると、人間の知恵、判断力、創造力が最も強力な差別化要因になる。モラル、倫理、環境問題、などが市場で勝つための条件となることで、人的要因の重要性はさらに高まるだろう。

このような状況の中でトップを目指すためには、経営陣はさらに腕を磨いていかないといけない。素早くシームレスに経営陣の入れ替えを行い、それぞれの能力を最大限に生かすようにしていく必要がある。北京、バルセロナ、ボストンに散らばるチームメンバーの知恵を結集するなど、オープンかつダイナミックな環境で成果を最大化するように問題解決をしていく必要があるのだ。

ＣＥＯ達はすでに重圧を感じている。彼らの59％が、過去３年間と比べても企業の成長を脅かす脅威に直面していると答え、56％は今後３年間に新しい産業で競争する可能性があると考え、51％が今後１年間に新しい提携や合弁事業を行うと答えている[15]。このような背景のもと、スティーブ・タッピンは、著書『The Secrets of CEOs』にて１５０人以上のＣＥＯにインタビューを行い、次のように述べている。「おそらく３分の２のＣＥＯは苦労している……ＣＥＯであることは常に厳しいが、現代のビジネスのグローバル性は、会社経営がますます複雑になっていることを示している……約90％が実のところワークライフバランスで悩んでいる……ほとんどの企業にとって唯一の解決方法は……素晴らしい企業をつくる使命に燃える本当に強いチームを持つことである」[16]。

リーダーシップ研究の専門家であるジョン・マクスウェルは、かつて「チームワー

図表4-4　経営陣が抱える課題は増大している

CEOsが「そう思う」と言っている割合（%）

過去3年間と比べて成長を妨げるより多くの脅威に直面している	59%
今後3年間のうちに新しい業界での競争を余儀なくされる	56%
業界を横断しての競争に直面することになる	56%
来年のうちに新規の業務提携や合併事業を行うことになる	51%

クは夢を実現するが、リーダーが大きな夢とダメなチームを備えていると、ビジョンは悪夢となる」と述べている[17]。間違いなく、この言葉は今日よりも明日の方がより真実味を帯びてくるだろう。それでは、夢を実現するための本質的なアイデアは何か、見てみよう。

なにが重要か？　強いチームを構成する3つの要素

成功する組織についての本はたくさんあるが、経営リーダーたちは、実際にその考えをどの程度覚えており、実際に活用しているだろうか。読者の多くは、パトリック・レンシオーニによる「チームの5つの機能不全」についての著作を読んだことがあるだろう。ただ、チームの機能不全を克服するためにはどうすればよいのか言える人はどれだけいるだろうか。元マッキンゼーのパートナー、ジョン・カッツェンバックの著書『チームの知恵』についてはいかがだろう。最高のチームと普通のワーキンググループにどのような違いがあるのか言えるだろうか。

私たちの経験では、リーダーたちがチームについて考えるときに、３つのシンプルで直感的なフレームワークで考えるのが最も効果的だ。これらは自分自身の経験を通して理解するのが最も記憶に残るだろう。まず、これまでのキャリアを通して「最高の経験」とはどんなものだったか考えてみよう。あなたが最高のパフォーマンスを出せたチーム環境とはどのようなものだっただろうか？　そして、そのような環境を表現する言葉を考えてみよう。何があなたが最高のパフォーマンスを出すのを可能にさせたのだろうか？　私たちは過去10年間、ワークショップで５０００人以上のエグゼクティブにこのエクササイズを行ってきたが、その結果は驚くほど一貫したものだった。

それらの言葉をグループ化すると「方向性の共通認識」というカテゴリーが見えてくる。例えば、「明確な目標」「マイルストーン」「リソースへのアクセス」「スポンサーシップ（ビジネスの個々人の関係における、後援制度）」などだ。もう1つは、「意思疎通の質」というカテゴリーに分類される。例えば、「建設的な対立」「良好なコミュニケーション」「信頼」「適切なスキル」「見解の多様性」といったものだ。最後に「刷新の意識」に関連するものがあり、「意味がある」「学習」「勝ち目が薄い」「今までにやったことが無い」などがそれにあたる。このエクササイズにより、チームワークの本質となる３つの要素が明らかになった。

ALIGNMENT（方向性の共通認識）：ビジネスの目標や想定される道のりについて合意がされている。その目標を達成するためのチームの存在意義についての共通認識がある。

INTERACTION（意思疎通の質）：高い信頼性、オープンなコミュニケーション、建設的な対立、を特徴とする環境において、多様なスキルや意見が適切に組み合わされている（グーグルの「プロジェクト・アリストテレス」をご存知の読者のために説明すると、これらは「心理的安全性」を生み出すための規範となるものである）[18]。

RENEWAL（刷新の意識）：取るべきリスクを取ることができる、外部のアイデアに耳を傾けそこから学ぶことができる、結果を出すことにとても大きな意味がある（自分がしている仕事が重要であると感じることができる）といったような環境がある。

図表4-5　最高のパフォーマンスを出すチームの３要素：
方向性の共通認識、意思疎通の質、刷新の意識

ALIGNMENT （方向性の共通認識）	INTERACTION （意思疎通の質）	RENEWAL （刷新の意識）

組織をどこにどのように導いていくかについて共通認識を持ち、コミットできているか？	質の高い意思疎通を行い、優れた意思決定と実行につなげることができているか？	自ら主導し、他社から学び、外部環境を創り変えていくことが、積極的に行われているか？

こうした環境で働いたときに「平均的な」職場環境と比べてどれだけ生産性が向上したかをリーダーたちに聞いたところ、生産性は5倍程度に向上したと回答しており、この数字は私たちのリサーチ・経験と一致している。あなたの会社の経営陣はどの程度このような環境に置かれているだろうか？　分からなければ調べてみるのがよい。そして、より高い生産性を得るためのステップに踏み出すべきだ。もし、あなたのチームがこのような環境でいられる時間が20％でも増えれば、その時間のメンバーの生産性は5倍になり、チームとしての生産性は約2倍になるのである！

なにが重要か？　経営トップチームだけができる仕事に集中させる

パフォーマンスの上がらないチームのメンバーが

よく口にするのが、「会議に時間を取られすぎている」という不満である。このような場合にリーダーがよくするのは、チームの運営リズムを調整し、ミーティングを集約し、出張の負担を軽減するように指示することだ。しかし、どういうわけか、この方法は問題を悪化させるだけにとどまり、リーダーはがっかりしてしまう。なぜなら、本当の問題は、時間の絶対量よりも、時間の使い方にあるからだ。先述のやり方は、より少ない時間に、より多くのことを、より効果的でない方法で詰め込むことを意味している。このことから、自分が担当する領域で成果を出すための「本当に価値のある仕事」に取り組むことに比べると、費やした時間がより無意味に感じられるようになるからだ。これは定量的にも証明されている。ＣＥＯ直下の経営トップチームのうち、経営視点から見て本当に有益な仕事に集中できていると感じているメンバーはわずか38％しかいない。また、重要なトピックに適切な時間を割けていると感じているメンバーはわずか35％である。

　では、経営トップチームは何に注力すべきなのだろうか。もちろん、具体的にはチームの置かれている状況、戦略、チーム構成によって異なるが、他のどの階層のメンバーよりも経営トップチームが取り組むべきテーマは明らかだ。例えば、企業戦略（目標設定、優先順位決定、Ｍ＆Ａ）、大規模なリソース配分、事業部間のシナジーや相互依存関係の明確化、全社員に大きな影響を与える意思決定事項の精査、企業体としての財務目標の達成、全社的な主要プロジェクトの主導、望ましい企業文化の強化（ロールモデルとなることも含まれる）、経営層の強化（相互にフィードバックし合うことも含む）などが挙げられる。機能部門・事業部門の方がより良く実行できるようなテーマは、経営トップチームが焦点を当てるべきではない。

会議を行う際に重要なのは、アジェンダだけではなく、討議を行うにあたっての規範だ。私たちの経験では、高いパフォーマンスを上げているチームは、情報提供だけの項目については会議以外で実施してしまい、会議の少なくとも80％の時間を、プレゼンテーションを聞くのではなく、討議の時間に費やすようにしている。その他の強力な規範には下記のようなものがある：「no-blame」基準（経営トップチームはチームとして会社のすべてに責任を取るべき）をお互いに守る、事業部や機能部門のニーズよりも企業としてのニーズを優先する、会議室の外では経営トップチームの連帯感を示す、または「チームだけの」時間（ゲストプレゼンターなしで）を十分に確保して機密事項についての共有・討議をする時間を十分に確保する、といった様々なことが挙げられる。このような規範は、経営者や経営メンバーが、こうした方法で会議を進行させる技術を持っていなければ、簡単に「机上の空論」になりかねない。

図表4-6やるべきことに取り組むための課題とその対策

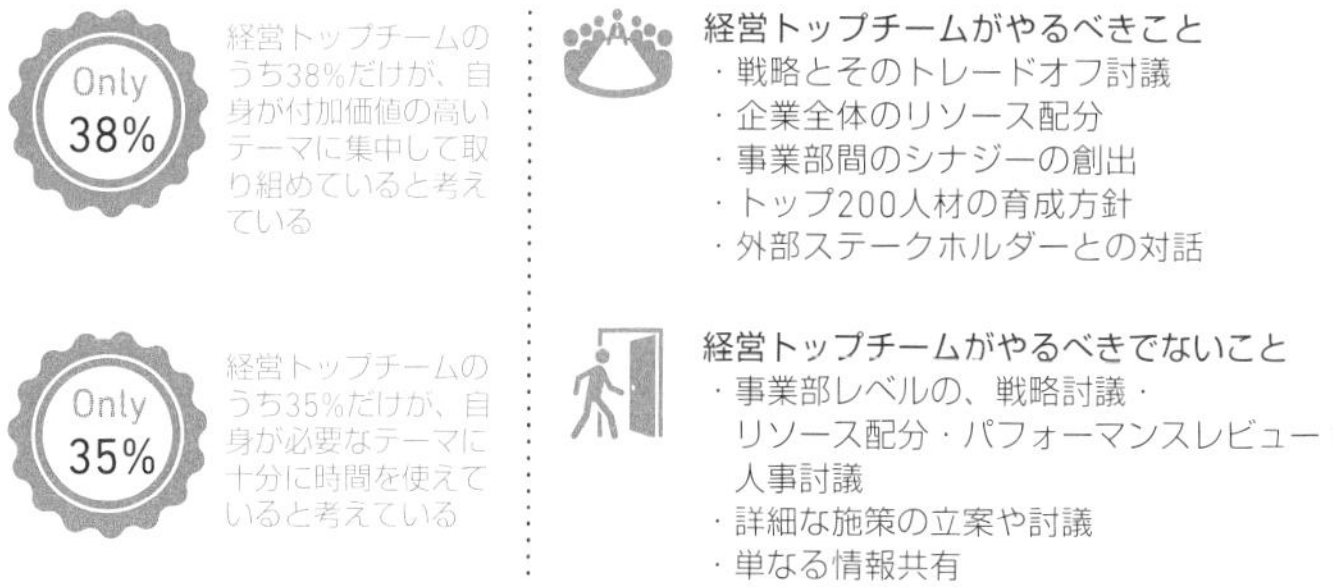

経営リーダーは、自分のチームの経営メンバー達に、自分で会議のスケジュールを組んだり、出張の予約を取ったりすることを求めないだろう。こうした作業は他の人にしてもらった方がより効率的だ。経営リーダーは、経営トップチームの時間の使い方にも同じ論理を適用し、最も付加価値の高い分野だけに集中させることが賢明なのだ。

なにが重要か？　組織構成に左右されずに経営トップチームを決める

サッカーW杯のチームには何人の選手がいるだろうか？　多くの人は11人と答えるだろうが、実際には1チームに23人が登録されている。オリンピックのバレーボールチームには何人選手がいるだろうか？　多くの人は6人と答えるだろうが、答えは12人だ。あなたの会社の経営トップチームには誰がいるべきだろうか？　ハーバード大学のルース・ワガーマン教授らが、世界中の１２０以上の経営トップチームにこの質問をしたところ、現状のメンバーだと答えたのは10%以下だったようだ。こうしたケースでは、現状のメンバーであると答えられたチームは高業績のチームであることと高い相関関係があった[19]。

　このことは、もちろん、誰が経営トップチームにいるべきかという問いを投げかけることになる。この問いに対する答えとして、10人を超えるとチームの生産性が落ちるという研究結果を参考にすべきだろう。それ以上の規模になると、サブチームが形成され、グループの目標に対する個人のオーナーシップが少なくなり、全員が参加するために必要な時間が膨大になり管理できなくなる傾向がある（議論が十分に行われないだけでなく、プロセスを加速させるために無意識に集団思考になってしまう可能性が高くなる）。逆に、６人以下のチーム編成にも注意が必要だ。それ以下では次のような問題が発生する：多様な視点に欠けるため意思決定の質が低下する、全社的なイニシアチブを進めるための支援不足がボトルネックとなる、後継者育成の問題が深刻になる（人材が限られ、過度の競争とそれに関連する政治的な問題も発生しやすい）。

　経営トップチームの規模を６人から10人に制限することで、多くのＣＥＯは苦境に立たされることになる。なぜならば、直属の部下全員をテーブルにつけることができなくなるからだ。その通りだ。私たちは、経営トップチームに「役職＝メンバー」という前提があってはならないと考えている。経営トップチームにしかできない仕事をするために必要な知識、能力、経験、多様な視点、姿勢などを的確に判断してチーム編成をすべきなのだ。この考え方は、多くのＣＥＯにとって快適なものではない。なぜなら、過度に多様性に寛容であったり、チームプレーができないスター社員の犠牲になったり、心情的に厳しい話題（例えば、メンバーの解任など）を避けたりすることができなくなるからだ。ＣＥＯによっては、複数のチームを編成するモデルに移行することを意味する。短期的な業績問題を扱う事業運営委員会（operating committee）、長期的な成長とイノベーションの問題を討議する戦略委員会（strategy committee）、人材関連の課題を取り扱う人材委員会（people committee）などだ。すべてのチームに参加するリーダーもいれば、１つのチームにしか参加しないリーダーもいる。

チームの構成が決まったら、リーダーはチームの総合的なパフォーマンスを判断する前に、シーズニング（始動初期の準備・調整）を行うことが賢明だ。「新しい」ことが有効的な働きの障害になることは、研究により明らかになっている（民間航空会社のパイロットの研究によると、登録されたヒヤリの73％は、チームとして働くことを学ぶ前の、乗務員の初日のフライトで発生している）[20]。チームビルディング活動でよく使わ

図表4-7　経営トップチームの最適なサイズと理由

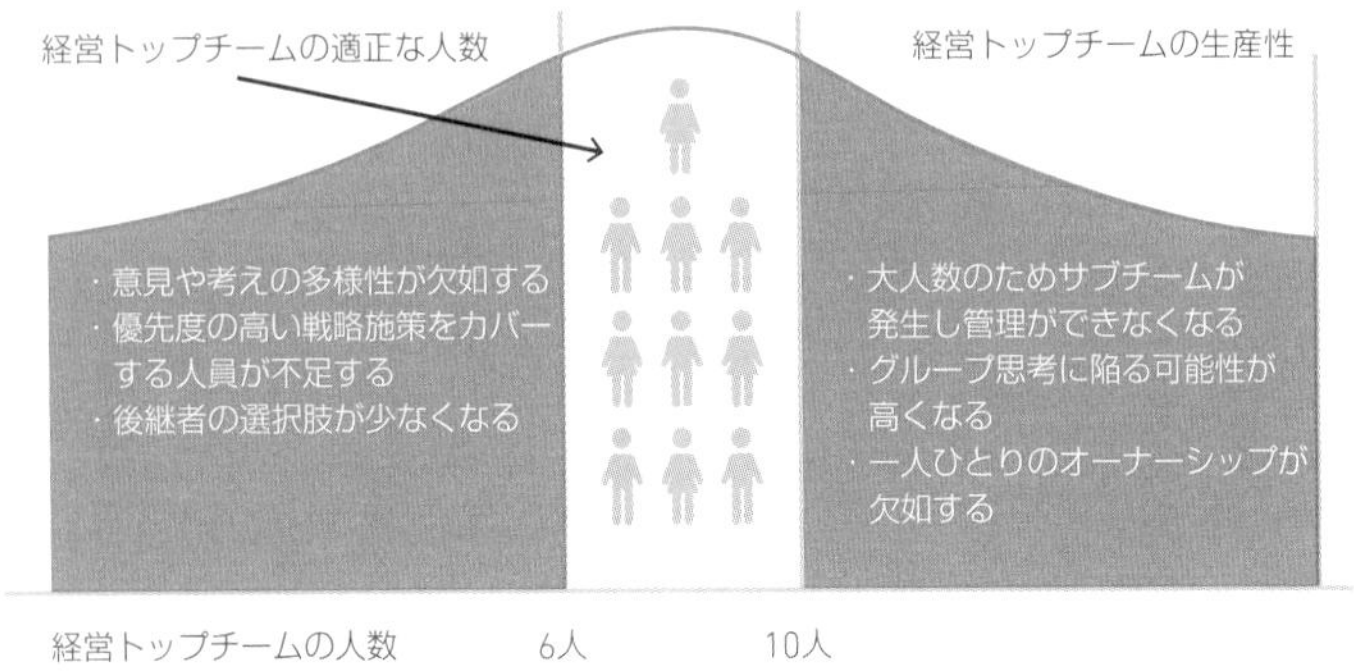

れる「トラストフォール」タイプの演習ではなく、実際の業務に関連するワークショップを実施し、そのワークショップの合間に実際に活動を行い考察をしていくというサイクル「フィールド&フォーラム」の旅を通じて、シーズニングプロセスを加速することができる。

どのように実現させるか？　強いチームを創るための5ステップ

価格の低迷とアジアの競合との競争激化に直面した中南米の金属・鉱業会社は、より統合的な戦略へとシフトした。その一環として、独立した事業部の集合体から、完全なマトリックス型組織へと進化を遂げた。この野心的な成功したＣＥＯは、新しい戦略と構想を実現させるためには、経営トップチームがこれまでとは違う動きをする必要があることに気づいていた。これまでの経営会議は、主に情報共有の場であり、経営トップチームのメンバーは、グループ全体のことをあまり考えず、自分の事業の業績を上げることにひたすら集中していた。今後は、グループ全体のパフォーマンスを純粋に追求し、事業間のトレードオフを考えるための真のチームになる必要があった。

1．Aspire（志す）

ＣＥＯはまず、チームの構成を見直し、上位30人のリーダーがそれぞれ「スキル／ウィル」のマトリックスにどのように位置づけられるかを考えた。そして、将来的に成功するために経営チームに必要な「スキル」を、１つ目の軸として設定した。これには、ビジネスセンス、分析的な問題解決能力、自部門における専門性などの「ハード」スキルが含まれる。また、変化をリードする能力、感情的なスキル（ＥＱ）、人間関係の構築などの「ソフト」スキルも含まれていた。もう1つの軸である「ウィル（やる気）」の軸では、会社の課題や機会を自分ごととして捉えているか、企業を成功させるためのオーナーシップや責任感を持っているか、新しい企業文化のロールモデルになりたいと考えているか、障害を乗り越えていく気概やエネルギーを持っているか、などを設定した。

この取組みにより様々なことが分かった。まず、明確な障害物をチームから排除することの重要性を十分に理解していたとは言えなかった。直属のメンバーのうち、２人は辞めさせなければならなかった。第二に、彼のチームの１つ下のレベルの４人のリーダーは潜在能力が高く、彼らをより責任のある仕事につける方法を見つける必要があった。第三に、オペレーションを大規模に変革するには明確に能力にギャップが存在していたため、社外に目を向ける必要があった。彼は迅速に動き、新たな経営メンバーを加入させた。そして、人事チームの責任者に対し、チームのメンバーが揃ったら、すぐに効果的なオフサイトミーティングを計画するよう依頼したのだ。

Aspire（志す）

▼どこをめざすか？

戦略的な必須項目：戦略を実現するために必要な能力と専門的スキルを特定する。

チームの権限設計：経営トップチームと事業部の役割分担を明確にする。

相互補完：経営トップチームメンバーをマッピングし、スキル、経験、思考スタイル、ネットワークが補完的であるかどうかを判断する。

チームパラメーター：誰が正式に経営チームの一員になるかを決定する。

2. Assess（診断する）

6週間後にチームが集まったとき、ほとんどのメンバーは、性格のタイプについての討議や、チームでのロープコースや自転車の組み立て、といった過去に経験したようなチームビルディングのためのエクササイズを期待していたようだった。しかし、そうではなく、経営戦略を実現するためにチーム全体また個人として果たすべき役割について、熱心かつ真剣な話し合いが行われたことに驚いた。人事チームは、事前にメンバーそれぞれに話を聞き、事前アンケートを実施するなど、このセッションを成功させるための準備を整えていた。そのため、重要な分野の議論を行うためのデータ類が事前に準備されていたのだ。

最初のアジェンダは、新しい戦略に対する共通認識を確認することだった。その結果、全員が同じ文章を暗唱することができるようになったが、戦略を実現するために企業が優先すべき上位5つの項目を尋ねると、8人の経営メンバーで合計30以上の項目を挙げていたことがわかった（完全に共通認識をもっていれば、全員が同じ5つを挙げていたはずだ！）。次に、優先項目を実行するために何が必要なのか、パフォーマンスを引き出すための経営チームの役割は何か、をチームで討議した。このセッションによって、なぜ自分たちが経営チームの一員なのかを一人ひとりがより深く理解し、何がチームの役割で、何がそうでないのかが明確になったのである。

また、オフサイトに先立ち、人事チームは、経営戦略を実現するために必要なステークホルダー（社内外）に関する、各メンバーのネットワークをマッピングしていた。このデータにより、ネットワークの中で誰が誰をカバーするのか、しっかりとした議論と明確な割り振りが行われた。そして、合意したことを実現する上で障害となりうるマインドセットや行動について率直に話し合い、チームとしての規範を設定して合意をした。

Assess（診断する）

▼出発の準備はできているか？

経営トップチームの現状理解：方向性の共通認識、意思の疎通、刷新の意識、以上の観点から見て、経営トップチームがどの程度効果的であるかを理解する。

ネットワークの到達範囲：経営チームのネットワークの広さと深さを把握する。

マインドセット：経営チームがより高いパフォーマンスを発揮するために、どのようなマインドセットの転換が必要かを理解する。

共通言語：経営トップチームの目的、優先事項、チーム規範から考えて、目指すべき最高の成果についての共通認識を持つ。

3．Architect（設計する）

セッションを終えたＣＥＯは、チームがここまで到達したことに満足していたが、1回のオフサイトでは不十分であることを認識していた。人事チームやチーム・エフェクティブネス（効果的なチーム作り）の専門家と話し合い、全体的な行程を作り上げた。このオフサイトでは、アクションセッション（実際に業務を遂行する）と振返りセッション（業務をどのように行ったかを振り返り、改善策を検討する）の両方を行う。また、食事をしながらお互いを深く知る時間を設け、チーム内の信頼関係を強化する。毎月のビジネスレビュー・ミーティングでは、チーム・エフェクティブネスの専門家が、第三者として、チームがコミットしたことを遵守できているかどうかを観察する。

また、ワーキングセッションの中で、会社やチームに期待されることについて、2名のメンバーの理解が他メンバーより遅れていることが明らかになったため、彼らには1対1のコーチングを行うことにした。最後に、メンバー同士が協働できる機会を新たに数多く設定した。例えば、企業としての取り組みのスポンサーとして「ありえなさそうな組み合わせ」のペアを作る、経営陣との対話集会をCEOだけのイベントから経営トップチームだけのイベントにする、コーポレートコミュニケーションで経営トップチームのメンバーを幅広く取り上げる、などが挙げられる。

Architect（設計する）

▼到達には何が必要か？

フィールド&フォーラムの設計：経営トップチームに対するセッションの回数、頻度、構成を決定する。

クイックウィン：チームのやり取りの中に、クイックウィン（短期での成功体験）と象徴的な行動を組み込んで、チームが新しい協働のやり方を経験できるようにする。

コーチング手法：グループおよび個人コーチングセッションのタイプ、頻度、期間を決定する（必要な場合）。

4. Act（実行する）

月1回のチームコーチングと四半期ごとのワーキングセッションは計画通りに進み、後者では外部のファシリテーターが入ることで、全員が業務に没頭でき、適切な時間内にトピックが完了すると確信が持てるものであったため、メンバー全員から高く評価されることになった。チームにとって意外だったのは、夕食時の会話で、全員が子どもの頃の思い出話を披露するよう求められたことだった。非常に「ソフト」な取り組みに最初は目を丸くしていたが、結局、朝方まで話をし、多くはすでに長い付き合いであるにもかかわらず、これまでに経験したことのない形でつながりを深めていった。翌日、彼らは「ここ数年で最高の会話ができた」と口を揃えて言った。

第2四半期のオフサイト／オフ会では、メンバー個人へのアンケートや報告書をもとに、チームがどのように機能しているかを実践的に「振り返る」セッションが行われた。その結果、これまで以上に「ワン・チーム」として認識されるようになった。

しかし、その一方で、苛立ちが募っているのも確かであった。ファシリテーターは彼らがその問題から避けようとするのを許さなかった。もし対処をしなかったら大きな問題となり得るからだ。問題となっていたのは、グループのために最善を尽くすことは（たとえ自分の事業では「負け」になる場合でも）、言うは易く行うは難しであり、意思決定権が薄まりつつある新しいマトリックス構造が、この緊張感に拍車をかけていたのであった。この問題が表面化すると、「フィールドワーク」（実際に行うべき仕事の解決策を導き出す場として利用するプロセス）を通じて、真正面から取り組まれた。

Act（実行する）

▼どのように進んでいくか？

チームフォーラムセッション：経営トップチームのオーナーシップが必要なテーマについて、グループセッションの中で、実際に業務をしながら新しい働き方を実践する。

フィールドワーク課題：経営トップチームが協働し成果を出すことができるような、企業全体としてのビジネス機会を特定する。

３６０度フィードバック：３６０度フィードバックを活用し、各メンバーが学んだことを他のメンバーと共有することで、個人とチームの成長を促進させる。

5. Advance（前進する）

時間が経つにつれて、チームは自身の規律のためにいくつかの規範を採用した。その1つが、合意した規範を印刷した「イエローカード」である。全員が1枚ずつ携帯し、規範の違反が見られたときに「休憩」を宣言するためにかざされた。最初はとても煩わしいのではないかと心配されたが、このカードにより、自分たちがその場の熱気から解放され、合意したことを振り返るきっかけになることをチームはすぐに理解したのである。また、ディスカッションの際には、電子投票システムを利用することで（あるチームメンバーは「一度に全員が発言できる」と語っている）、効率的に場の状況を把握しグループシンク（合意に至ろうとするプレッシャーから、集団において物事を多様な視点から批判的に評価する能力が欠落する傾向）を避けることができるようになった。また、パワーポイントの共有は3ページまでとし（必要であれば、それ以上の情報を予習として共有することも可能）、プレゼンテーションではなく、ディスカッションに時間を集中させるようにした。

従来であれば、商品市場の変化によりある事業で予想外の損失が発生した場合は、ＣＥＯが直接その事業の責任者と討議を行い、不足分を他の事業部に要求していたが、今では経営トップチーム全体の問題として扱うようになった。一緒に問題を解決することで、より創造的で効果的な解決策が見つかり、このような試練がイノベーションのきっかけになることもあった。

Advance（前進する）

▼どうすれば継続して改善を続けられるか？

サポート体制の整備：経営トップチームをサポートする体制とプロセスが整備され、それがうまく機能していることを確認する。

継続的なコーチングとモニタリング：求める目標に対する結果を継続的にモニターし、「刷新の意識」を持続させるために時折コーチングイベントを導入する。

後継者の育成計画：次世代リーダーを定期的にチェックし、経営トップチームの役割と行動規範を熟知させる。

１年目の終わりには、経営トップチームとその直下のメンバーたちにより、経営トップチームがどの程度効果的な動きができているかについてレビューが行われた。結果、「方向性の共通認識」「意思疎通の質」「刷新の意識」のスコアは高くなり、会社の狙った戦略が実を結んでいることが分かった。特に、「私は他のメンバーを信頼している」という設問の平均スコアが10点満点であったことに、誰もが誇りと感謝の念を抱いていた。このポジティブな結果を受け、チームは来年により良い結果を出すために何をするべきかを考え始めた。各種フィードバックのデータに基づき、役割分担と規範の見直しを行い、パフォーマンスの高いチームとして協働していくことへのコミットメントを高めたのである。

まとめ

★なぜ重要なのか？

―チームワークは才能を凌駕する（両方あるのがベストだが）。

―偉業を成し遂げられるチームはごくわずか。

―今後は経営トップチームにより大きなものが求められる。

★なにが重要か？

―強いチームを構成する3つの要素（方向性の共通認識、意思疎通の質、刷新の意識）。

―経営トップチームには、自らにしかできない仕事に集中させる。

―組織図・構造に左右されずに経営チームを決める。

★どのように実現させるか？

―5つのステップを踏んで、強いチームを創る。

各ステップにおいて見逃しがちなアクション

Aspire（志す）：成功の定義と計測方法を合意する。

Assess（診断する）：チームのスキルや経験を補完する方法を考える。

Architect（設計する）：「フィールド＆フォーラム」の道のりを設計する。

Act（実行する）：定期的に３６０度フィードバックサーベイを活用する。

Advance（前進する）：次世代リーダーの育成のため経営トップチームの動きや考え方を共有する。

【訳者による第4章の解説】

本章では、強い経営トップチームを創るための必要な条件がいくつか示されている。経営メンバー全員があるべき方向性への共通認識を持つこと、相互信頼性のあるチームがオープンに討議ができる環境にあること、多様性のあるメンバーが成果創出に向けて互いの能力や経験を補完できていること、といった点である。この中で、依然として多くの日本企業が真剣に取り組まなければいけないのはやはり「多様性」に関する項目であろう。

昨今の多様性重視の流れを受けて、外国人、女性、若手といったこれまでと異質な人材を経営メンバーに登用する日本企業も増えてきている。一方で、異質な顔ぶれを形だけ揃え満足していないだろうか。経営討議が予定調和に終わらず、社内の常識にチャレンジし、異なる意見を受け入れ、普段から激しい討議が出来ているだろうか。

変化のスピードが激しく、過去の延長で物事を捉えることがリスクとなる現代において、経営陣全員が揃って誤った課題認識を持ってしまう同質経営のリスクは大きい。リーディング企業は、外部からの採用も含めて経営チームの入替えをシビアに行い、多様な人材で構成されるトップチーム構築、また多様なメンバー間での信頼感の醸成・オープンな環境作りに投資している。

構造的に同質性が高い日本企業において、多様性を有した経営トップチーム構築の重要性は論を待たない。一部の日本企業では、取締役改革により海外の企業経営経験者などを迎え、発想を大胆に広げ、実際に成功と呼べるケースが出始めている。異文化への受容性、お互いへのリスペクトが前提条件である。

多様性は、異質な顔ぶれというインプット視点のみでは無く、これまでの社内常識にどこまでチャレンジ出来ているか、というアウトプット視点で進捗評価をしていきたい。

第2編

意思決定と組織設計

第5章

意思決定の質とスピードを高めるには？

時代を超えたテーマ――意思決定

ある日、アリスは分かれ道にさしかかり、木の上のチェシャ猫を見た。「どの道を行けばいいのかしら?」とアリスは尋ねた。「それはどこに行きたいかによるでしょう」と猫は答えた。「私はどこでもいいわ……」とアリスは答えた。「それなら、どっちに歩いてもいいんだよ」と猫が言った。

これは、イギリスの数学者チャールズ・ラトウィッジ・ドジソン（ペンネーム：ルイス・キャロル）が１８６５年に発表した童話『不思議の国のアリス』に登場する有名な一節である。過去をさかのぼれば、意思決定の指針には様々なものがあり、中国の易経やギリシャのアポロ神によるデルフォイの神託、あるいは内臓、煙、夢などが指針として用いられたこともある[1]。

意思決定に関するアドバイスを探してみると、その数に圧倒される。最適な結果は１つであるとする合理的モデル（ＳＷＯＴ、パレート、デシジョンツリー、ピューマトリックスなど）、すべての可能性を考慮することは不可能とする限界合理性モデル、予測可能な非合理モデル（チップ＆ダン・ヒースのＷＲＡＰモデルなど）、プロセスモデル（独裁的意思決定、協議的意思決定、グループ意思決定など）など、枚挙にいとまがない。実際、あまりに多くのモデルがあるため、どれを使うかを決めるための意思決定モデルまで存在する。

１日に１人の成人が行う意思決定が、３万５０００もあることを考えると[2]、意思決定に関するアドバイスがこれほど多く存在するのも納得できる。そのほとんどが些末なものだが（シャツのボタンの留め方等）、時間をかけて考える必要があるような影響度が大きいもの（物事の優先順位付け等）、中には人生を変えかねないものもある（キャリアパス等）。

個人から組織に目を向けると、５万人の従業員を抱える組織（フォーチュン５００の平均値）では、１日に下される意思決定は４億件以上と推定されている。カミュの名言によると、人生とは「すべての選択の総和」である。組織においては「成功はすべての決断の総和である」[3]と考えられよう。個人の意思決定と同じように、組織の意思決定は小さなものであっても、積み重ねれば大きな影響を与えるものだ。例えば、顧客と接する営業担当者が行う選択や、投資（いつ、どこで、どのようにして市場に参入するか）や事業の拡大・縮小の決定など、それ自体が大きな本質的な意思決定となる場合がある。

ビジネス目標達成のため、組織内の意思決定の質とスピードを向上させる方法はあるのだろうか？　決断のときのために、先に進むとしよう。

図表5-1　意思決定とは、利用可能な選択肢の中から選択するプロセスである

…1日に4億件の意思決定をしている　成功はすべての決断の総和である

なぜ重要なのか？　意思決定の質が企業の成功と失敗を決する

　1975年、あなたは世界でも有数の成功した企業で部長を務めている。一般消費者向けの写真業界で、カメラの販売は米国市場で85％のシェア、フィルムの販売では95％のシェアを支配する完璧なビジネスモデルを築いている。フィルムを現像するビジネスも巨大だ。「シャッターだけ押してくれれば、残りは私たちにまかせてくれ」というキャッチフレーズは、まさにこの会社を表している。

　あなたは今、24歳の電気技師であるスティーブ・サッサンの「フィルムレス写真」と題した

プレゼンテーションに出席している。世界初のメガピクセル・デジタルカメラのプロトタイプの発表で、あなたはこの発明をどう扱うか決める立場にある。スティーブの発表を聞きながら、フィルムの発明やインスタントカメラ市場の開拓といった会社の誇るべき革新の歴史を思い出す。しかし、フィルムのない写真とはなんなのだろう？　テレビ画面に映る写真を誰が見たいというのだ？　加えて、これを市場に出すことによる現在のビジネスモデルへの影響も大きな懸念だ。そして、最終的に「いい発想だが、ここだけの話にしてくれ」と言ってしまう[4]。これはもちろん悪い決断だった。

　これがコダック社で起こった実話であることは、すでに多くの読者が想像していることだろう。デジタルカメラを発明しておきながら、フィルムビジネスを崩さないために、デジタルカメラを葬り去ったのだ。その結果、デジタル化に遅れをとり、追いつくことができなかった。Facebook、Flickr、Instagramなど、ＳＮＳの浸透によって「シャッターを押す」ことはかつてないほど一般的になった。そして２０１２年、コダック社は破産を申請した。現在の従業員は６５００人である。

　業界の変革時に誤った判断をするのは、決してコダック社だけではない。ＩＢＭ社はパーソナルコンピュータを発明したが、メインフレームから離れた未来を想像することができず、会社は別のＣＥＯと経営陣の下で再出発することになった。モトロー

図表5-2　良い経営判断と悪い経営判断の例

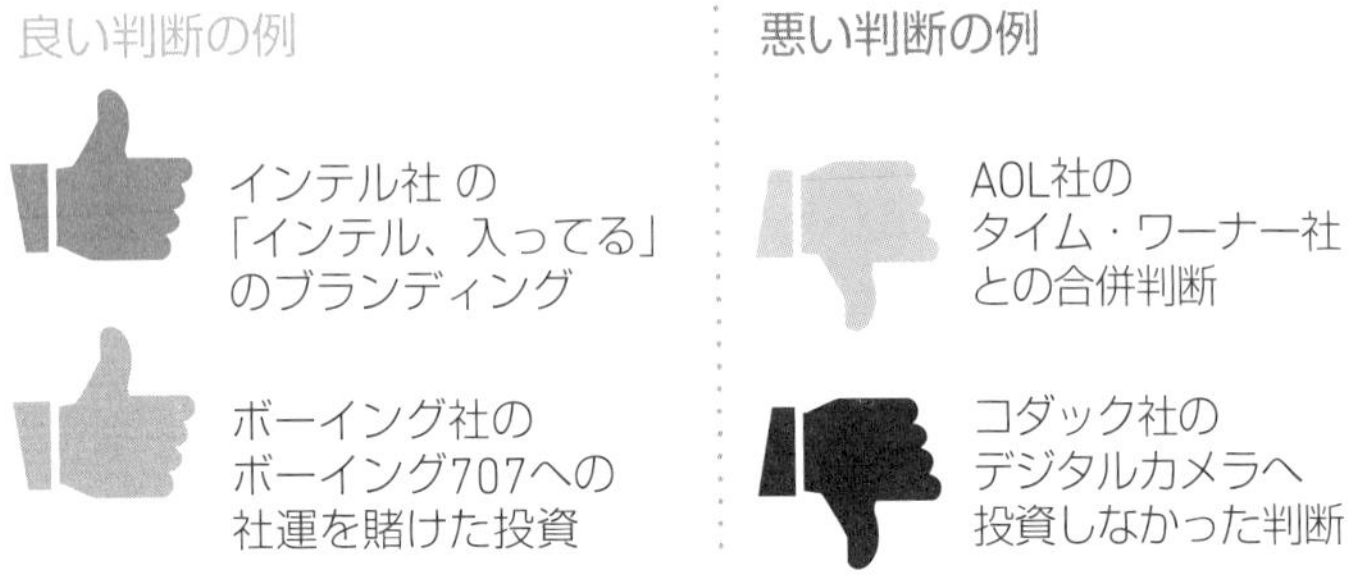

ラ社はデジタル電話を発明したが、利益の大部分を占めていたポケベルとアナログ電話事業から手を引くことを望まず、競合他社に後れをとった。

反対に、インテル社がコンピュータ内にある無名の部品を「Intel Inside（インテル、入ってる）」として積極的にブランド化する決断をできなかったら、どうなっていただろうか。ボーイング社が自社の純資産を超える金額をボーイング７０７に投資するという大胆な決断ができなければ、どうなっていただろうか。ＩＢＭ社はルイス・ガースナーが会社分割を中止していなければ、どうなっていただろうか。これらは良い決断であり、企業を文字通り「創った」決断だった。

ハーバード・ビジネス・レビューは、「たった１つの決断が、企業崩壊への道を歩む最初の決断になり得る」と述べている[5]。……「あるいは、偉大さをも創ることにもなる」と加えたい。

なぜ重要なのか？　意思決定の不味さは横行する

テキサス州コールマン。ハービー一家は玄関前のポーチに座っている。外は40度だが、ポーチは日陰になっており、皆それなりに快適に過ごしている。ジェリーの義父が、「アビリーンまで行って、カフェテリアで夕食をとらないか」と言い出した。「１９５８年製のビュイックで、夏の暑い中、85キロも走って、お粗末なカフェテリアで夕食をとるなんて、どうかしている」とジェリーは思った。しかし、ジェリーが声を上げる前に、彼の妻は「いいわね」と言った。そこで、ジェリーは、「そうだな……お義母さんが行きたいなら」と、はぐらかした。ジェリーの義母は、「もちろん、行きたいわ」と言った。

結果、猛暑の中を窓を開け、４時間かけ往復１７０キロを運転し（１９５８年製のビュイックにもちろんエアコンはついていない！）、汗と埃にまみれながら家に戻った。食事も、ジェリーの予想通り、ほとんど口に合わないものだった。ジェリーは、「いやあ、いい小旅行だったね」と皮肉ったが、誰も口をきかない。義母は、「正直言って、あまり楽しくなかったわ。家にいたかったのに、みんなにせがまれて行ったのよ」と呟く。ジェリーは「無理強いはしていませんよ、私は家でよかったが、皆さんが行きたいと言うから……」と答えた。妻は「私はあなたたちが行きたいというから行ったのよ。」しまいには、ジェリーの義父が声を上げ、「私は行きたかったわけではない、ただ家で座っているのが退屈なんじゃないかと思っただけだ！」と言った。

この話は、１９７４年に出版されたジェリー・Ｂ・ハーベイ博士の画期的な組織行動論『アビリーン・パラドックスとマネジメントの瞑想』から引用したもので、集団での意思決定がいかに不合理なものになるかという有名な実例である（この場合は、いわゆるグループ・シンク（集団浅慮）によるものだ）。このような機能不全による意思決定は、今日の大組織でも起きていないだろうか？ 上司が「もしかして……」と言ったことがきっかけで、分析や研究を重ね、プロジェクトが生まれたもののどこにも行き着かなかったという例を、多くの人は考えるまでもなく思い浮かべることができるだろう。

アビリーン・パラドックスに関連する力学の結果であれ、その他の意思決定の機能不全の結果であれ、悲しいことに、会社における戦略的意思決定の質が概ね良好であると感じている従業員はわずか28％にすぎない[6]。これは、意思決定の質とスピードを向上したい企業にとって大きな改善機会があることを意味する。調査によると、変

図表5-3　意思決定の改善ポテンシャル

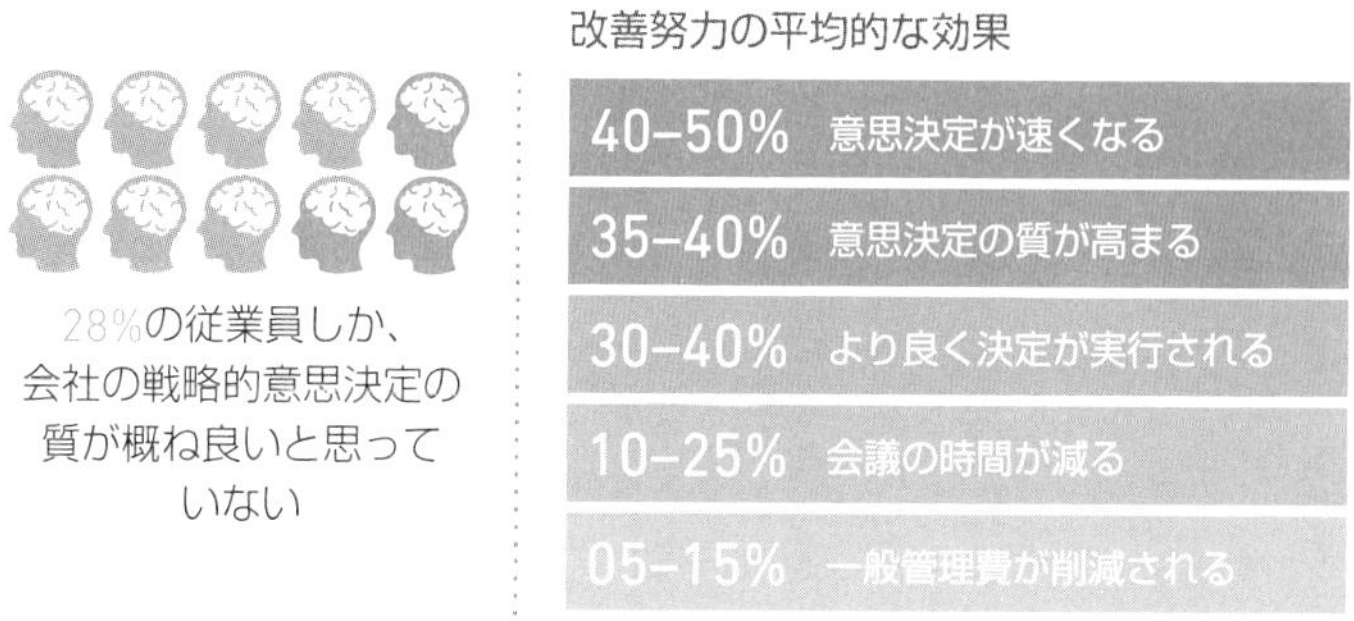

革に取り組めば意思決定のスピードが40～50%向上し、会議に費やす経営者の時間を10～25%削減し、一般管理費を5～15%節約することができる。最も重要なことは、意思決定の質が35～40%向上すると考えられることだ[7]。

仮に、平均的な大人の100メートルを走るスピード（この場合、質はスピードと言える）が35%向上すると、世界最速の男ウサイン・ボルトより速くなる計算になる。世界チャンピオン、記録更新、金メダル級の決定力が手に入るのだ。

なぜ重要なのか？　組織の人材定着に影響する

私たちはコンサルタントとして、これまでおよそ1万5000件を超える意思決定の場に同席し、洞察力と先見性に満ちた、形勢を一変させるような輝きを目撃してきた。その一方で、あまり見事でないものもあった。

コンサルタントがどんなに最善を尽くしても、従業員合宿の議事を考えるより、朝食を出すべきかどうかに議論の時間を取られてしまうこともある。買収の決断に踏み切れない間に競合に先を越されてしまったり、経営陣が現場の問題に対して、事実関係も知らされず自席から立ち上がることもないまま決断を下す場面にも遭遇したことがある。

意思決定は、従業員の意欲にも繋がっており、調査を見ると、意思決定の有効性と関与が従業員の定着率の重要な原動力になることがわかっている。18カ国を対象にしたある調査では、「組織のビジネス上の意思決定に対する満足度」が、スイスで1位、米国で2位、中国で4位の定着率の原動力であるという結果が出た。さらに広く、調査対象のすべての国を見ると、別の種類の意思決定の重要性が上位に挙がっている――従業員定着の原動力の第2位は、「組織の人事決定に対する満足度」である。従業員エンゲージメントの観点からも、意思決定の重要性について同様のことが言える。全世界でエンゲージメントの原動力の第4位は「自分の部署の意思決定への参加」であり、「やりがいのある仕事」「キャリアアップの機会」「上司との良い関係」といった他の要因よりもはるかに上位に位置している[8]。

図表5-4　人材定着の原動力としての意思決定の位置づけ

米国

1. キャリアアップの機会
2. 組織のビジネス上の意思決定に対する満足度
3. 上司との良好な関係
4. 働きがいのある会社としての評判
5. ワークライフバランスの取りやすさ

グローバル

1. 働きがいのある会社としての評判
2. 組織の人事決定に対する満足度
3. 上司との良好な関係
4. 組織内でのキャリアパスの明確さ
5. ワークライフバランスの取りやすさ

ヤフー！社の事例は教訓に満ちている。ヤフー！社が自社はテック企業なのかメディア企業なのかを議論しているうちに、４年後に設立されたグーグルはGmail、Google+、Android OS、Google Appsなどを事業化して、ヤフー！社を追い越した[9]。ヤフー！社の意思決定の苦難が人材定着に与えた影響はよく知られており、２０１１年のウォール・ストリート・ジャーナルの記事Yahoo Battles Brain Drainに最もよくまとまっている[10]。

今や読者の皆さんは、意思決定が企業の成功と失敗を左右すること、ほとんどの企業で改善の余地があること、そして意思決定がうまくなされるかどうかが、人材定着に大きな影響を与えることに、同意していただけるだろう。

では「なぜ重要か」から、「何をするか」に移ろう。

なにが重要か？ ３つのタイプの意思決定を区別する

C・ノースコート・パーキンソンが１９５８年に出版した『進歩の追求』という本に意思決定の有効性に関する有名な話がある。ある財務委員会が３つの投資決定をする話だ。まず、16億円の原子力発電所の投資について議論する。この決定は、２分半で承認される。次の議題は、自転車置き場の屋根をどの色に塗るかを決めることである（総費用約６万円）。45分の議論の末、決定される。３つ目は、スタッフのための約３０００円の新しいコーヒーメーカーについて。この議題については、委員会は１時間15分議論し、決定を次回に延期することを決定する。パーキンソンはこの現象、つまり、組織が些細な問題や細かいことに不釣り合いな注意を払う傾向を「凡俗法則」[11]と呼んでいる（〝自転車置き場効果〟とも呼ばれる）。

凡俗法則は、意思決定のスピードと質に影響を与える多くの機能不全の１つである。このような機能不全を回避するための第一歩は、３つの意思決定タイプを区別することだ。

Ａタイプ：企業全体に影響を与える、不定期、かつ一か八かの意思決定（例：大規模なＭ＆Ａ、新技術への投資、新しいＣＥＯの採用など）。このような意思決定には、正確なデータを収集し、オープンな対話と議論を行い、すべての利害関係者の声を可能な限り反映させる、統制のとれた意思決定プロセスが必要だ。このような意思決定は、ステージゲート（活動を複数のステージに分解し、一定の要件をクリアした時点で次のステージに移行する管理手法）を経て行う。そして、バイアスを回避するための複数の手法を用いる。

Ｂタイプ：個人やチームに委任可能な反復的な決定（地域・国ごとのマーケティングプロモーション、工場ごとの製造オペレーションの調整、自転車置き場をどの色に塗るか、など）。このような意思決定は、明確かつ透明性の高い説明責任のもと、可能な限り下位の者に委ねられるべきである。意思決定そのものと共に、相談すべき相手（あくまで意見を述べるのみ）も自身で選択してもらう。加えて、重要性やリスクに応じて追加承認が必要となる仕組みなどを整える必要がある。

Cタイプ：反復的、横断的な意思決定（複数の部門に影響を与えるもの、例えば、製品／地域間の予算配分、販売・業務計画、新製品開発など）。これらの決定は、実際には1つの決定ではなく、部門の境界を越えて調整され、連携されなければならない小さな決定の集大成のようなものだ。

そのため、特に重要な部門を跨ぐものについて、明確な意思決定のプロセスを、システム全体に導入する必要がある。またフィードバックの仕組みを組み込み、時間の経過とともにプロセスを体系的に改善できるようにする。

行動経済学の教授で『予想どおりに不合理』の著者であるダン・アリエリーは、「良い決断には時間と注意が必要である。必要な時間と注意を向ける唯一の方法は、タイミングを選ぶことだ」[12]と述べている。

なにが重要か？　対話はデータよりも重要である

「神様でないなら、データを携えなさい」は、経営学者であるW・エドワーズ・デミングの言葉としてよく知られている。優れた経営判断にはデータの測定と分析が不可

図表5-5　意思決定のアプローチをどのように調整するか

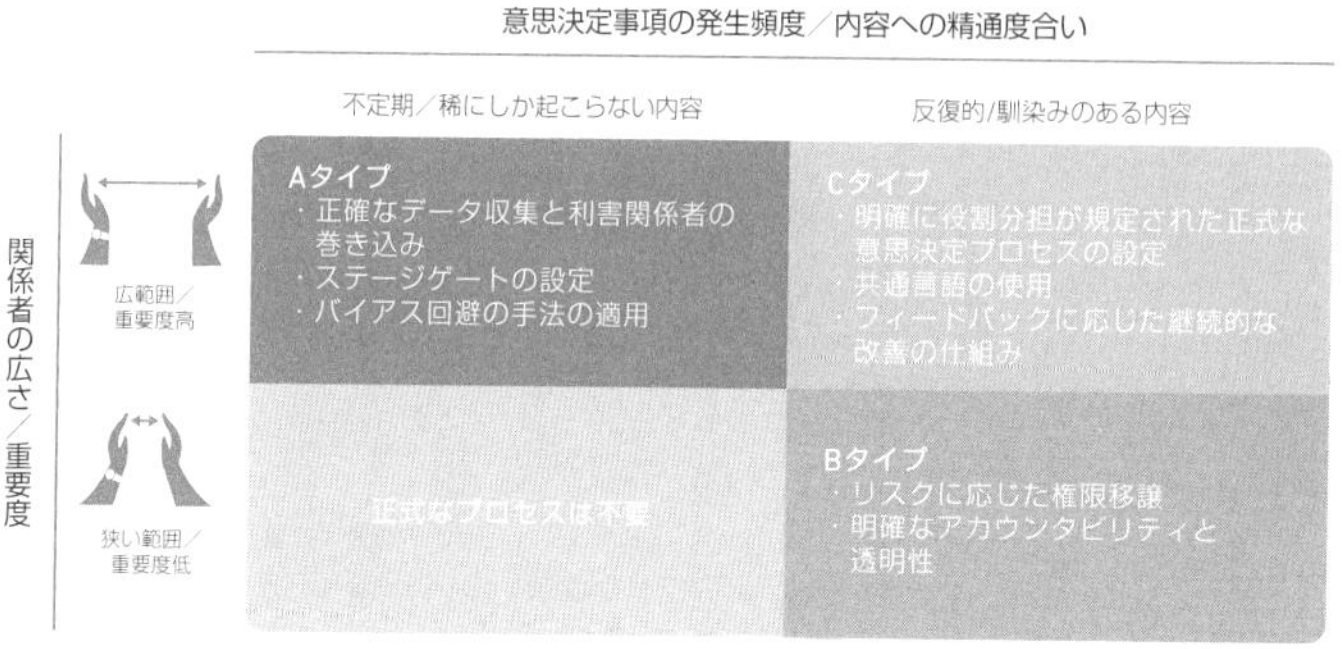

欠であるという彼の基本的な哲学を表す言葉だ。現代の経営層の多くは、この言葉を常識として受け止めている。正しいデータを入手すれば、正しい意思決定を行うことができる。しかし、皮肉なことに、データはこの主張を完全に裏付けてはいない。

５年間、多様な業種にわたり１０４８件の重要な意思決定（新製品投資、Ｍ＆Ａ、設備投資など）を対象とした調査を行った。データ分析の質と粒度（詳細な財務モデル、感度分析など）、対話の堅牢性（適切な参加者による質の高い議論への関与など）をマネージャー陣から収集した。この情報をパフォーマンス指標と組み合わせて分析し、結果のばらつきがデータと対話でどの程度相関性があるのかを調査した。結果は、対話のほうがデータの６倍相関性があったのだ[13]！このことは、データが重要でないということではなく、むしろ質の高い分析は、解釈し、評価し、意味を引き出す質の高い対話なしには、本来の価値に比べると意味がなくなることを意味している。

前述の研究はＡタイプの意思決定に関するものだ。しかし、私たちの経験では、対話は組織で懸案となる意思決定のすべてのタイプで重要だ。Ｂタイプで個人やチームに意思決定が委任される場合、単に責任を負わせるだけでなく、誰に相談する必要があるかを明確にすることが重要である。そして、意思決定をエスカレーションする必要が生じた場合、そのプロセスは、面倒で官僚的なものではなく、必要性に駆られ会話を持つようなものであるべきだ。

Ｃタイプの意思決定でも、組織の垣根を越えて必要な調整を効率的かつ効果的に実現するために、対話は不可欠だ。組織の境界にいるリーダーは、意思決定において極めて重要な役割を担っている。なぜなら、行動を指示する権限を持たずに、プロセスを前進させるためには主張と問いかけのバランスを取る必要があるからだ。経営陣はこのような役割にふさわしいスキルセットを持つ人材を確保するのがよい。また、対話を促進するためには、全員が自分の役割を理解していることも重要だ。そうでないと、「誰もゴーサインを出せないが、誰もが否定的なことを言える」という、あまり

図表5-6　意思決定が良いか（望んだようなパフォーマンスの改善をもたらすものか）を決める要因

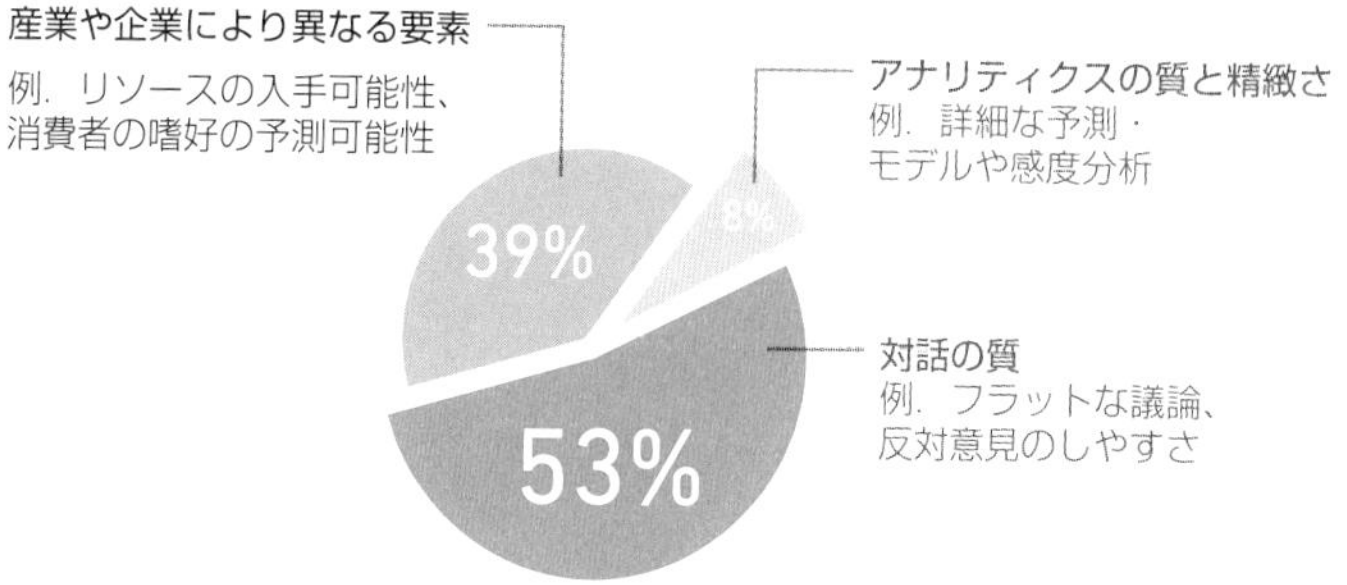

にもよく見る状況になってしまう。

経営陣が意思決定における「立場」を決めるためのモデルは数多くあるが、その代表的なものが「ＲＡＣＩモデル」だ。このモデルでは、誰が実行主体として提案を行う（Responsible）のか、誰が提案を承認し実際の意思決定を行う（Accountable）のか、誰が意思決定前に相談を受ける（Consulted）のか、誰が意思決定後に報告を受ける（Informed）のかを明確にする。

デミングはデータを重視しているが、それと同じくらい（あるいはそれ以上に）対話が重要であることは、彼も認めるところであろう。デミングは、「３％はデータに問題があるが、97％はデータに問題がない」とも言っているのだ[14]。

なにが重要か？　バイアスに注意する

本章の冒頭で紹介したコダック社の話に戻ろう。２００５年にはフィルム収益は大幅に減少しており、明らかな改革の必要性から新ＣＥＯとしてアントニオ・ペレスを迎え入れた。ペレスは、戦略を素早く転換し「デジタルプリンター市場における無駄な激しい競争」と揶揄される方向へ向かった。その結果、コダックの株価は２０１１年末には約25ドルから１ドル以下となり、翌年早々には破産申請に至り、ペレスはＣＮＢＣから「２０１１年最悪のＣＥＯ」の一人に選ばれるという不名誉を得ることとなった[15]。

ペレスはなぜ、コダック社を破綻させるような戦略をとったのだろうか。その答えは、少なくとも心理学者が言う「確証バイアス」にある。彼は、入手可能な情報の中から、自分の信念を裏付ける情報を重視し、否定する情報は無視した。このようなコモディティ化した産業で、何度も参入を試行しているのに成功しておらず、魅力的な利益を得るための製造専門知識や規模に同社が欠けていることなどは無視したのだ[16]。ＣＥＯになる前、彼はヒューレット・パッカード社で25年間、主にインクジェット印刷と画像処理だけを行っていた。

確証バイアスは、私たちの判断を正しさから逸脱させる多数の認知バイアスの１つに過ぎない。ウィキペディア上には１２０以上ものバイアスが存在している。私たちの経験によると、確証バイアスに加え、社会バイアスと楽観バイアスが最も一般的で危険だ。社会バイアスとは、他人がその決断をいかに好意的に見るかについて、過大評価する傾向のことだ。先に述べた「アビリーン・パラドックス」がまさにこれである。楽観バイアスとは、可能な限り最良の結果が得られると期待することである。欧米の離婚率が約40％であるにもかかわらず、新婚の夫婦に離婚の可能性を尋ねると０％と答える人が多いのは、このためだ。また、投資計画の90％がコスト超過に陥る理由もここにある（平均45％超過する）[17]。

さらには、このようなバイアスを意識しても、それを回避することはできない。この分野の第一人者であるダン・アリエリーは、「私自身、バイアスに関する本を書いているのにもかかわらず、意思決定が下手だ」と断言している[18]。しかし、幸いなことに、意思決定におけるバイアスを最小限に抑えるための、実用的なツールが数多く存在する。主要なものとして、「プレモータム」、「レッドチーム-ブルーチーム」、「クリーンシート再設計」、「消滅オプション」などがある。プレモータムとは、事前に失敗の要因となりうるものをリスト化し、逆算的に修正する。クリーンシート再設計

図表5-7　よくあるバイアスの例と回避する方法

一般的なバイアス	バイアス回避の手法
確証バイアス これまでの考えを支持するデータをより重視してしまう	• プレモータム • クリーンシート再設計
楽観バイアス 物事が自分の都合の良い方に転がると期待してしまう	• テスト・アンド・ラーン • シナリオ分析
社会バイアス グループシンク（集団浅慮）に陥ってしまう	• 悪魔の代弁者 • 匿名の投票

（注）772名の役員を対象にした調査では、意思決定バイアスを減らすことが、パフォーマンス向上に向けて最も取り組みたいことと回答された

は、これまでの投資や経緯を考慮せず、必要条件のみに基づいてシステムを開発する手法で、これらは確証バイアスの回避に有効である。レッドチーム–ブルーチームとは、ある決定に対して賛成派と反対派を割り当てて議論させる。消滅オプションとは、好ましい選択肢を敢えて検討から外した上で再考する手法で、これらも様々な認知バイアスに対する有効な回避手法とされている。このような手法を使うこともできるが、単にチームに多様性を持たせることでも、同じように意思決定への効果を上げることができ、意思決定の質を50％以上も改善可能なことが調査で明らかになっている[19]。

どのように実現させるか？　5つのステップを踏み、意思決定を改善する

ある多国籍小売企業は、奈落の底に落ちかけてい

た。大手企業がトップに立つ時代は終わりを告げ、機敏さが勝つ時代に突入していた。成熟した低成長の市場やチャネルで事業を展開する同社は、デジタル化が進む昨今では特に脆弱だった。オムニチャネル、主要な新興国市場での成長、新たな差別化要因の発見など、新たな戦略を追求することになった。事実上すべてのリーダーが、この新戦略の可能性に胸を躍らせていた。しかし、官僚主義、複雑さ、社内政治が、その実行の前に立ちはだかった。そこで経営陣は、意思決定の効率性を飛躍的に向上させるミッションを発動した。

1．Aspire（志す）

まず、新戦略の実行に関連する重要な意思決定を特定した。次に、その決定の際に起きるであろう課題（意思決定の効率性と有効性）に基づき、優先順位を付けた。その結果、「オムニチャネルの品揃えとサービスレベル」「不動産と店舗計画の一貫した戦略」「グローバル人材マネジメント（特に海外駐在員の配置と現地人材の育成）」などが上位に挙がった。合計で10個の意思決定が選ばれた。

同時に、良い意思決定とはどのようなものかを共有するための言語化にも取り組んだ。ＲＡＣＩモデルをはじめ、さまざまなモデルを検討し、最終的にあらゆる意思決定に関する独自の「ＣＤＩ」モデルを作成した。決定する過程で誰に相談する(Consult)のか、誰が実際に行動を決定する(Decide)のか、そして誰がその決定を実行する(Implement)のか、という役割を前もって明確にしておく必要があった。最後に、「準備なくして、ミーティングなし」「強い意志で開始する」(どんな決定が必要か、その決定に関連するＣＤＩは何かを最初に問う)「3つのお守り」(進行役、決定者、あえて異を唱える者の役割を分ける)などのミーティングの規範が確立された。

Aspire(志す)

▼どこをめざすか?

共有する：優れた意思決定プロセスとはどのようなものであるかについて、共通言語とあるべき姿を作成する。

特定する：どの決定が組織に最も高い価値をもたらし、どれが最も非効率的で非効果的であるかを特定する。

優先順位をつける：改善すべき最も重要な意思決定プロセスを10～15個選択する。

2. Assess（診断する）

優先順位を決定した後、各意思決定プロセスをマッピングし、現在のアプローチと問題点を洗い出した。現在のプロセスについて、手順、費やした時間、開催された会議、活用したインプット、制約（実際と想定）、役割などを調査した。併せて、不満、ボトルネック、時間を費やした要因、無駄、正確さ、強み／うまくいっている点、変更案、変更を行う際の障壁についても尋ねた。

これらの知見をもとに、ありのままを映し出す「鏡」のような現状の見える化を行い、改善案をリストアップした。例えば、「平和を保つこと」と「ありのままを伝えること」という対立しかねない価値観を重んじる文化的傾向や、コラボレーションを妨げる構造上・インセンティブ上の課題（例えば、オムニチャネル営業職の創設の重要性）、「最終意思決定者を明らかにする」トップダウンの役割明確化の必要性などが指摘された。

最後に、意思決定を3つのタイプに分類した。頻度が少ないが大きなリスクを伴うもの（主要な技術、組織構造、プライベートブランド関連の意思決定が含まれる）、反復的で横断的なもの（プロセスの再設計が必要となるカテゴリー計画、投資計画、予算など）、反復的で権限委譲可能なもの（高付加価値ではないもの）だ。

Assess（診断する）

▼出発の準備はできているか？

見える化：課題を特定するため、上位10〜15の意思決定をマッピングする。

根本的な原因：課題の根本的な原因を特定する（プロセス、文化、データ、巻き込みなど）。

選別：A、B、Cタイプのフレームワークを適用し、根本原因に対処するための最も効果的なアプローチを決定する。

3．Architect（設計する）

各優先意思決定プロセスに対して、「リハーサル」セッションが実施された。このセッションは2日間にわたって行われ、すべての関係者が参加した。意思決定（単発の意思決定の場合は実際の意思決定）に対してより効果的なアプローチを共同で作り上げると同時に、数々のバイアス回避の手法を実践し、参加者の意思決定力を高めることを目的とした。

セッションの初日、参加者は現在のプロセスをマッピングすることで、その課題、特定された根本原因を「鏡」に映し、見える化した。そして、診断により得た情報をもとに、専門家によるファシリテーションのもと、半分の時間で2倍の効果を上げることを目標に、「クリーンシートの再設計」手法に取り組んだ。例えば、ＩＴ投資計画プロセスでは、50万ドル以下の意思決定を個々のビジネスに権限委譲し、承認のタイミングと資金提供を一致させ、申請プロセスを30ページから1ページに減らし、現状（実店舗への偏重）にビジネスの望ましい将来の顧客接点（オムニチャネル）を反映させるための投票プロセスの調整などの解決策に結び付けた。

1日目が終わる頃には、新しいプロセス、役割、責任が明確になっていた（この状態になるまで、誰も家に帰ることは許されなかったのだ！）。2日目には、「パイプに水を通す」というロールプレイ形式で新しいアプローチのプレッシャー・テストを行い、実際にどれだけの時間が節約できたか、どのような効果が得られたか、そしてどのように判断を改善できるかを決定していった。そして、「もし、1年後に課題が再発していたら、なぜそうなったのか」というプレモータム（失敗に繋がりうる要素の洗い出し）を行った。そして、新しいプロセスを機能させるために（あるいは、単発の決定の場合は、確実に実行するために）必要な考え方や行動の転換、コミットメントについて、構造的に考察した。次に行うべきことを明確にしたのだ。

「リハーサル」セッションと並行して、診断で見つかった横断的な課題（組織構造、組織文化、インセンティブなど）に関する意思決定を行うために経営幹部が招集され、人事と広報が協力して意思決定の卓越性とスキルアップのためのキャンペーンを開発し、広く展開した。

Architect（設計する）

▼到達には何が必要か？

クリーンシート再設計：クリーンシートの手法で主要な意思決定プロセスを再設計（半分の時間で意思決定の質を2倍にするにはどうすればよいか？）。

ロールプレイ：新しいプロセスで争点となる意思決定を試行し、設計を洗練させる。提案された変更をさらにテストし、洗練させるためにバイアス回避の手法を適用する。

計画の統合：改善を実現するために必要なプロセスや、組織文化の変化に対応した実施計画を作成する。

4. Act（実行する）

その後、数週間から数ヶ月の間に、「リハーサル」セッションで開発された解決策は、経営幹部が合意した他の大きな変更と同様に、計画的に実行された。プロジェクトチームはそのまま残り、新しいプロセスの実行を監視し、「審判」の役割を果たした。世界トップクラスのオムニチャネル営業職を新たに雇用したり、ｅコマースチームと実店舗チームのインセンティブを整合させたり、投資配分を過去の実績に基づくものから価値創造の可能性に基づくものに変更し、従来の半分の時間でプロセスを達成したりすると、それを広く伝えた。意思決定の有効性に関して多くを学ぼう、適用しようと組織の方から動くように仕掛けたのだ。

その努力は実を結んだ。ＣＤＩという言葉が定着しただけでなく、意思決定の優先順位付け、現状把握、課題の発見、再設計の打ち手の適用、新しい手法のプレッシャー・テスト、効果測定などの段階的な手法を含む「リハーサル」アプローチの自作版は好評を博した。組織のより現場に近いレベルに適用すると、繰り返し行われる、リスクの低いタイプの決定が優先順位付けされ、その結果、できるだけ下位者への権限委譲によって処理されるようになり、組織の現場に近いレベルでのエンパワーメントの意識が劇的に高まり、経営陣の時間が他の有意義な問題に集中するために確保されるようになった。

Act（実行する）

▼どのように進んでいくか？

ガバナンス：決まったことが書き物だけでなく実際に組織内で実行されるよう、明確なガバナンス・基盤を導入する。

能力開発：新しい設計プロセスが最初からうまくいくように研修の型を提供する。

メッセージの発信：変化を起こそうとする社員全員の努力を評価するメッセージを、目に見える形で強く発信する。

5．Advance（前進する）

プログラムが軌道に乗ったところで事務局は、組織内の意思決定の有効性を把握するために、官僚的でないシンプルな意思決定ダッシュボードを作ることにした。会社の電子メールとカレンダーソフトを使い、さまざまな意思決定に関わる時間と人数をさりげなく把握した。また、主要な意思決定領域で５つの質問からなる「簡易調査」を実施し、後戻りやさらなる改善の可能性を浮き彫りにした。

同社の研修と能力開発アプローチを強化し、ＣＤＩモデルから、会議の規範、関連するマインドセットや行動、意思決定プロセスを改善するためのさまざまなツールまで、意思決定の有効性に関するあらゆるモジュールを盛り込んだ。

Advance（前進する）

▼どうすれば継続して改善を続けられるか？

測定する：効果や効率の向上を厳密に把握する。好事例を体系化し、他の適用領域に共有する。

制度化する：新たな意思決定が発生した際、クリーンな意思決定プロセスを構築できるよう、会社のアプローチを確認する（課題の発生を防止するため）。

意思決定の課題に立ち向かってから1年足らずで、経営陣はこの取り組みが組織を「解きほぐした」という実感を共有するようになった。デジタルビジネスと実店舗の対立に終止符を打つべく、会社の運営モデルに関する重要な決定がなされた。また、主要な戦略的優先事項に対する進捗のペースとスピードが大幅に向上した。おそらく最も喜ばしいことは、組織全体で建設的な対話が行われ、意思決定の障壁が現れるたびに取り除かれていったことだ。非建設的な会議は「締め出され」、その場で変更が加えられ、不明瞭なアカウンタビリティは迅速に提起、報告され、解決された。

まとめ

★なぜ重要なのか？

―意思決定の質は、企業の成功と失敗を決する。

―意思決定の不味さは横行する。

―意思決定の質は、人材定着に影響する。

★なにが重要か？

―3つのタイプの意思決定を区別する（全体に影響し不定期、全体に影響するが反復的、委任可能かつ反復的）。

―対話はデータと同じくらい（あるいはそれ以上に）重要。

―人間の非合理性（バイアス）に注意し、対策を取る。

★どのように実現させるか？

―5つのステップを踏み、意思決定を改善する。

各ステップにおいて見逃しがちなアクション

Aspire（志す）：価値と課題に基づいて、取り組みの優先順位を決める。

Assess（診断する）：課題の根本原因を完全に把握する。

Architect（設計する）：クリーンシートで意思決定を2倍以上改善する。

Act（実行する）：本実施前に、すべての関係者とともに改善策をリハーサルする。

Advance（前進する）：棚卸し・継続的改善を制度化する。

【訳者による第5章の解説】

意思決定について経営者からよく聞かれる問いの1つが「なぜ欧米の企業は、大きな決断を高速にできるのか?」というものだ。その裏返しではあるが、「うちは、意思決定の速さこそが競争上の優位性だ」と力強く言える日本企業がどの程度存在するだろうか。

無論、国を問わず創業社長、もしくはカリスマ社長が会社の将来に関わる重大な決断を次から次に行い、成功している企業は存在している。しかし、むしろそういった企業は少数派であり、多くの企業は、本章にあるように、意思決定のスピード、精度を上げるべく仕組みの改善に様々な努力を重ねている。

日本企業では、「何も決まらない」「何を決めたかったのかも分からない」会議に出くわすことがある。朝令暮改をよしとせず、決断の責めを誰が追うべきかという議論に陥りやすく、失敗への許容度の低い文化など背景には根深い難しさがある。しかし、諦める必要は無い。本章にあるような「仕組み作りの工夫」こそが日本企業に有効であると感じている。例えば、企業変革のご支援の中では、日常の会議の進め方（会議の目的、参加者の役割、会議進行のプロセスやネクストステップの明確化）に必ず着手する。全社員を対象に研修を行い、数年で見違えるほど組織の意思決定力が上がる例を見ている。日常の意思決定の経験を積み重ねることにより、組織として大きな決断においても自信を獲得している。また不必要に多階層化、複雑化した組織構造の課題も明らかなる。まさに、明確な目的やアウトプットの無い会議を社員が「気持ち悪く」感じるまで、つまり企業文化として定着する所まで、運用を徹底することが成功の鍵となる。

第6章

最大の価値をより速く創出するために必要な組織再編の方法は？

時代を超えたテーマ —— 組織の再設計

組織の歴史は、人類の歴史と同じぐらい長い。組織がなければ、人類は先史時代の敵対的な世界で生き残ることはできなかっただろう。私たちは共通の目標に向かって組織化することで、個人だけで達成できることをはるかに超える偉業を成し遂げられる。私たちが日常的に使っている、大量生産された製品やサービス、公共交通機関、宇宙旅行、インターネット、ヒトゲノムのマッピングなど、私たちが目にし、経験するほとんどすべてのものは、人間の組織化の成果である。

どの世代も、目標を達成するために、より良く、より効率的で効果的な組織のあり方を模索してきた。この進化の過程で、私たちはまず家族や部族単位で絶対的な権力を持つ強力なリーダーを中心としたモデルを作り、次に草創期の政治や大企業に見られる明確な役割分担を伴う階層的なピラミッド構造に移り、現代ではより複雑な形態のコラボレーションや価値創造を促進するマトリックス構造や機能横断的な構造へと移行してきた。今日、多くの実験が行われているが、より分散的な、適応力のある、自己組織化した形態が議論されており、組織のあり方は再び大きな進化の過程にあると考える人は多い。

最も注目されているのは、靴や衣料品のオンライン販売を行うザッポス社が２０１３年に発表した、ホラクラシーの採用実験だ。ホラクラシーでは、役職や永続的な役割はない（その代わり、役割は仲間の合意に基づいて流動的に変更される）。また、情報の完全な透明性も確保される（この場合、GlassFrogと呼ばれる、すべての戦略決定とその結果を追跡できるウェブベースの追跡ツールを使用する）。哲学的には、このアプローチのルーツはフレデリック・ラルーの著書『ティール組織』にあり、この中でこのアプローチは「人間の意識の次の段階……エゴを手なずけ、より本質的で、より健全なあり方を模索する」と説明されている[1]。

ザッポスの実験にて、ホラクラシーが伝統的な組織設計が直面している問題を解決するか、あるいは、ある研究が指摘するように、このような階層の排除は管理不能になり、結局官僚主義になると証明されるかは、時が経てば分かるだろう[2]。結果がどうあれ、これで終わりにはならず、私たちが組織化する限り、組織設計は進化し続けるだろうと考えている。そう考えないのは、米国特許庁長官チャールズ・H・デュエルが１８９９年に述べたと言われている「発明されうるものはすべて既に発明されている」[3]という言葉を未だに信じるようなものだ。

また、「Xの状況（組織の規模、競争環境、戦略、利用可能な技術など）の下では、組

図表6-1　組織設計とは、企業が望ましい結果を出すために、活動や情報の流れをどのように配分し、調整するかという計画である

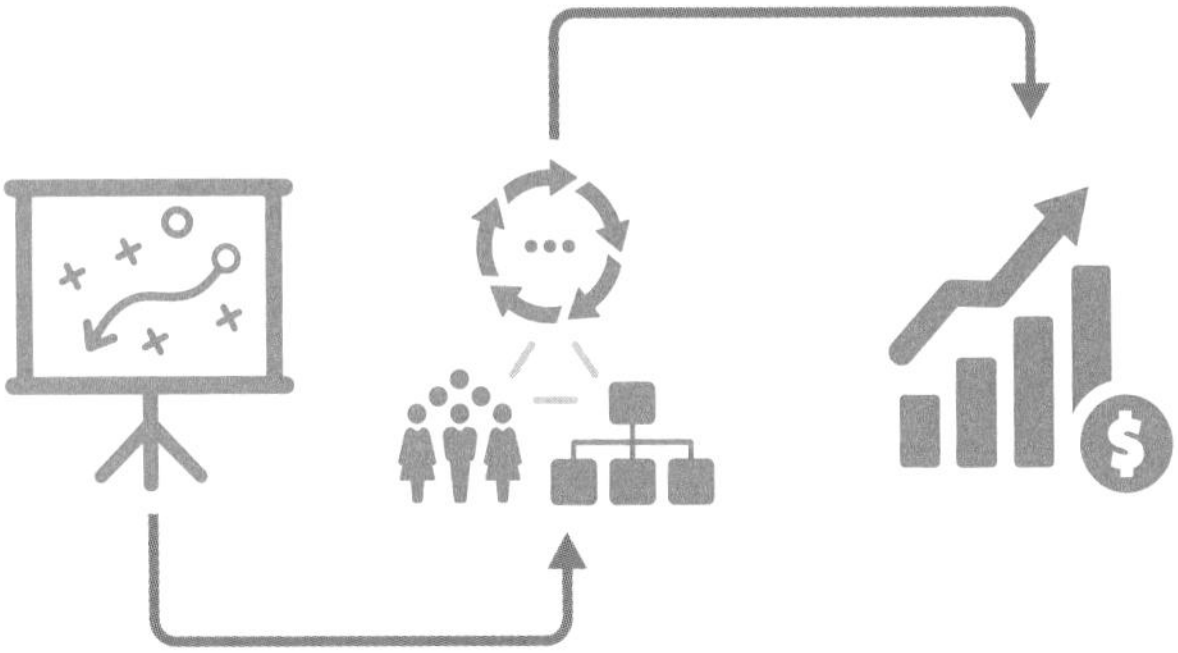

織アーキタイプYが最適なパフォーマンス（製品、機能、地域、プロジェクト、プロセスなど）を生み出す」といったようなことを唱えられる時代は終わっている。21世紀には、あまりにも多くの変数であまりにも大きな変化があるので、固定的なアプローチは効果的ではない。その代わり、主流となるべきは、伝統的な組織構造と実験的な組織構造、公式と非公式の運営方法、組織設計における可変性と安定性といった「組み合わせ」なのである。

なぜ重要なのか？　組織の再設計は必然である

最近の調査によると、経営者の82%が、現在の会社で、間接部門、機能部門、事業部門のいずれかで大幅な組織の再設計を経験したと答え

ている。さらに、そのうちの70％は、直近の組織の再設計が過去2年間に実施されたと回答している。さらに、大多数の経営幹部は、今後2年の間に再び組織の再設計を実施すると予想している[4]。これを意外に思う人もいるかもしれないが、経営幹部の平均在職期間が2年強であること、新任の経営幹部のほぼ50％が何らかの再編を行っていること、ほとんどのCEOが10人近くの部下を持っていることを考えれば、当然の結果であろう[5][6][7]。大規模な組織の再設計は、企業がウェブサイトを更新したり（平均3年ごと）、システムをアップグレードしたり（通常3～5年ごと）するよりも頻繁に行われているようだ。

　特に、平均的な組織再編が計画から実行に至るまで10ヶ月を要すること、半数以上の経営幹部が組織再編の実施中に生産性が低下したと報告していることを考えると、その影響は計り知れない[8]。この状況は、新しい車に乗る例になぞらえることができる。自動車は、組織と同様に、特定の目的のために設計されている。ミニバンは、家族を効率的かつ快適に移動させるために設計されている。スポーツカーは、見栄えがよく、素早く加速するように設計されている。SUVは、積載スペースを最大化しオフロードでも走れるように設計されている。ペダルの感度、回転半径、死角、燃料キャップの向き、方向指示器とワイパーの位置、シートの調整方法など、どれか1つの車の運転に慣れると、別の車に慣れるには時間がかかるものだ。新しい車に乗り慣れるまでに平均10時間かかるとして、24時間ある車に乗った後、別の車に乗り換えることを想像してほしい。誰がそんなことをするだろうか？

答えは、「誰もそんなことはしない」だ。もちろん、車に求める機能が大きく変われば話は別だが。組織の場合、技術革新、新しい市場機会、顧客嗜好の変化、競合他社の動きなどのスピードが増すにつれて、戦略の変更が必要になる。小さな、漸進的な調整では不十分な場合、大きな変革が必要となる。今日のビジネス環境では、このような変化のスピードが加速していることが、組織の再設計の頻度を高めている要因であることに疑いの余地はない。このことは、計画から実行までの時間を短縮することの重要性を意味している（短縮できなければ、運転に慣れるよりも早く車を乗り換えることになってしまう）。

組織の再設計は外的環境の変化に対応するためだけではない。この章の後半で説明するように、今走っている道で、車の性能に満足できなければ、車を買い替えるような力学が働いていることは明らかだ。いずれにしろ、経営思想家のデイビッド・ウルリッチの言うとおり、「（組織設計が）ますます行われるようになれば、すべてのリーダーは、それをうまく行う方法を知る必要がある」[9]。組織の再設計は必然であり、

図表6-2　組織の再設計の頻度と期間

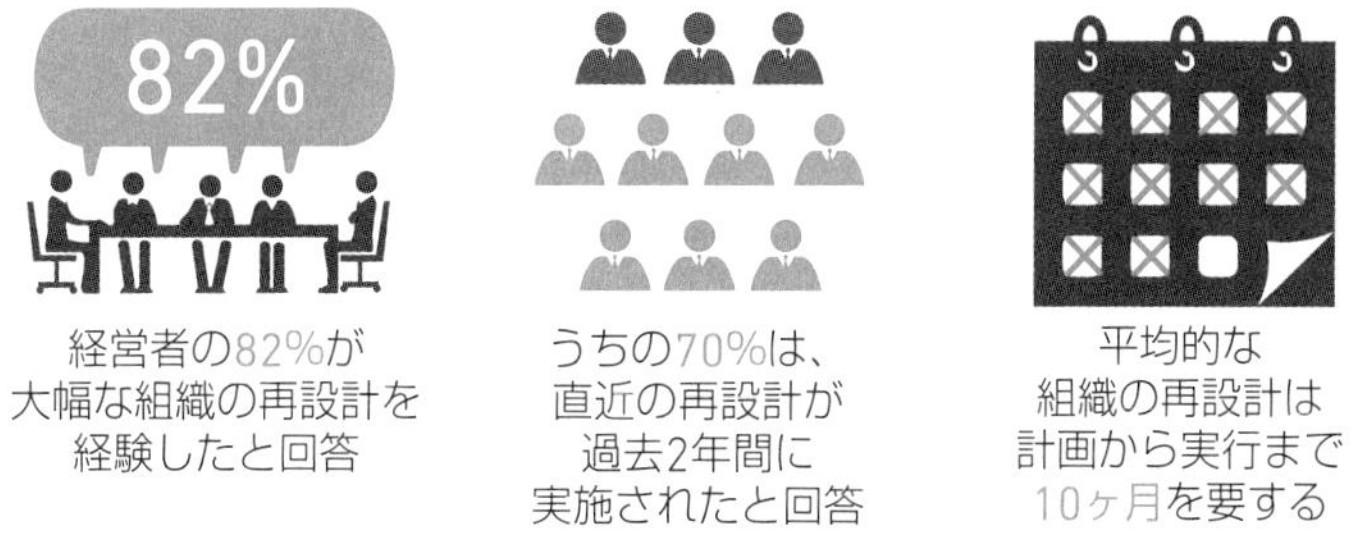

それを受け入れ、計画しなければならない。

なぜ重要なのか？　組織の再設計は大きな価値をもたらす

組織の再設計を検討している経営幹部は、大きな期待を寄せている。３分の２近くが、直近の再設計の目的は戦略的優先事項の実行促進と回答しており、半数以上が、再設計の目的は成長への注力と回答している。そのほか、意思決定の改善（40％）、コスト削減（39％）、アカウンタビリティの向上（39％）を加えたものが、上位５つの理由として挙げられている[10]。

組織の再設計が成功したときの価値は計り知れない。インド発の多国籍ＩＴサービス企業、ＨＣＬテクノロジーズ社の創業者であるシブ・ナダールは、顧客それぞれの業界の需要に応えるため、事業ごとに垂直統合し専門性を高めることで、組織の潜在能力を引き出した。また、フォード社のＣＥＯであるアラン・ムラリーは、組織の再設計によって、重要な意思決定をより良く、より迅速に行うためのリーダーシップチームの能力を引き出し、課題となっていたグローバルな自動車プラットフォームの構築につなげた。

しかし、ある状況や時代で大きな価値を生み出した組織の再設計が、次の時代には衰退してしまうこともあり、組織の再設計の良し悪しは判断が難しい場合が多い。チューリッヒに本社を置くエンジニアリングとオートメーションの企業、ＡＢＢ社の例を見てみよう。１９９０年、ＣＥＯのパーシー・バーネヴィックは、急進的な分権化を選択した。世界中の社員が「本社から口出しされることなく」新製品の発売や設計変更、生産方式の変更を行えるように、「官僚主義を取り払い」、現場の起業家精神を解き放とうというものであった[11]。組織構造自体は、部門と国のマトリックスであり、それを５０００のプロフィットセンター（利益部門）に分割した。利益が急増するにつれて、学者、ジャーナリスト、経営学者、株主からこの組織構造は高く評価されるようになった。１９９６年には、ＡＢＢ社は『フィナンシャル・タイムズ』紙で３年連続「ヨーロッパで最も尊敬される企業」に選ばれた。

ところが、今世紀に入り、売上高の伸びが急速に鈍化し、株価も急落し始めた。顧

図表6-3　経営幹部が組織の再設計に求める効果

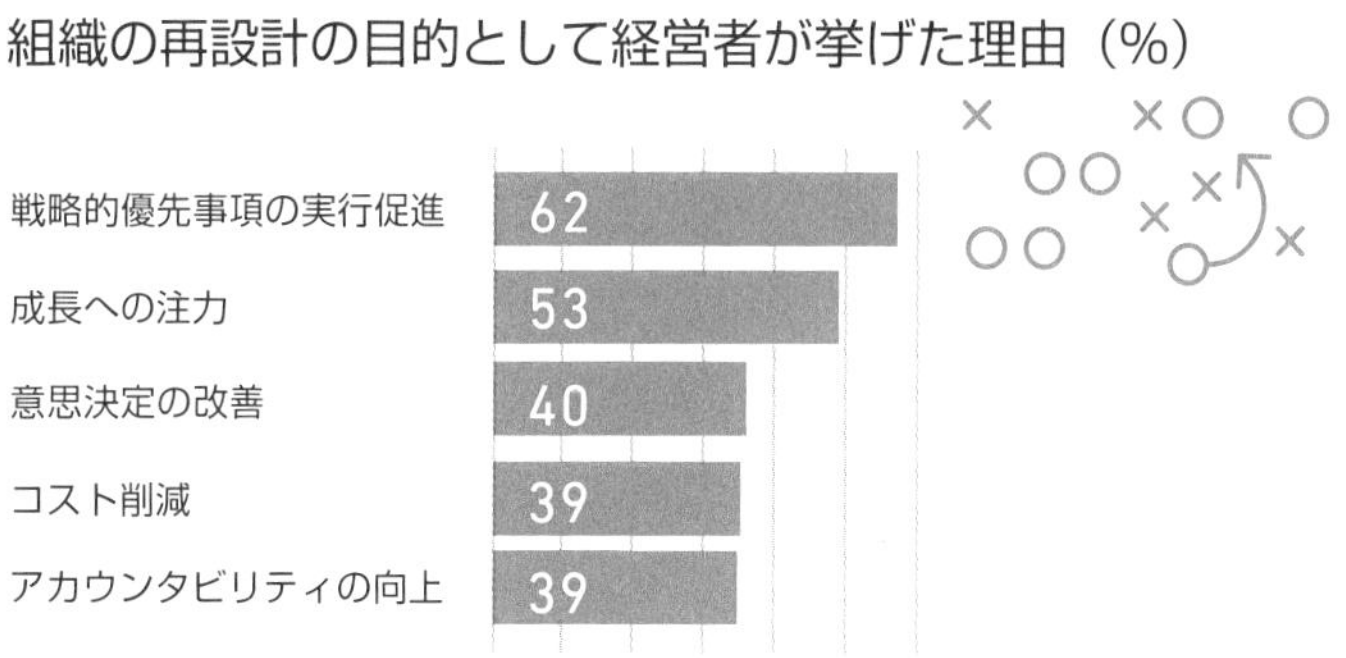

客が多国籍化し、競合他社がより洗練されていく中で、かつて賞賛された組織構造は、ＡＢＢ社の凋落の一因と揶揄されるようになった。ある記者は、「バーネビック氏が作った分権型経営体制は、遠く離れたＡＢＢ社の各部門の対立やコミュニケーションの問題を引き起こし、結局は、ＡＢＢ社の経営に大きな影響を与えた」と書きたてるまでになった。部門間の対立や業務の膨大な重複はとんでもない非効率をもたらした。例えば、当時、ＡＢＢ社には５７６もの基幹系システム（ＥＲＰ）、60の給与計算システム、６００以上ものスプレッドシートソフトを使ったプログラムが存在していた[12]。この頃、バーネヴィックは、「過去には良かったものが、今は良くなくなった」と認めていた[13]。

２００２年、新ＣＥＯのユルゲン・ドーマンは、部門を統合し、損益計算を一元化することで組織を大幅に見直した。より効率的で、多国籍のクライアントに対して迅速かつ競争力のある入札を行うための協力体制が整い、会社の運命は好転した。

この話の教訓は、正しい組織設計には大きな利点と欠点があるということだ。時間が経つにつれて、同じ組織（設計）であっても、プラスとマイナスの両方をもたらすことになるだろう。

なぜ重要なのか？　組織の再設計が成功する確率はわずか23％

「あなたの組織は、今のビジネス成果を維持するために完璧に設計されている。だから、成果をさらに上げたいなら、組織を設計し直すべきだ」という格言がある。この格言は、経営幹部には魅力的に映るだろうが、実際にはそこまで単純ではない。

「私たちは新しい状況に直面すると、組織の再設計を行う傾向があるが、それは進歩しているという幻想を生み出しながら、実際には混乱・非効率・士気の低下を招いている。」とアメリカの作家であるチャールトン・オグバーン・ジュニアは述べている[14]。

実際、組織の再設計が成功した、つまり、目的を達成し、業績が向上したと答えた経営幹部は、わずか23％に過ぎないことが最近の私たちの調査で明らかになった[15]。

　さらに詳細を見てみると、44%の組織の再設計が実行に移されずに終了していることがわかった。Ｐ＆Ｇ社にこういった事例がある。１９９９年、ダーク・イェーガーがＣＥＯに就任したとき、彼も他の経営幹部も、あまりに自己満足で、十分な革新性がなく、保守的な階層構造に縛られた組織だと感じていた。イェーガーは、業績を回復させるために、会社を地域別の部門構造から、より分権化した製品グループ構造に再編し、顧客のニーズに応える革新的な製品を開発する権限を各グループに与えた。しかし、イェーガーは、この新しい組織で効果的に仕事をするために、組織、特に中間管理職を動かすことができなかった。もし、彼がもっと時間をかけて周囲を説得していたら、採用からわずか1年半でＣＥＯの座を追われる運命は避けられたかもしれない[16]。

　また、実施されたが、目的は達成されていない組織の再設計は23%存在する。クライスラー社は、3年間で3回の組織の再設計を行ったが、ほとんど効果がなく、最終的には倒産し、フィアット社との合併に至った。

　あろうことか、業績に大きな悪影響を与えた組織の再設計は10%ある。ヤフー！社の前ＣＥＯであるテリー・セメルは、様々なプロジェクトにおけるリソースの共有を改善するため、会社をマトリックス構造に再編成した。その結果、アカウンタビリテ

図表6-4　再設計の取り組みの結果

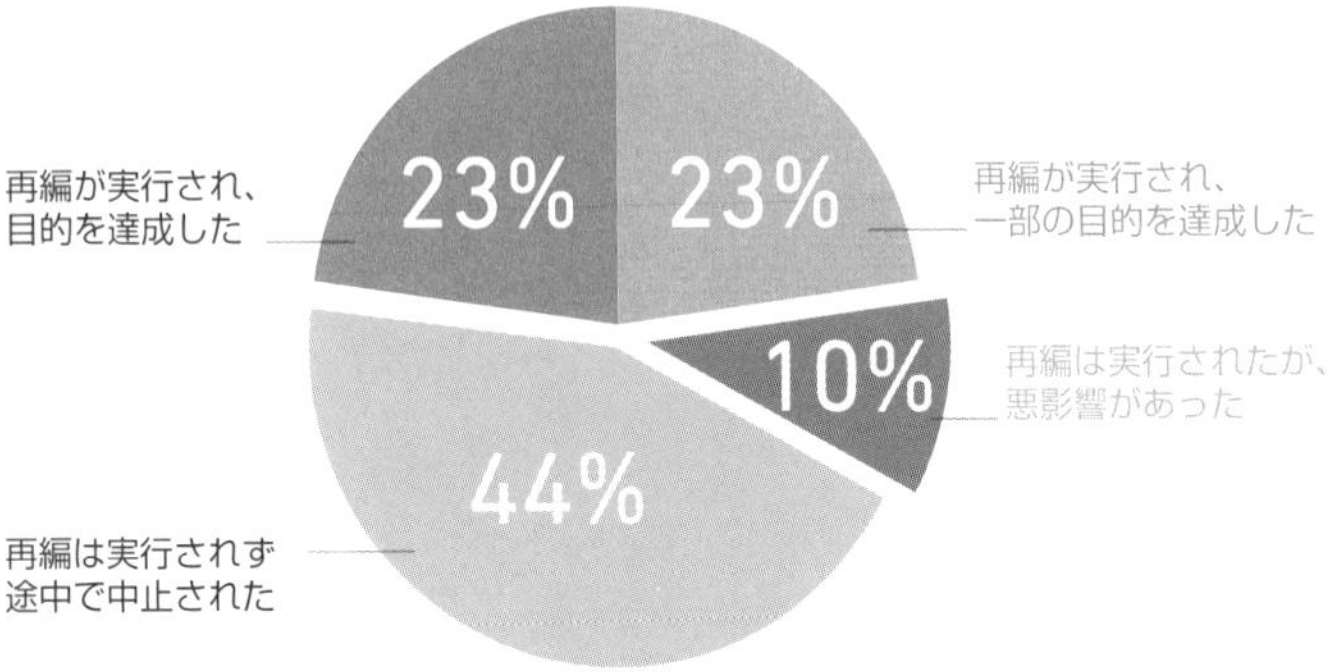

ィが大幅に失われ、意思決定がひどく行き詰まった。その結果、ヤフー！社は変化の激しいテクノロジー業界の中で、同業他社に大きく後れをとることになった。ヤフー！社を去ったある経営幹部は、「優秀な人材が去るのは、自分の担当する分野で成功するためのツールや権限が与えられていないと感じるからだ。あるいは、自分が責任者だと思っている人がたくさんいて、何もできないからだ。平凡な人たちは、保護され、責任を問われないので、そのまま居座る」と語っている[17]。

　組織の再設計において、悲惨な失敗の数は比較的少ない。しかし、価値の出ない組織の再設計を繰り返すことは、悲惨な失敗と同じくらい有害だということに注意して欲しい。というのも、その繰り返しは、チャールトン・オグバーン・ジュニアが言うように「混乱、非効率、士気の低下」をもたらし、さらには企業文化の一部となっていくからだ。

なにが重要か？　組織図を超えて構想する

　世界中の約10人に１人が腰痛に悩まされている。世界中で３００近くもある他の疾患よりも多くの障害を引き起こし、労働関連障害の約３分の１を占めている[18]。明確な診断が下されない症例は全体の85〜90％にあたる[19]。患者が告げられる原因には大きく分けて２つある。軟部組織の問題（椎間板ヘルニア、腰部筋肉の緊張、坐骨神経の圧迫、腱の痛みなど）ならびにそれに関連する構造的な要因（脊柱管狭窄症や椎間関節の異常など）、または、肉体ではなく心理的な要因（表現できない不安や怒りなどの感情を抑制した結果）だ[20]。心理的な原因を否定する人もいるかもしれないが、構造的な問題に対処するための手術の成功率が26％であるのに対し[21]、理学療法や心理的介入ははるかに高い成功率につながり、いくつかの研究では76％にも達していることは注目に値する[22]。

　腰痛は、組織の再設計を考える上で最適な例え話だ。心理的要素を忘れ構造的な要素への対応だけを考えても、成功の確率は低いままだ。構造的要素とは、組織図、役割と責任（機能別と事業別など）、内製か外部委託か、場所（本社の場所など）、ガバナンス（委員会構造など）のことである。再設計で考慮すべきは、プロセス設計（例：標準化）や意思決定（例：決定権）、パフォーマンス管理（例：業績評価指標と報酬連動）、ＩＴなどのテクノロジー（例：ＩＴインフラ）、その他の連携（例：情報伝達フロー）などのプロセスの要素だ。また、従業員の規模、非公式のネットワーク、能力・スキル、組織文化など、再設計には人の要素も考慮する必要がある。

しかし、多くの経営幹部にとって組織図が主な関心事となることは避けられない。組織図が目に見えるものであることと、社員が組織図のどこに位置するかということに感情的な重点を置いているためだ。「ピエールがフランシスの部下だったら、アブドゥルはどう思うだろう？　イングリッドが新製品を担当し、アブドゥルは降格を感じさせないように２つの役職を与えて戦略グループも担当させたらどうだろう。でも、ピエールが引退したら、スーザンが代わりに役割をこなせるようにしないといけない。しかし、二足のわらじは投資家に認められないかもしれないし……」と延々と続く。

私たちのデータによると、経営幹部が前述の複数要素のダイナミックな相互作用を考慮した場合、そうしない場合に比べて３倍も成功する可能性が高いことが分かって

図表6-5　組織の再設計のための手段

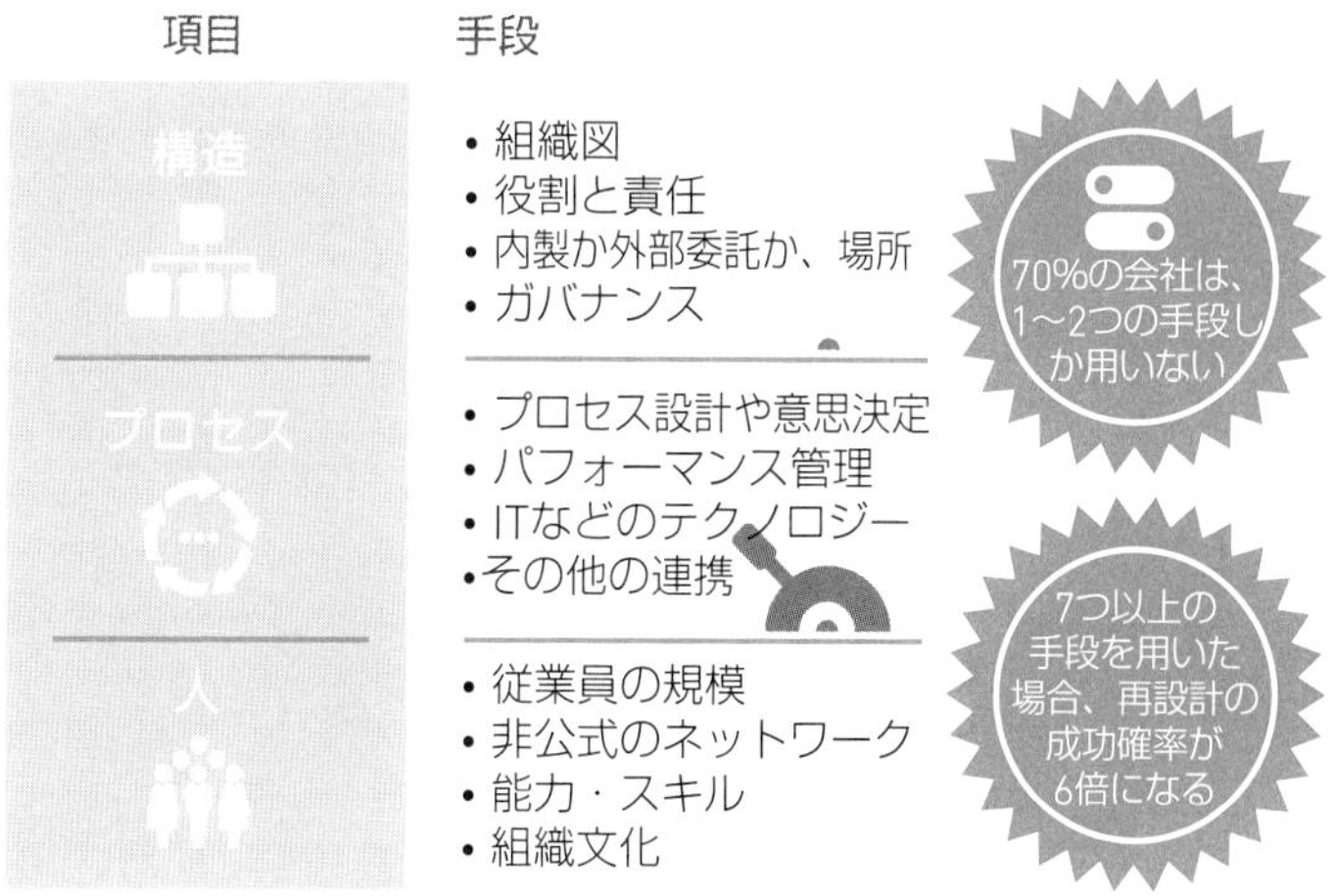

いる。さらに、慢性的な腰痛が治るのと同じように、従業員にとって人生を変えるような体験になる可能性が高い。

なにが重要か？　アジャイルさには安定性が必要

オーストラリア生まれのメディア王、ルパート・マードックは、「世界は急速に変化している。大が小に勝つことはもうないだろう。速いものが遅いものに勝つのだ」と語ったことで有名である。これは（メディア王らしく）素晴らしいキャッチフレーズだ。しかし、目的地を間違えてはいくら速く動いても元も子もない。私たちは、単に速いだけでなく、アジャイルであることが真の利点であると考えている。では何が違うのか？　アジャイルさには、スピードだけでなく、バランス、調整力、体力、スタミナ、反射神経などが含まれる。同じことをより速く行うことはスピードが速いと言えるが、アジャイルさは、より賢く、より優雅で、一番になることが必ずしも速さではないことを知っている。英語には「二匹目のネズミがチーズを手に入れる」という格言があるが、これはチーズを取ろうとした一匹目のネズミが罠にかかってしまうのに対し、二匹目のネズミが罠からチーズを取り出すことができるという状況から、新しいことを行う際はまず他の人が行動する様子を窺ってからの方が良いという教訓を示している。

コロンビア・ビジネス・スクール教授のリタ・ガンサー・マクグラスの研究は、アジャイルな組織のあり方に注目している。彼女は、他と比較して突出して売上を伸ばしている大企業には、主に2つの特徴があることを発見した。「（成長企業は）イノベーションを起こすために存在し、実験が得意で、急速に動くことができる。その一方で、極めて安定的で、戦略や組織構造が一貫しており、企業文化は強固で不変でもある」[23]。私たちの調査はこれを裏付けている。スピードと安定性を兼ね備えた企業は、スピードはあるが安定した行動規範がない企業よりも、高い業績を上げる可能性が3

倍以上高い。

この威力は侮れない。多くの経営幹部は、イノベーションを推進するスピードと柔軟性は、効率性を推進し、リスクをコントロールする標準化と一元化とは対極にあると考えている。しかし、これは誤ったトレードオフだ。社会では、個人の自由と政府の統制がしばしば対比されるが、両者はお互いを必要としている。法律の順守とその執行がなければ、自由な社会は無政府状態になってしまうだろう。

アジャイルになるためには、経営幹部は、組織設計のどの部分が安定的で不変であるべきかを見極めると同時に、新しい課題や機会に素早く適応できるような、より緩やかでダイナミックな要素を作り出すことが必要だ。スマートフォンに例えると、まずハードウェアとＯＳを選び（安定性）、次に便利なアプリを開発・改良できるようにコントロールを手放す（アジャイルさ）必要がある。例えば、組織の主軸を選び（安定性）、特定のニーズを解決するために一時的なチームの形成を促す（スピード）。あるいは、いくつかの特徴的なプロセスで作業を標準化し（安定性）、他の領域では反復サイクルを通じて作業を調整する（スピード）。あるいは、共有された文化的価値観を重視し（安定性）、その価値観に沿った意思決定を行うため現場に抜本的な権限を与える（スピード）ことも可能だ。

図表6-6　スピード・安定性と業績の関係

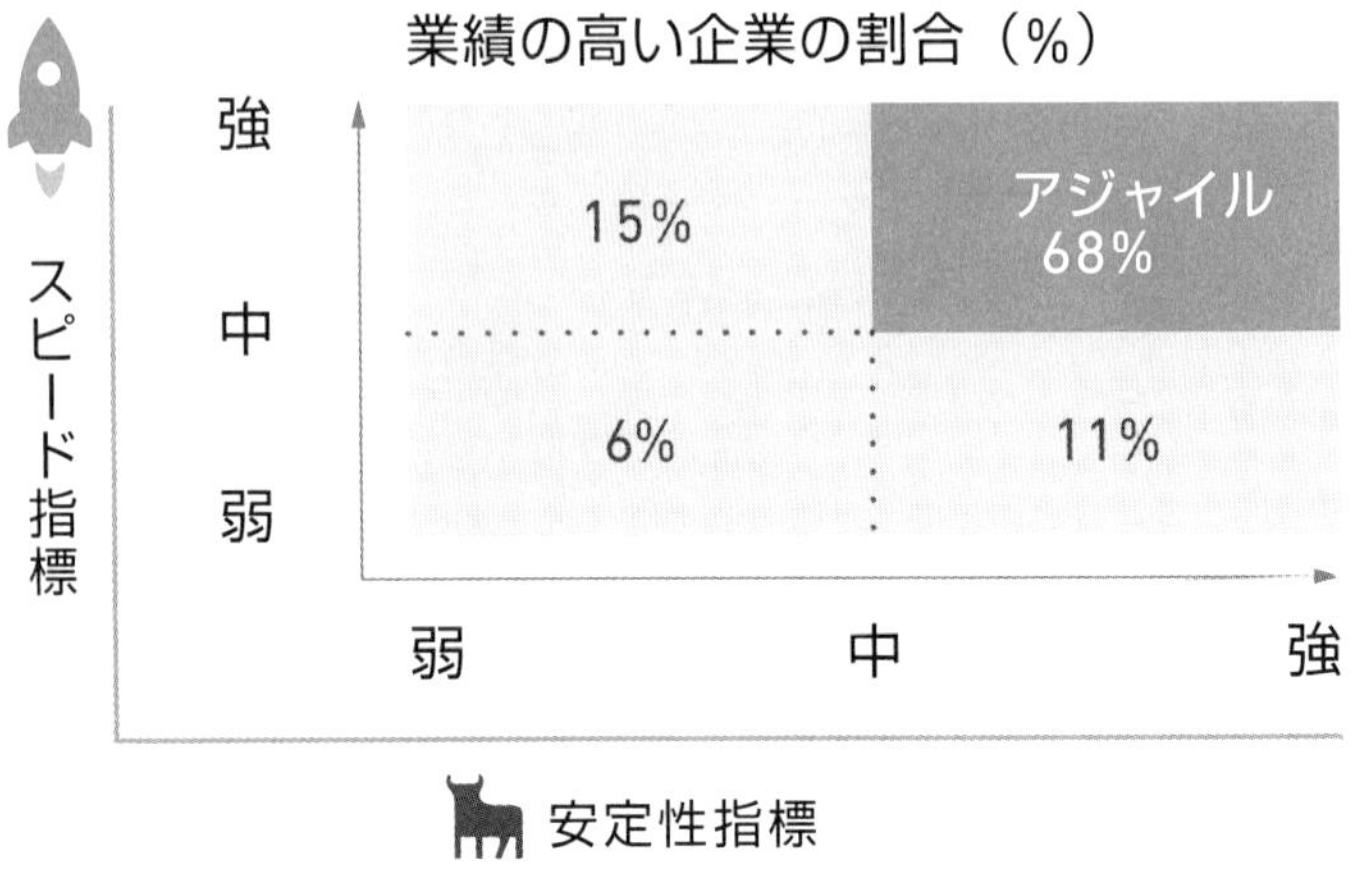

アジャイルな組織設計を行う企業には、もう1つ比較的ユニークな特徴がある。それは、他企業にありがちな数年ごとの大規模な組織の再設計を行わないことである。なぜか？　それは、安定した核となる部分を中心に、組織を一部再編する状態を継続的に実現しているからだ。

なにが重要か？　9つの黄金律を守る

例えば、あなたの泊まっているホテルでは、午後10時から午前6時までは誰もシャワーを浴びてはいけないという規則があるとしよう。現在、午後10時5分で、あなたは海外から飛行機で到着し、飛行機ではよく眠っていた。明日の午前6時に会議がある。あなたならこのルールに従うだろうか？　また、翌朝、駐車場からレンタカーを出したあと、思わず右車線を通行してしまったが、この国では左側通行であることを思い出した。車線変更するだろうか？

　ルールとは一般的に、私たちを良くない結末から守るためのものだ。ただ、私たちは常にルールを守るわけではなく、「ルールは破るためにある」というスタンスをとることがある。一方で、ルールに従わない方がおかしい場合もある。スペインの小説家カルロス・ルイス・サフォンの言葉を借りれば、テニスの試合でボールをコートの外に打っても勝つことはできない[24]。研究によると、組織の再設計には、従う価値のある9つのルールがあることが分かっている。また、すべてのルールに従わないとしても、より多くのルールに従えば、成功する可能性は高まる[25]。

ルール1　より長期的な戦略的目標にまず焦点を当てる―問題にばかり焦点を当てると、予期せぬ新しい問題が生まれることが多い。

ルール2　時間をかけて現状を調査する――現在の構造、プロセス、人員について正確かつ検証可能な全体図を作成する。

ルール3　構造的にアプローチし、適切な設計図を選定する――複数の選択肢を作成し、さまざまなシナリオをテストする。

ルール4　組織図を超える――このルールはとても重要で、すでに「なにが重要か?」の1つとして述べた。

ルール5　綿密に人材マップを作成する――各レベルで明確に定義された役割を、秩序ある透明性の高い方法で埋め、人材マップを作成する。

ルール6　どのようなマインドセットの転換が必要かを確認し、変革する――人々が自動的に列に並び、指示に従うと仮定してはならない。

ルール7　短期的および長期的な成功を測る指標を確立する――主要な投資計画と同じくらいの厳格さで、主要な人材計画を実行する。

ルール8　経営幹部は綿密にコミュニケーションをとる――組織の再設計に関する強力なストーリーを作り、それを経営幹部と社員の双方向的なやりとりを通して社内に浸透させる。

ルール9　移行期のリスクを管理する――リスク（事業の中断、人材流出、顧客対応力の低下など）を監視し、軽減する。

図表6-7　成功する組織の再設計と９つの黄金律の相関関係

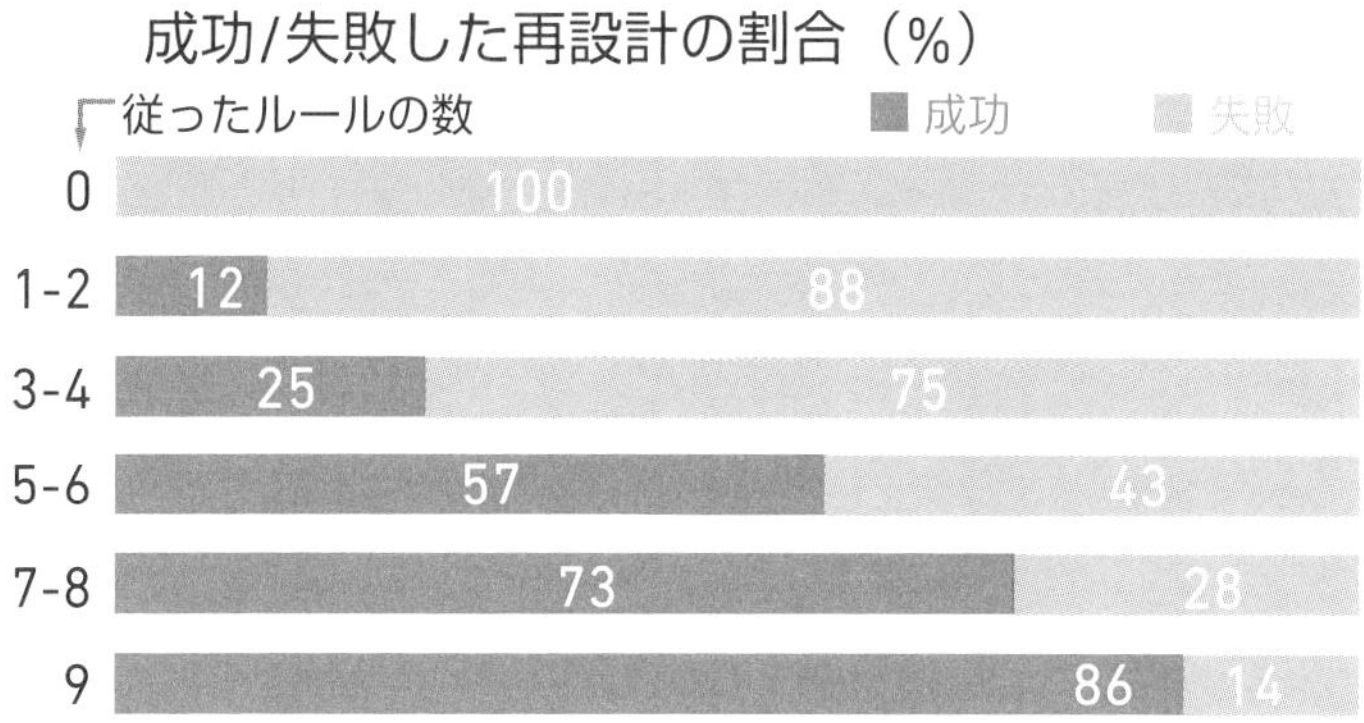

組織の再設計という大きな賭けにおいては、ルールに従って行動するのがお勧めだ。

どのように実現させるか？５つのステップを踏み、組織の再設計を成功に導く

アメリカに本社を置くある大手化学メーカーは、小規模でアジャイルな競合他社との競争に苦戦していた。この会社は過去数十年にわたり大きく成長してきたが、成長は停滞していた。ＣＥＯと経営幹部は、より専門性の高い製品を提供し、ターゲットとする顧客層への品質とサービスを向上させることで、市場シェアを回復させる新たな戦略を決定した。新しい戦略を実行するには、新しい組織設計が必要であることは、経営幹部にとって

明らかだった。

1．Aspire（志す）

最初のステップは、新戦略に必要な組織の要件を完全に明確にすることだった。まず、経営幹部は会合を開き、部門の能力・スキル（特に事業部の能力・スキル）を劇的に強化し、これまで以上のイノベーションを実現する必要があることを確認した。また、部門ごとのマネジメント層が相反する要求の間でどのようにトレードオフを考えるか、営業担当者が特定の顧客要求について誰が意思決定できるかが分かるように、アカウンタビリティを明確にする必要があった。さらに、現在の製品ライン、機能、地域のマトリックスに基づく複雑な組織設計を、よりシンプルにする必要があった。特に、営業部門では、2～3人の営業担当者が、ほとんど連携せずに顧客にアプローチしていた（複数の地域にまたがる主要顧客には、10人の担当者がアプローチしていた！）。

経営幹部は、以前の再設計の失敗から、早い段階でより広い範囲のマネジメント層の声を取り入れなければ、この取り組みは失敗に終わることを学んでいた。そうしなければ、マネジメント層の反応が悪くなり、実現するための当事者意識が低くなってしまうのだ。そこで、設計要件の練り直しにあたっては、透明性を持って協業することにした。階層が数階も下であるリーダーや各領域の優秀な人材に一連のワークショップに参加してもらい、原則の素案を議論し、練り上げていったのだ。最終的には、優先顧客との窓口を一本化する、意思決定をできるだけ現場側に委ねる、マトリックスの主軸を決める、部門横断的なプロセスにおける責任の明確化と引き継ぎの実施要綱を明確にする、臨機応変なミッションに対応できるアジャイルなプロジェクトチーム構造を許容するなど、さまざまな項目に合意した。

Aspire（志す）

▼どこをめざすか？

戦略的な要件：事業戦略が組織設計に与える影響を判断する。

課題：現在の構造で何がうまくいっていないのかを明らかにする。戦略や問題点を、設計の指針となる具体的な基準としてまとめ上げる。

関与の仕方：どのリーダーが、いつ、どのように関与すべきかを明確にし、関与のルールを決める。

2. Assess（診断する）

理念を具体的な設計図に落とし込む前に、現在の組織を正確に把握することが必要だった。これが意外に難しい作業だった。人事システムからクリック1つで簡単にデータが取り出せるわけではなく、未入力や更新されてないまま古くなった情報など、多くの問題点が明らかになった。曖昧な職務分類のために、実際にどのような役割を担っているのかが分かりにくかったり、重複によって多くの役割が二重にカウントされていたり、各地域と全体の従業員数が一致しなかったりした。

データを精査した後、社内外のベンチマークを探った。ベンチマークには限界はあるが、業界平均より、少なくとも20～30％多く人員を配置していることが判明したのは収穫であった。また、外部の研究開発部門に目を向けると、複雑で硬直した構造が、将来必要となる「イノベーション・エンジン」からいかにかけ離れているかが分かった。そして、主要な顧客にインタビューを行い、一貫性のある統合的な営業アプローチに必要なものを直接聞いた。しかし、悪い話ばかりではなかった。同社には、製造と研究開発において業界屈指の能力・スキルを持つ社員が在籍しており、営業部門には顧客ニーズに関する深い知識があり、指標を重視する業績重視の文化があるという、守り、高めるべき多くの強みがあった。

次に、組織の現状と既存の強みを考慮した上で、合意した原則を具体的な選択肢に落とし込む作業を行った。そして、業界のシナリオと「レッドチーム-ブルーチーム」（一方のチームは長所だけを、もう一方のチームは短所だけを主張するディベート形式）の意思決定アプローチに従って素案の妥当性を検証した。最終的に10案から3案に絞られて経営幹部に提示され、経営幹部が取締役会に推薦する1案を決定した。

Assess（診断する）

▼出発の準備はできているか？

現状把握：正確に、定量的に組織の現状を把握する。

強み：自社が保持すべき構造の強みを理解する。

ベンチマーク：好事例に照らして組織構造を評価し、改善機会を特定する。

設計の選択肢：様々な組織構造の候補を挙げ、設計原則に照らし合わせ検証する。

活発な議論の結果、経営幹部は機能軸を主軸とする組織の基本設計を決定した。現在、製品グループや地域ごとに分散している営業担当者は、チーフ・コマーシャル・オフィサーの下に集められ、新しい研究開発部門はＣＥＯの直属にして経営陣に昇格することになった。この安定した屋台骨を補完するのが、アジャイル組織とのかけ合わせだ。「フロー・トゥ・ワーク」と呼ばれる、顧客や社内の複雑な問題が発生したときに、機能別部門の人材プールから人を集めてワーキング・チームに配属する方式を取ることにした。このＳＷＡＴ（米国警察などにおける特殊部隊）のようなグループは、リソースや権限が与えられる代わりにアカウンタビリティを負い、３ヶ月以内に解散するという設計にすることで、迅速に実験と改善を行い課題が解決できるようにした。この設計は、主要な顧客や規制当局の協力を得て検証された後、取締役会にかけられ、全会一致で承認された。

次のステップは、現場の選りすぐりの社員が参加する一連のワークショップで、新しい組織構造が主要部門ごとに実際にどのように機能するかを決定することだった。原則、基本方針、強みを理解し、詳細な選択肢を作成し、素案を検証し、最終決定を下すという、基本設計のときと同様のアプローチ（ただし簡略化されたもの）がグループによって行われた。各分野で詳細な作業を行った後、すべてをまとめ、全体の調和を図るための最終的な調整を行った。経営幹部が承認すると、最終的な設計は人事部に渡され、人事は重要な役職とその具体的要件（スキル、行動、マインドセットなど）をリストアップした。そして最後に、公平性と透明性を確保するために、マニュアルに沿った厳密な人材マッチングプロセスを設計した。

Architect（設計する）

▼到達には何が必要か？

基本設計：トレードオフを受け入れ、主軸（安定した屋台骨）とアジャイルさを担保するための仕組みを選択し、基本設計の選択肢を確定する。

承認：取締役会および主要なステークホルダーが設計を承認する。

詳細設計とテスト：構造、プロセス、人材に必要な関連する変更を詳細に定義する。

人材の再配置：新組織に人材を配置するための厳密なプロセスを実行する。

4. Act（実行する）

新体制で誰が主要なリーダー職に就くかの決定と並行して、展開計画が策定された。この計画では、まずＣＥＯが組織全体に対して組織の再設計を発表した。その後、部長級と課長級を対象に、一連のワークショップを行い、管轄領域と自身について、組織構造、プロセス、人材への意味合いを理解できるようにした。最も影響を受ける役職に就いている人とは、発表前に取締役会、ＣＥＯ、経営幹部による1対1の対話が行われた。プロジェクト・マネジメント・オフィス（ＰＭＯ）を設立し、このプロセスの調整、重要なマイルストーンの進捗管理、顧客満足度、従業員エンゲージメント、定着率のモニタリングを行った。

この計画で最も重要な要素の1つは、新しい設計を実際に機能させるために必要なマインドセットと行動の変革であった。マネジメント層は、自分たちが直接コントロールできないことに対して責任を問われることに慣れなければならなかった。セグメント戦略上、一部の顧客が従来よりもサービスを受けられなくなることを受け入れなければならなかった。また、知識を昇進のための自分だけの武器とするのではなく、積極的に共有するようにしなければならなかった。このような変化に対応するために、ロールモデル、コミュニケーション、スキルアップ、プロセス、システム、インセンティブの変更など、さまざまなアクションが実行計画に盛り込まれた。

Act（実行する）

▼どのように進んでいくか？

マインドセットの変革：新しい組織設計を機能させるためにどんなマインドセットの変革が必要か特定する。

展開計画：迅速なトライアンドエラーと改良を重ね、新体制初日とその後の詳細設計を展開する計画を策定する。

コミュニケーション計画：ステークホルダー別の対外・対内コミュニケーション手法を策定する。

インフラ：リソースの提供、プロジェクト・マネジメント・オフィス（PMO）、管理指標、トラッキングの仕組みを確保する。

5. Advance（前進する）

設計に深く関与していたこともあり、導入時のマネジメント層の支持は高かった。透明性の高い方法で社員を巻き込み、情報を提供することで、以前の組織の再設計に比べ、組織内の不安や混乱が少なかった。実施期間中、ビジネスの継続性を確保するための配慮がなされたこともあり、顧客や外部の重要なステークホルダーからの反応は、好意的なものが続いた。また、これは、外部から優秀な人材を獲得することにもつながり、必要な能力・スキルを持つ人材の獲得を可能にするとともに、望ましいマインドセットや行動の変化にもプラスの影響を与えた。すべてが計画通りに進んだわけではないが、ＰＭＯは、問題が発生したときに素早く特定し、対処することができた。

Advance（前進する）

▼どうすれば継続して改善を続けられるか？

実行のモニタリング：主要なオペレーション・財務の指標やマイルストーンに照らして、主軸とアジャイルな部分への移行をモニタリングする。

タレントマネジメント：優秀な人材を維持し、外部の人材を惹きつけるための手段を講じる。

事業継続性：顧客サービスとパフォーマンス報告の主要なプロセスを継続する。

従業員エンゲージメント：従業員がサポートされていると感じられるように従業員の懸念に対処する。

新体制の1年後、会社は再び成長軌道に乗った。戦略も、それを支える組織設計もうまくいっていた。機能別の運営を選んだのは正解で、重要なポジションに配置された人材はうまく機能していた。この新しい組織は、アジャイルさの面でも優れており、権限を与えられた部門横断的なチームは、主要な市場の新たな機会への対応に成功した。新たなアイデアが、官僚主義に阻まれることもなくなった。アイデアはすぐに試され、成功すれば規模を拡大した。ＣＥＯの言葉を借りれば、「すべてを解決する１つの方法は見つからなかったが、勝つために必要な方法はすべて見つけた！」。

まとめ

★なぜ重要なのか？

―変化が加速する今日のビジネス環境において、組織の再設計は必然である。

―再設計は大きな価値をもたらす。

―組織の再設計が成功する確率はわずか23％。

★なにが重要か？

―組織図を超えて構想する。

―アジャイルさには安定性が必要であると心得る。

―９つの黄金律を守る。

★どのように実現させるか？

―５つのステップを踏んで、組織の再設計を成功させる。

各ステップにおいて見逃しがちなアクション

Aspire（志す）：課題だけではなく、戦略的なニーズをみる。

Assess（診断する）：現状を正確に把握する。

Architect（設計する）：主軸（安定軸）を明示的に選択する。

Act（実行する）：アジャイルな設計要素を迅速に実験・改善を繰り返して構築する。

Advance（進化する）：初日から事業継続性を担保する。

【訳者による第6章の解説】

組織設計という点において、日本企業は大きなハンデを背負っているのではないかと思う。欧米の経営者の多くが複数の企業を渡り歩き、様々な組織の良し悪しを実際に経験しキャリアを築くのと比較し、日本企業の経営陣は、その多くは生え抜きであり、実体験として経験できる組織、組織設計の幅がどうしても狭くなるからである。

本章でも述べられている通り、組織設計の要諦は、組織図という「ハコ」では無く、人の価値観やプロセスを設計することにある。なぜなら、組織の再設計の目的は組織を変えることではなく、人々の行動を変えることにあるからだ（詳しくは、マッキンゼー東京オフィス元支社長の横山禎徳氏による『組織――「組織という有機体」のデザイン 28のボキャブラリ』を参照されたい）。

意思決定にかけるべき時間がひと月か、一日か、など、それぞれの業界のスピードがあるが、その常識が他業界にとっては非常識だと気づくのは、生え抜きの社員から構成される組織では非常に難しいことだ。しかし、モノづくり企業がデジタルサービスを提供するなど、業界の壁があいまいになる中、その常識自体を乗り越えていくことが競争力となる。概して言えば、日本企業は体内時計を早め、よりアジャイルな組織にシフトしていくことが求められている。本章で指摘されている「安定した核の組織を中心に一部の再編を継続的に実現」など、今後の日本企業の組織設計に示唆を与えるものかと考える。

第7章

間接費を持続的に削減するには？

時代を超えたテーマ —— 間接費の削減

ジョセフ・タインターは著書の『複雑な社会の崩壊』で、過去2000年間に起きた20以上の社会崩壊の事例を検証し、人間社会は問題解決のための組織だと結論づけた。しかし、繰返し課題に対応していくにつれて組織や社会は複雑化し、ある時点で複雑さのコストが利益を上回り、システムが崩壊してしまうことがあるという[1]。エドワード・ギボンは『ローマ帝国衰亡史』の中で、タインターの主張と同じように、帝国崩壊の大きな原因は「国家のさまざまな部門を司る大臣や役人の数が以前よりも数倍に増加した結果」だとしている。ギボンによると、膨張した官僚機構を維持するための過剰な税金に耐えられなくなり、民衆の反乱を引き起こしてしまったのだ[2]。

これらの記述は、現代の巨大企業にも当てはまるようにも思われる。企業は、問題解決のための組織として、組織の成長に伴い新たな課題に直面する度に、システム、プロセス、会議などを設定し、管理システムを複雑化することで対応してきた。そのうち、こういったシステムやプロセス自体の存続を図るようになり、顧客に利益をもたらす製品やサービスに取り組む時間よりも、その維持（会議への出席、フォーマットへの入力、プレゼンテーションの更新、等）に費やす時間が長くなる。このサイクルが続くと、事業運営にかかるコストが増大し、価格競争力がなくなり、顧客（そして人材）が反旗を翻すことになる。

過剰な官僚主義や組織の複雑さといった問題を解決するには、本書で扱うテーマ（意思決定の有効性、組織文化の変革、組織設計、パフォーマンス管理、変革など）に関するツールやテクニックを組み合わせて適用する必要がある。こうした組織の複雑さや官僚主義の問題を顕著に表すものとして間接費が挙げられる。間接費は、製品やサービスの提供に直接関わる費用ではなく、会社運営にかかる費用を意味し、しばしば固定費（製品やサービスの販売量によって変化しない）とも呼ばれる。頭を悩ますのは、いたずらな固定費の削減は、利益を上げるために必要な売上を減少させる可能性があり、管理に失敗した場合、ビジネスを破綻させる可能性さえあるということだ。

スターバックス社のＣＥＯであるハワード・シュルツは、「企業はコスト削減のみによって繁栄することは出来ない」[3]と述べている。同時に、どんな企業も間接費に常に気を配っておくことが重要である。売上から得られる利益は限られる一方、節約されたコストは利益に直結するからだ。毎年の衣替えのように、余分なものや古いものを捨て、残ったものを使いやすく整理する必要がある。また、余分なものは常に増え続けるので、毎年同じ儀式を行わなくてはならない。しかし、この定期的に刈り取

図表7-1　製品やサービスの提供に直接関わる費用に対して、
間接費とは、会社運営にかかる費用のことである

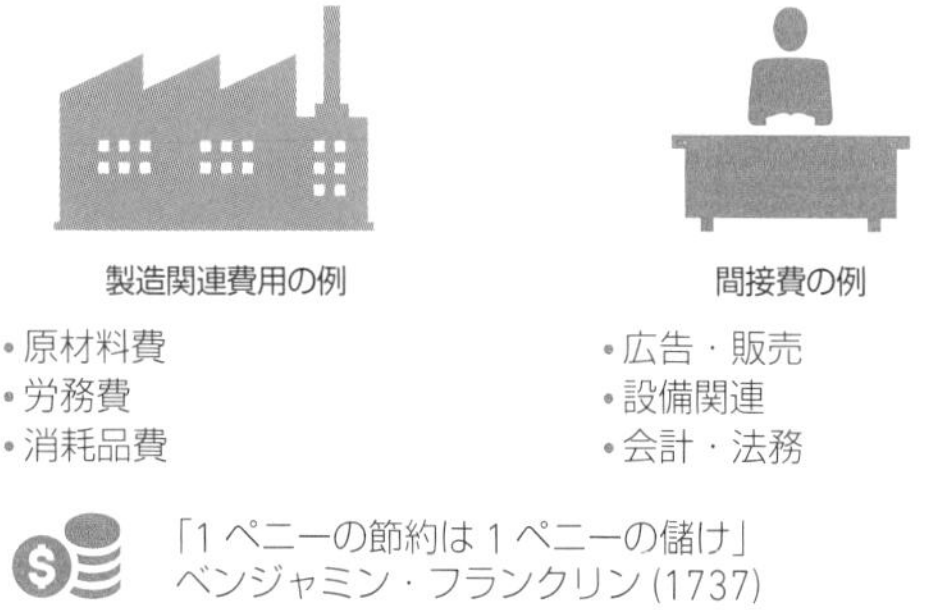

っては伸び、また刈り取るというサイクルを断ち切る方法はないのだろうか。

なぜ重要なのか？　高い企業価値を生み出す企業は常に費用をコントロールしている

会計上、ほとんどの間接費は「一般管理費」という項目で表示される。S&Pグローバル1200指数全体では、一般管理費は年間1・8兆米ドルに上ると推定される。このような背景から、マッキンゼーのアリソン・ワトキンスとロバート・レビンは、「決算説明会で一般管理費が低すぎる理由が質問されるのは見たことがない。それどころか、間接部門のコスト削減は収益性の向上に繋がり、経営者はその資金をより生産的に使うか、少なくともその一部を株主に還元できる、という

のが事実上の定説になっている」と述べる[4]。さらにマッキンゼーの調査によると、一般管理費を抑制できているかどうかは、将来的に経済的価値を創造する上位25％の企業を予測するにあたって、2番目に大きな要因であることが分かっている[5]。

ある調査によると、68％のCEOは今後12ヶ月以内にコスト削減に取り組む計画があると答えている[6]。しかし、多くのリーダーはこのような取り組みは最終的には実を結ばないと感じている。実際、40％の経営陣は、コスト削減を実行したとしても12〜18ヶ月以内にコストが再び上昇するだろうという強い懸念を抱いている[7]。この懸念は正しいのだろうか。データによると彼らは正しいどころか、むしろ楽観的すぎるほどなのだ！

過去7年の間にコスト削減を発表したＳ＆Ｐグローバル１２００社を対象に実施した調査によると、削減効果が初年度だけでなく、その後3年間にわたって持続した企業は4社に1社に過ぎなかった（業界、規模、地域、業績との相関は見出せなかった）[8]。また別の調査では、金融危機にあたって米国の企業は平均18％の一般管理費を削減したが、企業幹部の60％は依然として組織のコーポレート機能は非効率で高コストであると考えていることが示された[9]。それ以前の調査では、さらに残念な結果として、3年後にも持続的な効果が見られたのは、コスト削減努力のわずか10％に過ぎないこ

図表7-2　間接費削減の機会と課題

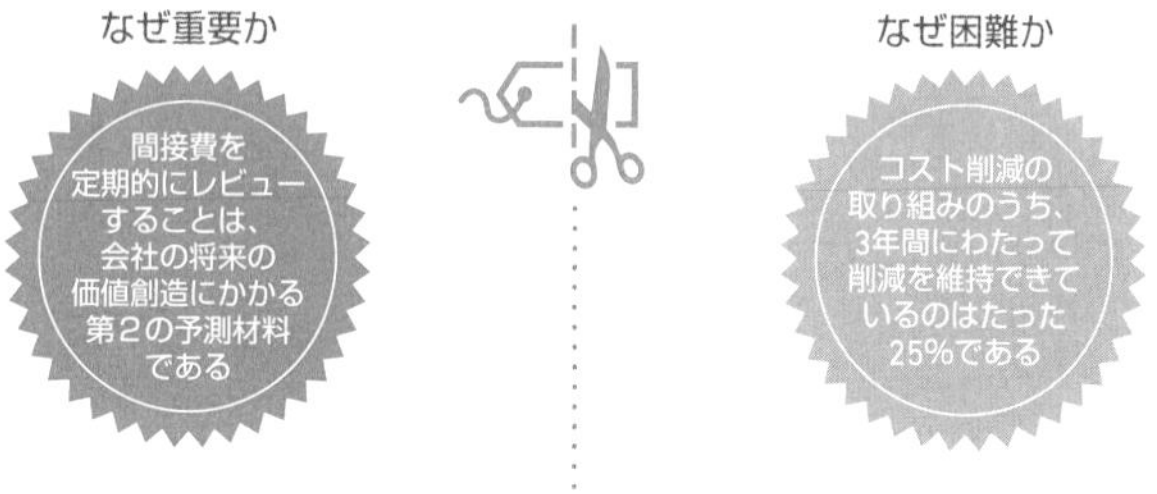

「収支報告で、CEO が
『一般管理費が低すぎるのはなぜか』、
と問われた場合にも注意が必要」
マッキンゼー・クオータリー

「コスト削減が短期的な PL 改善以上
の生産性の向上に資するという
証拠は無い」
ウォートンスクール人材センター

とが分かっている[10]。

組織と間接費の関係は、人々とダイエットの関係に似ている。世界の約30%の人々が、太りすぎあるいは肥満と判定されている（新興国では30%以上）[11]。最も一般的なダイエットの方法、つまり食事制限の場合、65%近くが3年以内に食事制限前の体重に戻る[12]。急激なダイエットの結果はさらに悪く、95%が数ヶ月または数年以内に体重が戻り、場合によってはそれ以上になっている[13]。

ダイエット業界は、減量がいかに簡単であるかを宣伝する。サプリメントや食事療法、健康器具を導入すれば一瞬で達成できるかのように。しかし時間と資金を費やしても、人々はまだ太っている。経営も同様だ。ダイエットと同じように早期に結果を出すことをめざすことが多い。現時点での支出実績を確認した上で、全社での削減目標を設定し、ありがちな打ち手を深く考えずに適用してしまう。多くの人は、これが持続的かつ効果的な結果をもたらすと考えている。しかし、そう簡単ではない。

なぜ重要なのか？　誤ったコスト削減は将来の成長を阻む可能性がある

ダイエットとコスト削減の類似性は、参考になる部分が多い。ロックフェラー大学が行った、１日の摂取カロリー制限が与える体重減少への影響に関する研究では、まず摂取カロリーの削減幅が大きいほど体重が減少することが確認された。ただし、シナリオによって体重減少の要因は異なった。削減幅が中程度の場合、体重減少の91％が脂肪、残り９％が筋肉からだったのに対し、削減幅が極端だった場合、体重減少の42％が筋肉からだった[14]。

筋肉が減少すると代謝率が低下する（静止した筋肉は脂肪細胞の約8倍のエネルギーを消費する）。他の研究で明らかにされているように、６ヶ月間で見ると、筋肉を維持するダイエットであれば１日たった２００ｋｃａｌ減らすだけで、筋肉を減らすダイエットで７５０ｋｃａｌ減らすのと同様の体重減少が持続的に実現可能である。勝負を左右するアスリートにとっては、チャンピオンとなるか単なる走者かの大きな違いを生み出すものだ。企業においても同様の力学が働く。チャンピオンをめざす企業は、コスト削減について高度に理解する必要があるのだ。

ある通信事業者が、営業部隊での間接費削減を試みた例をとりあげてみる。現場の販売員数を維持したまま間接費を削減する計画であり、結果としてコストは確かに低下した。しかし、営業担当者がサポート業務（報告書作成、受注管理、営業資料の作成など）を行うようになったことで、顧客と接する時間が減り、売上が悪化した。時間が経つにつれ、営業スキルも低下していった。さらに、営業担当者はバックオフィスのスタッフよりも人件費が高いため、仕事単位あたりのコストは高くなり、バックオフィス業務のスキルに欠けるため、仕事の質は低下した。最終的に会社は営業力を失い、２年後に危機的状況に陥った後、この営業モデル全体が放棄された。

企業再生プログラムの一環として間接費削減を行った、とある小売業者も同様の教訓を得ている。この小売業者は、従来は、市場参入リスクを抑えるべく、他社が既に進出し成功を収めている地域へ店舗を展開していたが、再生プログラムにより、全く新しい地域への早期参入へと店舗戦略を変更した。その一方で、間接費削減の一環として不動産専門家の人数と給与を削減したのだ。結果として、新たな戦略を実現するために必要な組織能力を失うこととなった。

図表7-3　コスト削減の目的と結果のミスマッチ

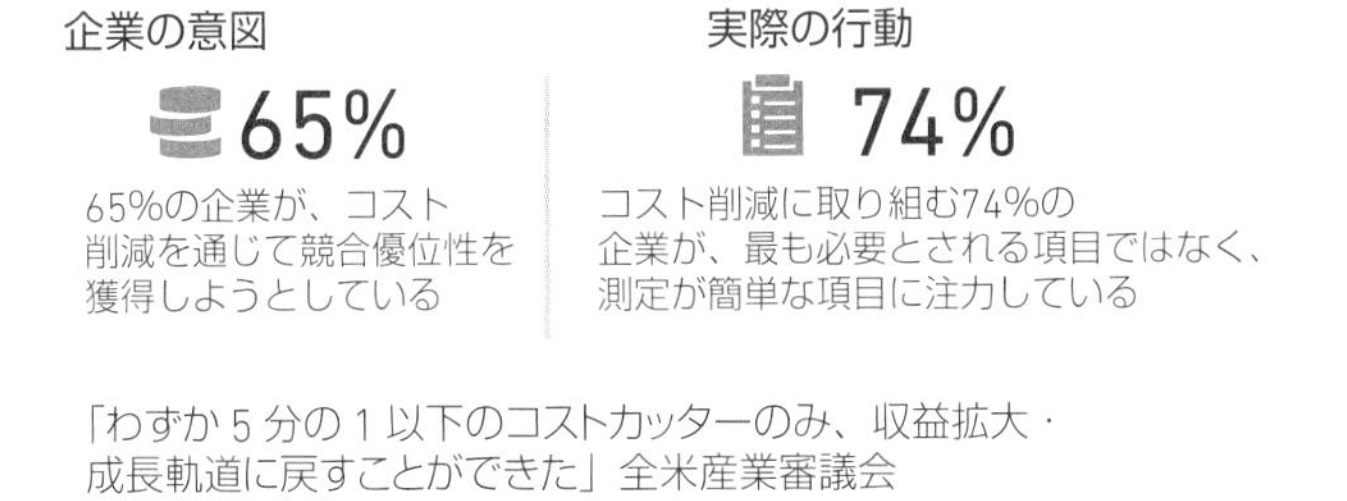

すべての減量が良い減量とは限らないのと同様に、間接費削減のリーダーは、その努力が成長を阻害しないよう気を付けなければならない。

なぜ重要なのか？　誤ったコスト削減は想定を大きく上回る人材を失うことにつながる

長く苦しい予算編成の後にもかかわらず、ＣＦＯは経営陣に対して来年の予算計画がまだ１３００万ドル不足していることを報告したとする。誰もが既に最大限の努力をしており、このギャップを埋める方法は簡単ではなさそうだ。ＣＦＯは、「間接部門のスタッフを１％削減するのはどうか。早期に実現できれば、平均６ヶ月の解雇手当を支払っても、１３００万ドルの差分を埋めることができるだろう」と言う。従業員の解雇を望む者は誰もいなかったが、最終的にチームはそれが最善策であるとして合意した。

これは合理的に聞こえるかもしれない。だが、後程説明するが、実はこの選択は、来年度のコスト削減に必要な金額を結果的に2倍にしてしまう可能性をはらんでいる。また、経営陣もレイオフが本来的に従業員の士気を下げることは認識していただろう――実際、86%のCFOが、短期間の大幅なコスト削減は従業員の士気を大きく損なうという点に合意している[15]。しかし、従業員の１％を解雇することで離職率が平均で31%上昇するという調査結果については理解していなかった[16]。

数字を確認してみよう。フォーチュン５００の平均値を採用し、５万人の従業員、16%の離職率、平均５万３０００ドルの給与を支払っているとする[17]。すると離職率が31%上昇するということは、解雇される５００人に加えて、２５００人の従業員が退職を選択することになる。ある調査によると、従業員の補充にかかる費用（雇用や研修、生産性の低下）は年間給与の約20%であるため、離職にかかるコストは２６００万ドル以上ということになる[18]。１３００万ドルを節約するために２６００万ドルを支払うことが悪い取引であることは、会計士ならずとも分かるだろう。

鋭い読者は、１％の人員削減は継続的な節約であるのに対し、離職コストは一時的な費用であると指摘することだろう。確かに長期間で見ればプラスになるが、会社が求めていた短期的な効果は明らかに妨害されたことになる。すべての離職が悪いわけ

図表7-4　コスト削減時に高いパフォーマンスを発揮する社員が退職する理由

- 自分のキャリアをコントロールしたいという欲求
- 退職金と外部でのチャンス
- 文化が変わらないことへの不満
- 追加報酬のない仕事量の増加
- 会社に対する熱意の欠如

「たった1％のレイオフ目標が、
平均で31％退職率を押し上げる」
ハーバード・ビジネス・レビュー

ではないという指摘もあるだろう。ただし、会社は誰が離職するかをコントロールできず、高いパフォーマンスを発揮している社員を失う可能性が高くなる。コスト削減は彼らの視点でいうと、会社の将来への期待感を生むことがない一方で、彼らは他の魅力的な機会に恵まれている。自分が次の対象者となりうる恐怖は、彼らが自分の将来を自らコントロールしたいという欲求を刺激する。加えて、人の減少は仕事の減少とはならず、より多くの仕事が、僅かなあるいは全くの追加報酬なしで、残る社員に降りかかる。

　人材維持と間接費削減の関係は、またしてもダイエットとの類似性を思い起こさせる。体重を減らそうとしているとき、ビッグマックとサラダを目の前にすると、ほとんどの人は後者を選ぶだろう。しかし、レタスの上にベーコン、脂質の多いドレッシング、ブルーチーズをのせると、サラダはファストフードの2倍のカロリーになることもある。リストラに伴う離職率はこの「隠れたカロリー」に相当する。間接費削減を成功させたいのであれば、忘れてはならないものである。

なにが重要か？　7つのコスト削減手段

間接費削減のエキスパートのとある女性が、会社から地域の交響楽団の理事に推薦された。最初の理事会の前に、彼女は演奏会を見にいくことにした。シューベルトの交響曲「未完成」を鑑賞しながら、理事会に報告するために観察したことをメモに取っている。そのメモは、彼女が職場で使っている7つの効率化の手段から構成されている。

需要の管理：観衆のほとんどは、16分音符の早弾きを聞き分けることができない。全てを8分音符に切り上げることを提案する。

統合と集中：すでに弦楽器で処理された同じパッセージをホルンで繰り返すことは不要である。このような冗長なパッセージをすべて削除すれば、コンサートは

２時間から20分程度に短縮することができる。

スマート・ソーシング：前述の変更を実行に移すことで、研修生や下級演奏者の活用も、品質を落とすことなく可能になる。

リーン・マネジメントとプロセスの最適化：４人のオーボエ奏者が何もしていない時間がかなりある。彼らの人数を減らし、仕事をオーケストラ全体に分散させることで、活動量のばらつきをなくすことができる。

テクノロジーによる実現と自動化：全12人のヴァイオリン奏者は同じ音を同じ動きで演奏していた。人数の大幅な削減が可能であり、必要な音量はアンプを用いることで確保可能である。

組織構成とガバナンス：公開演奏会では指揮者の出席は不要である。オーケストラは当然練習を重ね、指揮者から事前に許可を得た上で、事前に決定されたレベルの品質で演奏する。

マインドセットと能力：作曲家はコスト抑制の原則を考慮に入れるべきである。もしシューベルトがそれを理解していたら、この交響曲を完成させることができただろう！[19]。

これは、ゼロベースでの間接費削減を進める上で、リーダーが検討すべき7つの手段をユニークに解説したものだ。各手段によるコスト削減の具体例として、付加価値のない既存レポートの削減（需要の管理）、シェアードサービスセンターの構築（統合と集中）、オフショアリング（スマート・ソーシング）、業務の標準化（リーン・マネジメントとプロセスの最適化）、取引業務のセルフサービス化（テクノロジーによる実現と自動化）、管理スパンと階層の最適化（組織構造とガバナンス）、マネジメントローテーションプログラムの実施（マインドセットと能力）などが挙げられる。

交響曲「未完成」へのあまりにユニークな提言は、すべての手段は協調していなければならず、戦略的な目標達成のサポートという文脈で検討されなければならないことを改めて教えてくれる（コストだけを解決することは間違いなく破滅的な結果をもたらすだろう）。

なにが重要か？　ゼロベース・アプローチ

あなたは1週間分の買い物リストを手に、スーパーマーケットにいる。スープの通路に向かうと、キャンベルスープが79セントで売られているのを見つけた。棚の上には「お一人様12個まで」と書かれている。さて、あなたは何缶買うだろうか？　信じ

図表7-5　手段別によるコスト削減の取組例

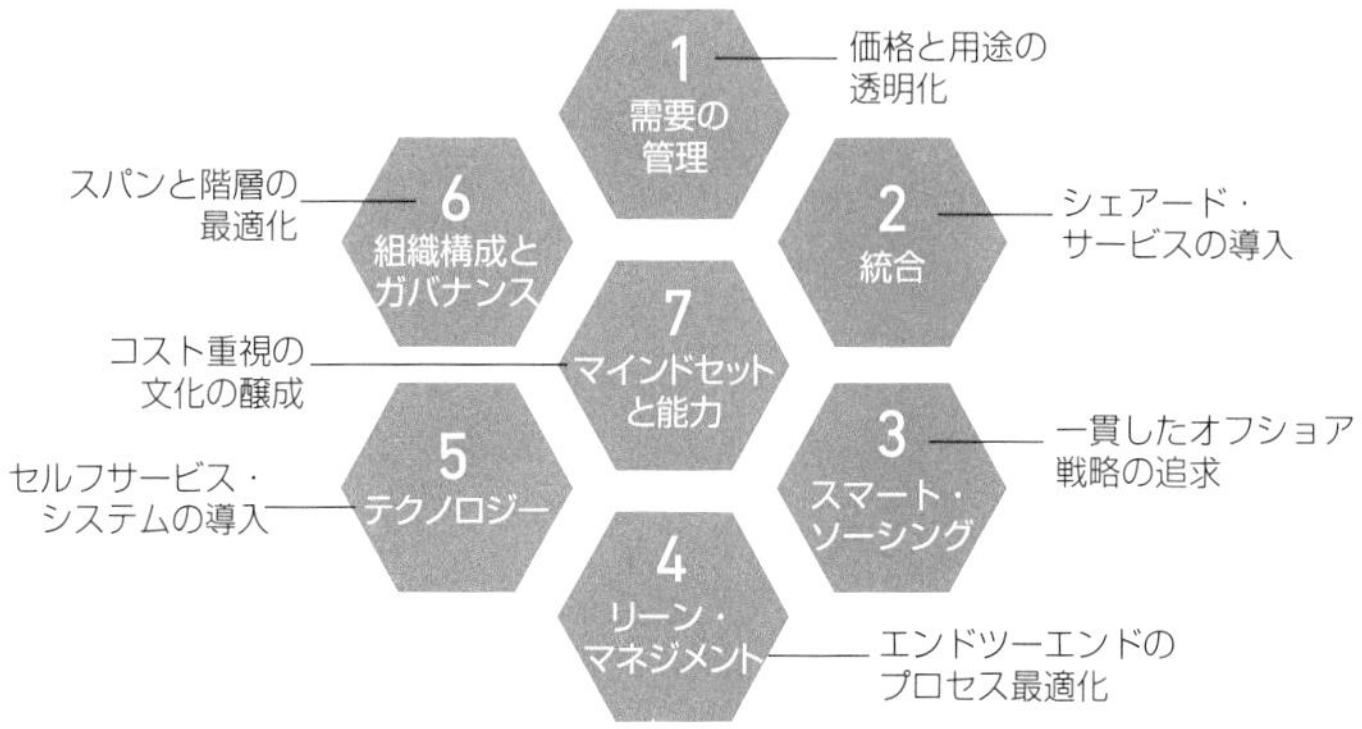

られないかもしれないが、この質問に対する調査が実際に行われ、平均して7缶が購入されるとの結果を得た。この調査では、同じ価格のセールを購入数の制限なしで行っている他の店舗での買い物客も観察した。すると、平均して3・3缶が購入された[20]。これはなぜなのか。

これは、1974年に心理学者のダニエル・カーネマンとエイモス・トベルスキーが発見した「アンカリング効果」を利用したマーケティング手法である。意思決定において、人は最初に提供された情報（アンカー）に過度に依存するという経験則があり、その際アンカーとなる情報の正当性は考慮されない。スーパーマーケットの例でいうと、購入数制限に接した買い物客の脳は、12というアンカーを打たれ、それを下方修正したことになる。

では、従来のコスト削減のアプローチを考えてみよう。部門長は、既存の予算（アンカー）というベースラインに対してコストを削減することが期待されている。仮にアンカーがゼロだったらどうだろうか。与えられた予算はない反面、すべてのコストは会社の戦略や市場動向に対して正当化されなければならない。調査では、ゼロベース・アプローチは平均25％の削減という従来のアプローチを上回る効果を生むことが分かっている[21]。

ただし、これは従来のアプローチよりも多大な努力が必要なプロセスだ。ベースラインに対する変更点だけでなく、予算上の1つひとつの項目を精査し、代替案を検討し、承認を得るためにあらゆる支出を正当化しなければならない。しかし、そのメリットは節約額の増加だけではない。ゼロベース・アプローチは、多額の予算を持つことに対する既得権者意識を失くすことができる。また、支出が全社戦略や部門別の目標に繋がることを明確化することで、守るべき分野のコスト削減を防ぐことができる。さらに、包括的な視点を担保できるため、ある分野のコスト削減が他の分野でのコスト発生を引き起こす事態を防ぐことができる。そして、技術の進歩により、ゼロベース・アプローチは以前よりもはるかに負担なく実行できるようになっている。

図表7-6　ゼロベース・アプローチの主な特徴

ゼロベースでの予算策定に対する正しい理解	ゼロベースでの予算策定に対する間違った理解
✓ ・目標値を掲げた上で、ゼロベースから始める	× ・昨年の数値を基準として使用する
✓ ・ボトムアップで積み上げる	× ・漸増を考慮する
✓ ・詳細に、粒度は細かく	× ・大きなまとまりで検討する
✓ ・すべての項目を正当化する	× ・差異を正当化する
✓ ・価格と規模という手段ドライバーの観点	× ・全社的なコストの観点のみ
✓ ・すべての支出をKPIとリンクさせる	× ・支出は独立して評価される

変化の激しい世界では、未来は過去と全く異なって見える。コストベース（製品やサービス提供に必要となる原価）もそうであるべきだ。携帯電話やオンラインでの娯楽が普及した世界において多くの家庭が自宅の電話やケーブルテレビを撤去したように、企業もゼロベース・アプローチによって重複する費用や「ないよりはあった方がいい」程度の目的のための費用を削減する機会を見出すことだろう。

なにが重要か？　シンプルではなくスマートに解決する

間接費削減のアプローチとして頻繁に引用されるのが「スパンとレイヤー」である。スパンとはマネージャーが効果的にコントロールできる部下の数、レイヤーとはヒエラルキーを構成する階層のことを意味する。一般に、企業はマネージャーごとの部下の数を増やし、階層を減らすことでフラット化するのが望ましいとされる。このアプローチは、費用を削減するだけでなく、アカウンタビリティや権限委譲に加えて、顧客中心の考え方や市場への対応力向上が期待される。

最適な部下の数と階層について調べると、ほとんどの文献が7人の部下×8層の階層の構成が最適と解説している[22]。しかし本当にそうだろうか。ゴルフで例えれば、インストラクターが「プロゴルファーの平均飛距離はどのホールであっても90メートルなので、常にピッチング・ウェッジ（約90メートルの飛距離を出すゴルフクラブ）を使いなさい」と言うようなものだ。リーダーがグリーンでウェッジを使えと言われているようなものだと気づいた途端、7人×8層の目標を掲げる組織改革は行き詰まり、放棄される。そのようなケースを、私たちは数えきれないほど見てきた。ハーバード・ビジネス・スクールのジュリー・ウルフ教授の研究によると、「フラット化は、逆効果をもたらす可能性がある」という。社内レイヤーを減らした後、多くのリーダーが（顧客や市場ではなく）社内の問題に多くの時間を費やすようになり、意思決定はより命令的・管理的になると指摘する[23]。

よりスマートなアプローチは、「マネージャーの類型」という考え方をプロセスに

図表7-7　マネージャーの類型とそのドライバー

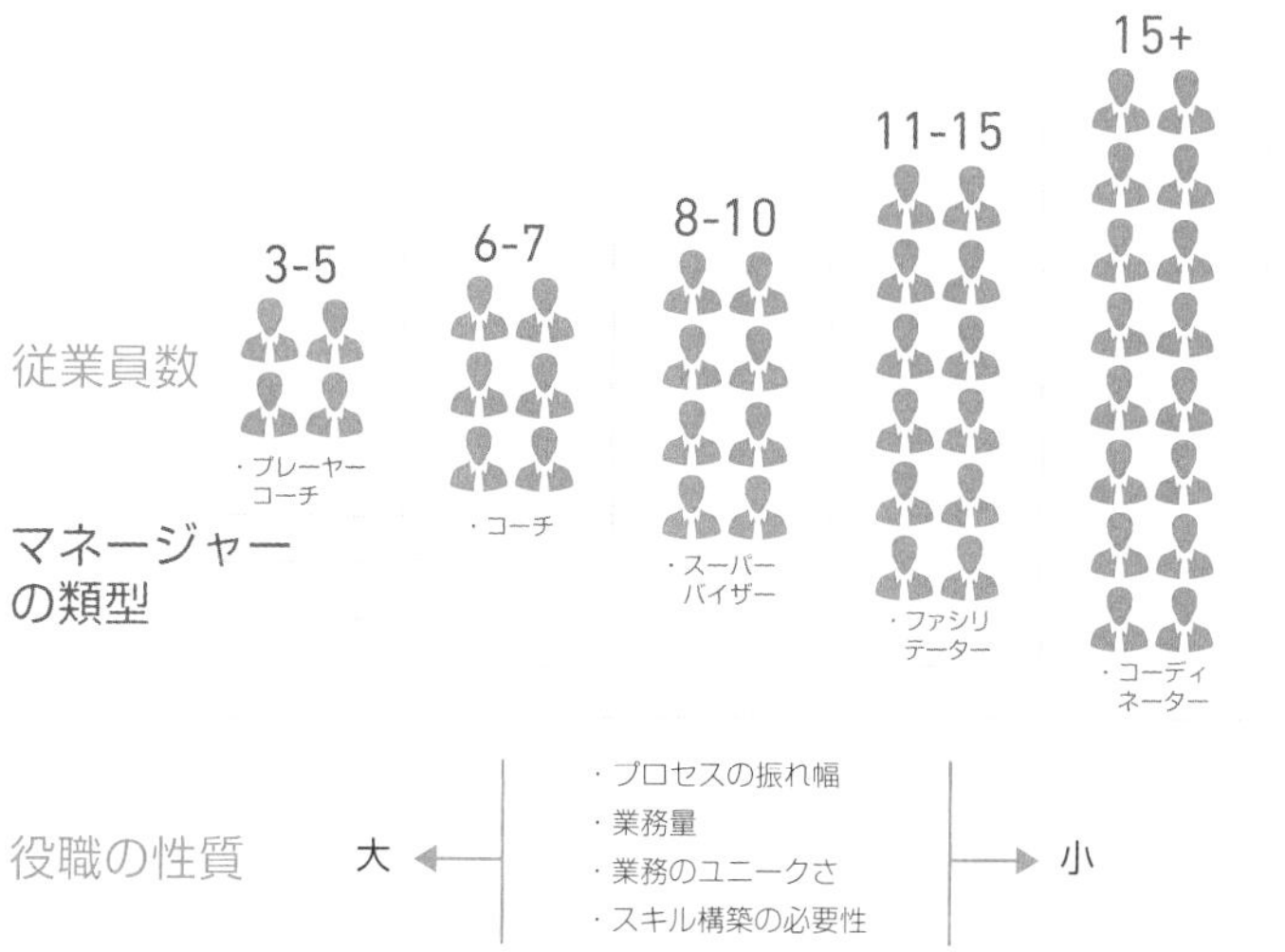

取り入れ、必要とされる役割の種類によってマネージャーのコントロール範囲が異なるべきだと明示的に認識することだ。例えば、定まった業務がなく直属の部下の仕事を監督するような場合、理想的な部下の人数は3～5人と言える（「プレーヤーコーチ」と呼ばれる役割。ゴルフに例えるとパターであろうか）。一方、仕事が完全に標準化されており例外的な場合のみ介入が必要な場合、理想的なスパンは15人以上と言える（「コーディネーター」と呼ばれる役割。ゴルフに例えるとドライバーであろうか）。この他、「コーチ」（6～7人が理

想）、「スーパーバイザー」（8〜10人が適切）、「ファシリテーター」（11〜15人が最適）などの役割が挙げられる。

より洗練されたアプローチを用いることで、スパン（部下の数）が目的に沿ったものになり、結果として適切な階層を実現できる。さらに、それぞれの役割に適した類型を議論することで、リーダーへの期待値を調整し、そもそもなぜバランスが悪いのかという根本的な原因を明らかにし、さらなるコスト削減のアイデアを生み出すことができる。スパンとレイヤーは、シンプルに行うよりもスマートに行うことで、組織の間接費が抱える問題を強力に解決することができる。

どのように実現させるか？　間接費削減の5つのステップ

オーストラリアの工業用パッケージメーカーは、新たな課題に直面していた。長年比較的保護された市場で数少ないプレイヤーの1社として活動してきたが、規制の変更に伴い、他国から競合が参入してきたのだ。圧倒的低コストのアジア企業は積極的な価格設定を行い、利幅は大きく引き下げられた。経営陣は、直近の戦略会議において、コストではなく付加価値の高い機能やサービスによって差別化を図ることに合意した。しかし、同時にコスト意識がこれまで以上に重要であることも認識していた。

特に間接費に関する規律が非常に緩やかであったことから、厳格に対処することで、プライシングやアジリティにおける競争力に大きな影響を与えることができると認識していた。

1．Aspire（志す）

最初にしたことは、目標を一致させることだった。同社の戦略チームは、分野別の全体コスト、社内外のベストプラクティス指標、競合他社の情報、同社の戦略が間接部門に与える影響などをまとめた。その結果、想像以上に大きなチャンスがあることがわかった。これまで長い間、同社は家族主義的な企業文化の中で、パフォーマンスの低い社員を異動させず同じ職務に就かせたままにしており、そういった社員の周囲にかなりの余剰を確保する必要があった。また、会社の成長と共にスパン（部下の数）を区切る中間管理層が追加され、さらにコストと複雑性を増大させていた。

その事実を踏まえ、経営陣は間接費の50％削減という大胆な目標を設定した。CEOはこの目標を掲げるにあたって「これは、今現在の費用を50％削減するということではない。将来に向けて何が必要かを判断し、現状の50％の費用でそれを実現するということだ」とコメントした。この目標はすべての間接部門に適用され、本社、支社、現場で間接機能に携わる全スタッフが対象となった。単なるコスト削減とならないよう、戦略に基づいて必要な機能を保護またはより強化するべく、ガイドラインも設定した。

> ### Aspire（志す）
>
> **▼どこをめざすか？**
>
> **コストの目標：**文脈やスコープ、コスト削減、業務改善目標を定義する。
>
> **戦略的な目標：**成長、オペレーション、文化に関する戦略的要件を抽出する。
>
> **強みと弱み：**業績の主要な原動力や能力、将来に向けて必要となる人材を理解し、何がうまくいっていないのかを特定する。
>
> **ガイドライン：**前述のすべてを鑑みた上で、価値の源泉と設計の指針となる基準を設定する。

2. Assess（診断する）

同社は業績の高い社員が率いるワーキングチームを結成した。各部門と協力しながら、詳細なコストのベースラインをまとめ、新しい戦略を支えるミッションと役割を明確にし、最も重要な3〜5つの「一連の価値創造プロセス」（事業に対して重要な成果をもたらすエンドツーエンドのプロセス）を定義し、成果を測る指標を設定した。そして、すべてのデータを社内外のベンチマークと照らし合わせて評価し、どこに重点を置くべきかの優先順位付けを行った。

　各部門がベースラインを作成した後、部門横断的に全体像を確認し、効果獲得に向けた3つのステップをつくった。まず、組織全体の構造を変更した。次に、新組織の中で各部門の価値の流れを抜本的に見直し、不要なステップを省き、可能な限り多くの領域を自動化した。最後に、再設計された組織内の「スパンとレイヤー」を最適化し、目的に適合することを確認した。

Assess（診断する）

▼出発の準備はできているか？

ベースライン：組織の規模、形態、コスト、主要能力、人材ニーズについて正確なベースラインを作成する。

ベンチマーク：ベストプラクティスに照らして現状を評価する。

優先順位付け：主要な業務を理解し、価値を生むもの、削除可能な業務や支出を整理する。

3. Architect（設計する）

最初に、地域拠点にある間接部門が完全に無くされた（一部の法律やリスク管理機能を除く）。大きな組織を区切るために設置された中間層が、煩雑で官僚的な小国を作り上げていたことは明らかだった。また、戦略的、管理的、取引的な業務は本社機能に集約された（シェアードサービスやセンターオブエクセレンス）。顧客対応に係る重要な業務や日常業務は、地域拠点が担うこととなった。この新しい組織のルールとして、本社は会社全体の最適化を図ること（地域拠点にとっては最適ではないかもしれないが、受け入れなくてはならない）、部門共通の運営モデルを採用すること（たとえば、一人のビジネスパートナーが複数拠点を兼任しながら、地域拠点のリーダーに各部門のビジネスパートナーを配置する（ビジネスパートナー：各事業部の戦略実行をサポートするために事業部内に配置される人事や経理などの機能の専門家）などが明示された）。

そして、ゼロベース・アプローチを適用し、各部門における最適なあり方を決定した。ある分野では給与処理など関連業務の多くをアウトソーシングすることとした。リーン・プリンシパルやテクノロジー、需要管理の導入により、最大80%の経費削減を達成した分野もあった。

これらの再設計を踏まえ、各機能における「スパンとレイヤー」が最適化された。取引関連分野では、リーダーはコーディネーターの役割を果たすため大きなスパン（部下の数）のコントロールを基準とし、戦略分野ではプレーヤーやコーチの役割が求められるため、小さいスパン（部下の数）でのコントロールが基準となった。そして3つのステップの最後として、新しいモデルの全体的なコストベースが決定された。それは既存のモデルのわずか30%だった。経営陣はもちろん次の段階へ移るゴーサインを出した。

Architect（設計する）

▼到達には何が必要か？

ゼロベース構造設計：制約を考慮しながらも、ゼロベースで最適な設計を作成する。それとベースライン（現状）を比較することで、新たに生み出す価値・効果額を特定する。

プロセス：エンドツーエンドプロセスの再設計、開発、テストを行い、業務や必要な従業員の数を合理化する。
ゼロベース予算設計：組織改編をきっかけに、人件費・非人件費ともにゼロからの予算編成を行う。

4．Act（実行する）

新たに設計されたプロセスは、まずＩＴ、財務、人事に導入され、予算、役割、レポートライン、ツールやシステムの変更によって、より効率的なサポートを実現した。これにより、同社はよりスムーズな移行が可能となり、レイオフされる従業員は一時的な契約社員に応募することができた。さらに、日常業務や主要なマイルストーン（設備の入れ替えや新製品の導入など）に支障が生じないよう、地域ごとに異なる変化の大きさを考慮した上で、段階的な導入を行った。

また、社内外のステークホルダーのニーズを考慮し、包括的なコミュニケーション計画を策定した。なぜ変更が必要か、いつまでに何を変更するのか、新しいモデルがどのように機能するのか、といった重要な論点から、従業員の意識変化について認識から理解、コミットメント及び能力開発までの道のりが描かれた。特にレイオフに関しては、従業員がいつ何を経験するのかを明確にし、公正で配慮されたプロセスを確保できるよう配慮された。高い業績を上げている社員に対しては自分が評価されていることを伝え、変革に対するフィードバックを得るための個別の働きかけが行われた。

Act（実行する）

▼どのように進んでいくか？

全社展開プラン：詳細に落とし込むための計画を設計する（施策ごとの着手初日からロードマップ、チーム内で共有する主要要素含む）。

研修コミュニケーション計画：全従業員の「なぜ」に答えることを意識した上で、ステークホルダーごとに内部・外部に向けたコミュニケーション研修計画を策定する。

ガバナンスモデル：スポンサー、変革へのサポート、効果測定基準、活動モニタリングの仕組みを整える。

活動導入時には、ウォー・ルーム（対策本部）を設立し進捗状況を確認した。当初は、マイルストーン達成に関する従業員の士気、人材維持、事業の継続性を測定した。導入が進むにつれ、「サービス・レベル・アグリーメント」（ＳＬＡ：各バリューストリームにおいて作成される、コスト・品質・サービスレベルに関する事業と部門間の合意）の作成進捗も測定された。その結果、間接部門のコストが大幅に削減されただけでなく、多くの分野で従前を超える成果を上げていることが確認された。

導入にあたって問題が発生しても、初期に全員が合意し設定したルールに立ち返ることで、概ねうまく対処することができた。主要なワーキングチームは共にウォー・ルーム（対策本部）を運営し、導入が完了するまで、懸念事項が提起され解決される場所を提供した。

予算策定のサイクルが初めて回ってきた時も試練だった。各部門のリーダーは、これまで同様の古い慣習に捉われないよう努力しなければならなかった。ゼロベースで予算を策定すること、すべての項目について前年度との差異を見るのではなく事業戦略に対して正当化していくことは非常に重要であり、新しいプロセスを定着させる上で役に立った。

Advance（前進する）

▼どうすれば継続して改善を続けられるか？

実行のモニタリング：主要なマイルストーンや、オペレーションおよび財務に関する指標をモニタリングする。

タレントマネジメント：優秀な人材を保持するため、短期及び長期のインセンティブを設計する。

従業員のエンゲージメント：従業員がサポートされていると感じ、従業員の懸念に対処していることを確認する。

事業の継続性：主要なプロセス、顧客へのサービス、業績の報告を維持する。

導入から1年が経ち、新しい体制は整備され、機能するようになった。従業員の解雇は困難も伴ったが、そのプロセスは公正であり、退社する社員に対して尊敬の念を持って社外で活躍できるようサポートすることができた。コスト削減と変化適応性の向上により、経営陣は市場で勝ち残るための選択肢が大幅に広がったと感じた。各部門のリーダーは、間接費マネジメントのベスト・プラクティスとして自社が評価されていることに誇りを持ち、業界をさらにリードしていくために次にできることは何か、チーム内で話し合いを始めた。

まとめ

★なぜ重要なのか？

―高い企業価値を生み出す企業は、常にコストのコントロールに留意している。

―誤ったコスト削減は、将来の成長を阻む可能性がある。

―誤ったコスト削減は、想定するよりも遥かに多くの人材流出につながる。

★なにが重要か？

―コスト削減を実現する７つの手段を活用する。

―ゼロベース・アプローチを採用する。

―シンプルではなく、スマートに解決する。

★どのように実現させるか？

―以下の５つのステップに沿って、間接費削減を実行する。

各ステップにおいて見逃しがちなアクション

Aspire（志す）：コスト削減だけでなく、成長に必要な要件を考慮した目標を掲げる。

Assess（診断する）：社内外のベンチマークと比較することで、どこに力点を置いて見直しを行うべきか、優先順位をつける。

Architect（設計する）：制約を考慮しながらも、ゼロベースで最適なプロセスや構造を設計する。

Act（実行する）：全従業員やステークホルダーからの「なぜ」に回答できるよう、コミュニケーションを計画する。

Advance（前進する）：コスト削減を実行する際は、従業員のエンゲージメント強化に普段以上に気を配る。

【訳者による第7章の解説】

本章では、間接費を抑制できているかどうかが、将来の価値創造企業を予測するうえで2番目に重要な要素であると指摘している。この指摘を意外と感じられる方も多いのでは無いだろうか。我々は、これはむしろ間接費抑制が優良なマネジメントの存在を示す指標であり、その結果として将来の企業価値に繋がっていると考える。なぜなら、間接費のコントロールには、それほど高度なマネジメントスキルが求められるからだ。

「人がいれば仕事を作る」と言われるように、間接業務は自己増殖する特性を有する。また直接業務と違い、そのパフォーマンス評価が容易では無い。また、日本を代表する企業であるトヨタが「在庫はすべての問題を隠してしまう」とその本質を見抜いたように、間接業務もまたコミュニケーションの悪さ、透明性の低さ、意思決定の遅さなど、他の章で書かれているようなその会社特有の組織課題を背後に隠している。それらに1つひとつ取り組むことで、コストの削減といった短期的なインパクト以上の企業競争力の獲得につながる。

間接業務を削減したいとき、どこから始めればよいのか。我々は、「間接業務の受益者は社内に存在する」という受益者負担の考え方（受益者にとっての付加価値と投入コスト比較）、また本章でも紹介しているゼロベース・アプローチ（既存の業務の存在を是とした改善では無く、そもそもこの業務が必要なのかの点検）をお勧めしている。これまでの経験から、日本企業にもフィットが高いと感じている。働き方改革、ＤＸなどを各社取り組まれていると思うが、無駄な業務をデジタル化して残さぬように、この機会に是非ゼロベースで間接業務の在り方を見直してはいかがだろうか。

第3編

組織文化と変革

第8章

組織文化を競争力にするには？

時代を超えたテーマ —— 組織文化

毎年、何千もの森林火災が発生しているが、大火災になるのはほんの一握りである。なぜか？　それは、ほとんどの場合、大火災になるための物理的な条件が揃わないからだ。例えば、雨が降って森林地域が湿っている、設備が充実している、消防隊が待機している、風や天候のパターンが大火災にさせない、などである。同じように、毎年どの企業体でも、数多くの優れたアイデアやベストプラクティスが生まれているが、それらが野火のように広がって、業界の形勢を一変させるような大きな革新につながる例はほとんどない。なぜだろうか。それは、官僚主義、変化への抵抗、縦割り組織、上意下達な行動様式などの職場環境、つまり組織文化がそれを阻んでいるからだ。

組織文化とは一体何か？　目に見えるレベルでは、それは組織における表立った行動や慣習のパターン、もっと簡単な言葉を使えば「この辺りでのやり方」とでも言える。しかし、深く掘り下げると、その裏には目に見える行動の裏にある共通認識、態度、信念、価値観が見えてくる。まるで、大部分が海面下に隠れている氷山のように。これらは過去と現在をどのように解釈し、未来に向けてどのように最善を尽くすべきかの示唆を与えるレンズとも言える。

古代史を見ると、ペルシャ、ローマ、エジプトなどの大帝国の栄枯盛衰には文化が大きな影響を及ぼしたことが分かる。さらに時代が進み、18世紀に経済学が登場すると、組織文化と業績の関連性が多くの人に認知されるようになった。例えば、アダム・スミスの『道徳感情論』は、現在でいうところの組織文化の多くの側面について触れている。19世紀には、経済思想家のジョン・スチュアート・ミルのような経済学者は、個人の行動は、自身に与えられる金銭的な報酬の量よりも、組織内での文化的制約に影響を受けることがある、という強力な示唆を導いた。20世紀初頭には、ドイツの社会科学者マックス・ウェーバーが、文化が経済に与える影響についてより具体的な洞察を示した。そこでは、プロテスタント教会の労働倫理が、図らずも生産性を最大化するために必要な「美徳」を教え込んだことが、同じ資源に恵まれている国同士の生産高の大きな差につながったとされている[1]。現在では、ハーバード大学の歴史学者、デビッド・ランデスの「経済発展の歴史から学ぶことがあるとすれば、それはつまり文化がすべての違いを生み出すということだ」というような名言が広く受け入れられている[2]。

企業体は人々の集団で構成されている。そして、人々が共に働く場所には必ず組織

図表8-1　組織文化を見る際には、“氷山の底は何か”を考えなければならない

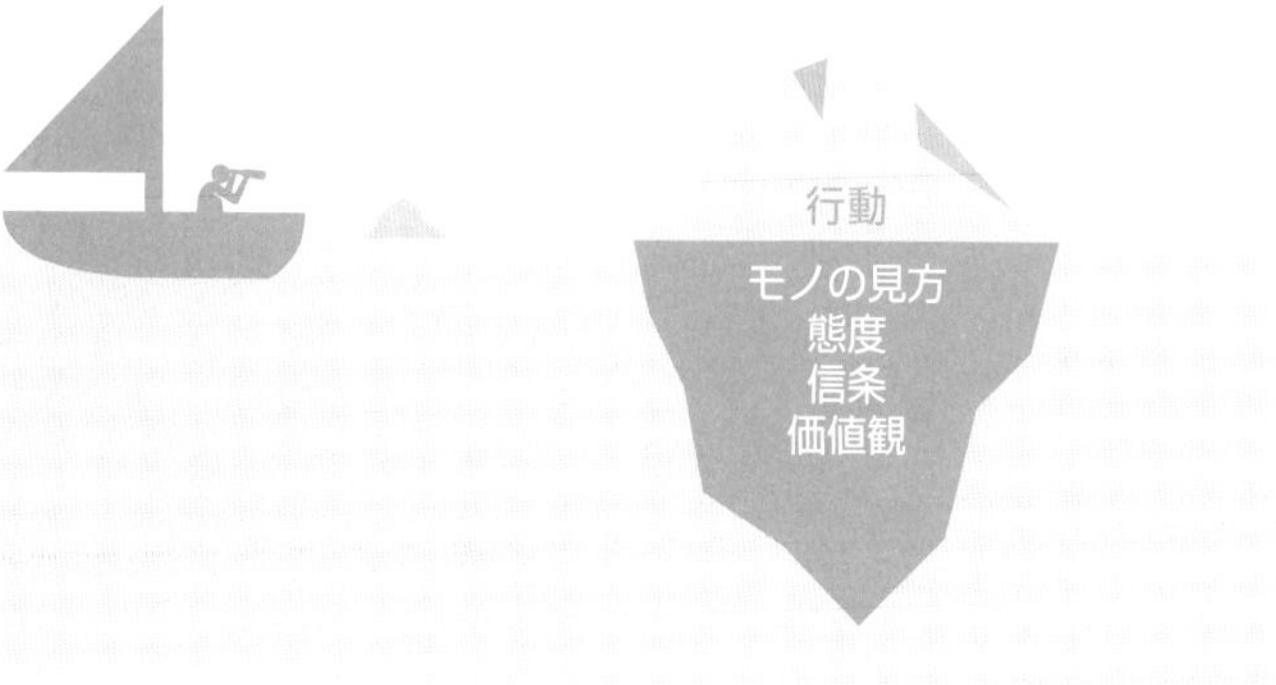

文化がある。組織文化はあいまいで定義しづらいがそれを変える試みは、リーダーがパフォーマンスを向上させるために取りうるその他の多くの打ち手と比較して、本当に重要なのだろうか？　また、組織文化をデザインするためにリーダーが利用できる本当に信頼できるツールはあるのだろうか？　その答えをここで持ち帰ってほしい。

なぜ重要なのか？　組織文化が業績を左右する

ほとんどのリーダーは、組織文化という課題に正面から取り組むことを躊躇している。組織心理学者に任せておけばよいという考え方もある。また、組織文化の変革を実現する方法がわからないという人もいる。さらには、自分が在

職中に組織文化によって意味のある影響を与えることができると信じていない人もいる。そのため、組織文化の話題はリップサービスとしては取り上げられても、具体的な事業運営や業績に直結するレバーのように真剣にとらえられないことが多い。

残念ながら、このようなリーダーたちは、現実を直視できていないと言わざるを得ない。コッターとヘスケットの画期的な11年間の研究では、強い組織文化を持つ企業は、収益・株価・純利益の成長率が、弱い組織文化を持つ企業をはるかに上回っていることが示された[3]。また、15年に及ぶマッキンゼーの研究では、高いパフォーマンスの発揮を促す組織文化を持つ企業は、そうでない企業に比べて3倍高い株主総利回り（ＴＲＳ）を達成しているという事実が明らかになった[4]。このように、組織文化がビジネスパフォーマンスの重大な推進力であるという事実を認めるための証拠には事欠かない。

しかし、事実を提供するだけでリーダーの心が揺さぶられるといった甘いことはめったにない。だから、ここではあえて詳細には触れない。イェール大学のダン・カーハン教授の研究によると、定量的な説明を信じる人ほど（つまりほとんどのビジネスリーダーは）、現在の見通しが間違っていることを証明するデータに直面すると、逆にさらに間違った見解を定着させる可能性が高いそうだ（この現象については、「意思決定」の章をご覧いただきたい)[5]。

組織文化とパフォーマンスの関係を比喩するのに、おそらくもっと役に立つのが、ハメルとプラハラードによる4匹のサルの逸話である[6]。

屋根からバナナがぶら下がっている檻の中に、4匹のサルが座っている。あるとき、サルが階段を上ってバナナを取ろうとすると、研究者は冷水を浴びせて邪魔をする。すると数日後、サルはバナナを取るのを諦めるようになる。次に、研究者は4匹のサルのうち1匹を新しいサルと入れ替え、冷水をかけるのもやめてしまう。すると、バナナを見た新しいサルは、階段を上り始める。するとどうだろう。サルは社会的な生き物なので、他の3匹は水をかけられてしまう前に新しいサルを階段から引きずりおろそうとする。このようなことが何度も繰り返され、やがて新しいサルはバナナを取りに行くことをしなくなる。その後、数週間かけて、元のサルを1匹ずつ取り除き、冷水がかけられるところを見たことのない新しいサルに4匹とも入れ替える。バナナに到達するのを阻むものがなくなっても、新しいサルは必ず他のサルに引きずりおろされる。実験が終わる頃には、冷水がかけられるところを見たことのあるサルは1匹もいなくなり、階段を登ろうとするサルも1匹もいなくなる。「この辺りではバナナを取ってはいけない」という不文律を、みんな覚えてしまうのだ。

図表8-2　組織文化を重視する組織と同業他社のパフォーマンス比較

業界内では	企業同士を比べると	社内では
強い組織文化を持つ会社はその業界を問わず、株式市場で3倍の企業価値を示した	**組織文化の変革に注力した企業はそうでない企業と比べ1年でEBITAを9%増加もさせた**	**同じ企業内では部署のパフォーマンス50%が文化の差によって説明できる**

このように、本来であれば業績を向上させるために行うべき行動が、「この辺りの不文律」によって阻まれているという考え方は、多くのリーダーの心を打つ。

なぜ重要なのか？　強い文化は他社による模倣が困難

ネットフリックスのカルチャー・マニフェスト『ネットフリックス文化：自由と責任』[7]は、世界中の１５００万人以上のリーダーが読み、賞賛されている。しかし、そのうちのどれだけのリーダーが、自分の組織で同じような「正式なプロセスを経ない」組織文化を創り上げたのだろうか。スポティファイの「エンジニア文化」を伝えるビデオを、同じように他の企業に展開したとして、どれだけの企業が彼らのアジャイルアプローチを大規模に採用することに成功しただろうか？　私たちは組織文化に関する研究でそのような企業に出合ったことがない。

これは、トヨタのリーン生産方式が過去30年間、効率的な製造方法として最も多く書かれ、研究されてきたにもかかわらず、トヨタのアプローチを真似ようとするほとんどの企業が望むような利益を得られなかった理由と同様である。また、サウスウエスト航空の格安航空券のモデルが次々と事例研究されているにもかかわらず、ほとんどの格安航空会社が数年以上存続するのに苦労しているのはなぜだろう。リッツカールトンの顧客サービス、Ｐ＆Ｇ社のブランド管理、ゼネラル・エレクトリックの多業種にわたるビジネスモデルの複製などにも、同じことが言える。

このような理由から、企業が強い組織文化で有名な他社の社員を採用した場合、その結果失望的であることが多い。有名なアメリカの百貨店であるＪ・Ｃ・ペニーがアップル社の小売部門トップのロン・ジョンソン氏をＣＥＯに抜擢した例は、その一例だ。ジョンソン氏は、アップル社の方式をペニーで再現しようと17ヶ月間努力した結果、40億米ドルの売上高を失い、株価は急落した[8]。

なぜか？　それは組織文化は本質的にコピーしにくいものだからだ。自転車に乗るのと同じように、文化はそれについて読むだけでは理解できず、体験する必要があ

図表8-3　組織文化が競争優位である象徴的な例

	改善し続ける文化	トヨタウェイとは一にも二にもまず企業文化を指す。 - ハーバード・ビジネス・レビュー
SOUTHWEST.COM	顧客の体験を作る	競合他社は有形資産を買うことはできても、文化を買うことはできない。 - ハーバート・ケレハー（サウスウエスト航空 元CEO）
Google	イノベーション	イノベーションを可能にする文化を育てること、それがグーグルに伝わる“秘伝のタレ”なのです。 - ラリー・ペイジ（グーグルCEO）

る。これは、他の資産とは対照的だ。十分な時間と資金があれば、競合他社はあなたの会社のプロセスを分解し、同じような物理的な設備を取得し、戦略をコピーすることができる。さらにはその時間とコストは、グローバリゼーション、情報入手の即時・無償化、人材の流動化、そしてこれまでにない資本へのアクセスの容易さによって、さらに圧縮され続けるだろう。

　経営学の権威であるピーター・ドラッカーが「組織文化は戦略を簡単に打ち負かす」[9]と述べてから約50年。今は組織文化が企業業績に与える影響は当時以上に大きくなりつつある。少なくとも成功したビジネスリーダーたちはそう考えている。バークシャー・ハサウェイのCEOであり、世界で最も成功した投資家の一人であるウォーレン・バフェットは、「私たちの最後の強みは、バークシャーに浸透している複製することが難しい組織文化である」と述べている。つまり、ビジネスにおいては、組織文化こそが重要なのだ[10]。

なぜ重要なのか？
組織文化の機能不全は時に破滅的な結果をも招く

「あなたの組織の文化は、パフォーマンスに役立っていますか、それとも邪魔になっていますか」という問いに対し、しかし、残念ながら、多くのリーダーにとって、その答えは「後者」である。

　ほとんどのリーダーは、企業変革が成功するのは３社に１つだけという悲惨な統計結果に気付いている。しかし、その理由の大半に、組織文化が関わることに気づいている人はあまりいない[11]。もっと問題なのは、組織文化的な機能不全は、企業の成長を阻害するだけでなく、最終的には組織の存在そのものを脅かす可能性があるということだ。

　エンロンは、短期的リターンに固執するあまり、複雑なバランスを欠いた融資の仕組みを開発し、２００１年に連邦破産法第11条に基づく倒産に追い込まれた。以降、このような悲惨な事態を避けるために、規制当局と法律家は、金融規制および会計規制の大幅な改革を実施した。しかし、２００８年の金融危機では、リーマン・ブラザーズをはじめとする企業が短期的なリターンを追い求めて、再び同様の破綻を経験することになった[12]。

　このほかにも、さまざまな事例がある。バークレイズの銀行間取引金利の不正操作事件は、第三者機関による業務慣行の審査によって「組織文化的欠点」が根本原因であると断定された[13]。２００９年にゼネラルモーターが破産申請したケースでは、ＧＭの問題の核心は「会社と職場の文化」[14]であるとされた。フォルクスワーゲンの場合は、その組織文化やルール違反に対する寛容さが、かの「ディーゼルゲート」事件を引き起こしたと広く認識されている[15]。ＢＰの場合、２０１０年のディープウォーター・ホライズンの大惨事では、同社の安全性とリスクカルチャーの機能不全によって、メキシコ湾岸地域が経験したことのない最悪の環境災害を引き起こした[16]。

　最近、経営学の文献で、毒のある組織文化を「水槽の水が汚れている」のと同じように考えることが流行っている[17]。もし、手をつけなければ、最終的には致命的となるためだ。しかし同時に、水槽の水のように、組織文化は変えることができる。ただし、それには協調的な努力が必要だ。例えば、ＩＢＭは、かつて組織文化が原因で、

図表8-4　変革プログラムが失敗する理由

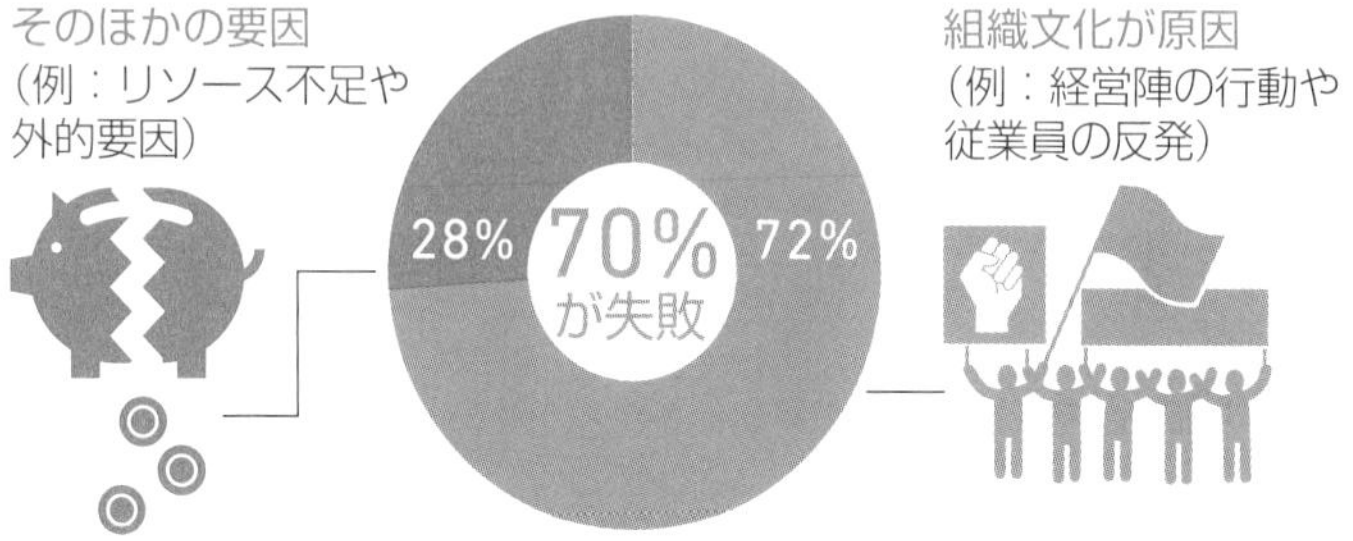

危機に瀕してしまった。ＩＢＭを立て直した元ＣＥＯのルイス・ガースナーは、「企業変革の中で、組織文化を修正することは最も重要であり、最も困難な部分である」と述べている[18]。

このことを念頭に置きながら、あなたの組織で必要な組織文化の変化を実現するためのアイデアに目を向けてみよう……。

なにが重要か？　従業員エンゲージメント以上に組織文化に目を向ける

「あなたは組織文化をどのように測定しますか？」（How do you measure culture?）と、経営陣に尋ねてみたとしよう。

「毎年、エンゲージメント調査を実施しています」というのが最も良く聞く、しかし間違った答えだ。従業員エンゲージメント調査の提唱者は、従業員エンゲージメントが高ければ業績も良くなると、リーダーたちに信じ込ませている。彼らは嘘を言っているわけではなく、それを裏付ける数字を持っている。ただ、多くの提唱者さえも知らないうちに、彼らは真実のすべてを伝えていないのだ。

私たちは、９００を超える一流の学術研究をレビューし、業績向上をもたらすことが経験的に証明された組織文化的要素の全容を抽出した[19]。

DIRECTION（方向性）：全従業員にとって意味のある、組織の方向性とそこへ到達するための明確な意識

LEADERSHIP（リーダーシップ）：メンバーがリーダーの行動からどの程度触発されて行動を変えられているかの度合い

WORK ENVIRONMENT（組織風土）：組織内および組織間の相互作用の質

ACCOUNTABILITY（役割・権限・責任）：個人が自分に何が期待されているかを理解し、それを実行するための十分な権限を持ち、結果を出すことに責任を持つ度合い

COORDINATION AND CONTROL（業績・リスク管理）：組織のパフォーマンスとリスクを正しく評価し、問題やチャンスが生じたときに協力して対処する能力

CAPABILITIES（組織スキル）：戦略を実行し、競争優位を生み出すために必要な制度的スキルや才能の存在

MOTIVATION（モチベーション）：従業員が並々ならぬ努力をし、結果を出そうとする熱意の表れ

EXTERNAL ORIENTATION（外部志向）：顧客、サプライヤー、パートナーなど外部のステークホルダーと価値を高めるための協力関係の質

INNOVATION AND LEARNING（イノベーション・学習能力）：新しいアイデアの質とその発展、および必要に応じて自らを適応させ形成される組織の能力

これが重要だ。しかし、エンゲージメント調査が的外れなのは、幅だけでなく、深さも重要だということを見逃している点だ。

もし、これらが人間の健康状態を表すバイタルサイン（心拍数、血圧、体重など）に相当するとすれば、「あなたは心臓発作のリスクが高い」とだけ書かれた医師の診断書に、そのリスクを減らすために具体的に何ができるかが書かれていなければ、満足することはないだろう。同様に、リーダーたちは、自分たちの組織文化によって生じている結果だけでなく、実際に何を実践すべきかも評価する必要がある。たとえ

図表8-5　パフォーマンスにとって最も重要な組織文化の要素

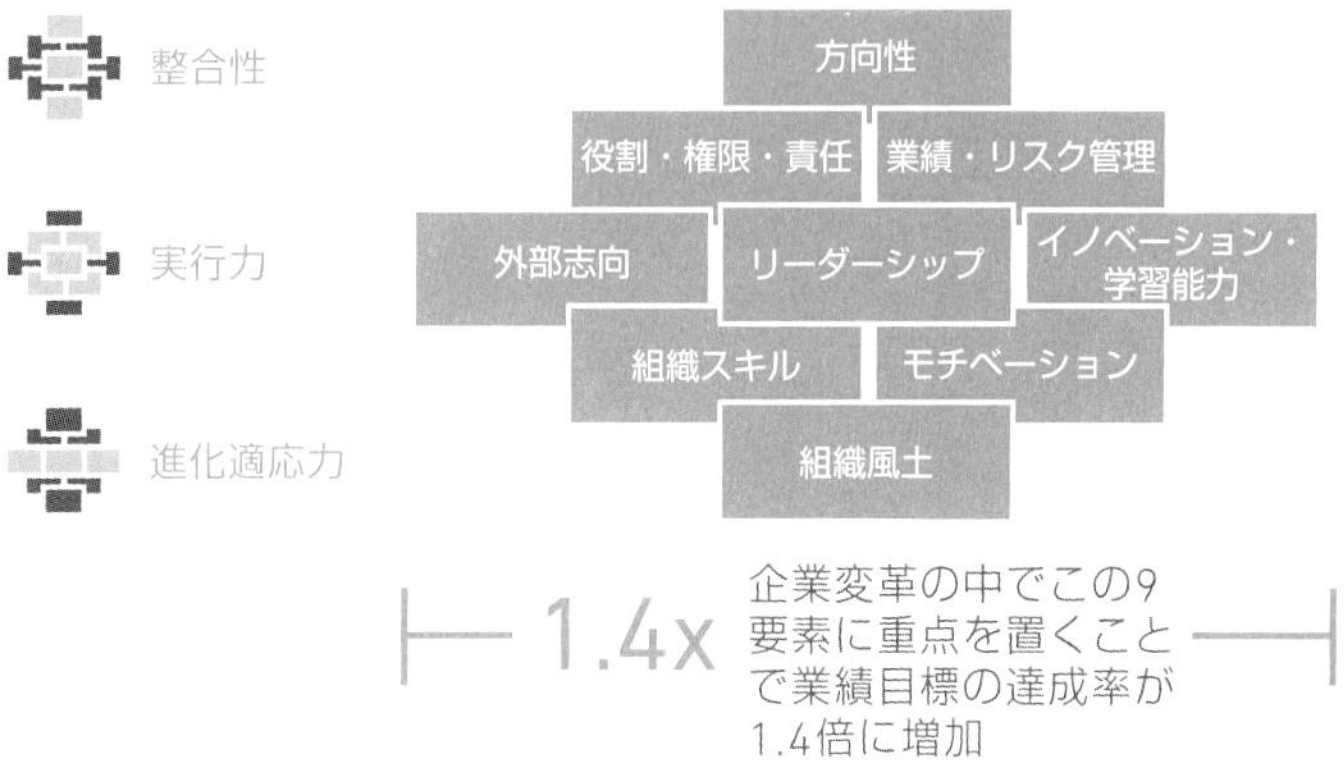

ば、評価によって「説明責任が低い」となった場合、説明責任を高めるためにどのようなマネジメント手法を改善すべきかを示す必要がある。たとえば、役割の明確化、より強力な成果主義の形成、結果管理の強化、個人のオーナーシップの醸成といった具合だろうか。

　結論としては、上述の最も重要な9つの視点と、それを推進するプラクティスを評価することが必要だ。エンゲージメント指標だけでは大いに不足である。

なにが重要か？　表出する行動の奥底にある潜在的なマインドセットを転換する

　これまで、組織文化を定量的に測定するこ

とと、9つの要素を高める為のマネジメントの実践の重要性ついて述べてきた。しかし、それがすべてではない。マネジメントプラクティスを変えるだけでは、リーダーが望むような文化の変化の大きさとスピードを生み出すことはほとんどないのだ。結局のところ、組織が変わらないまま、人が入れ替わるだけだ。

先ほどの「檻の中のサル」の話を考えてみよう。結果は「サルは階段を登らない」であった。この結果を招いたのは、サルを階段から叩き落すために行った水攻めの方法だった。そして、ある時水攻めをやめたが、サルの行動は変わらなかった。なぜなら、以前のやり方によって染み付いた考え方が残っているからだ。「この辺りではバナナを取らない」という意識が残っていたからだ。

これを現実の話に置き換えてみたい。売上を伸ばそうとしているある銀行を例にとろう。まず、トップセールスが他のセールスパーソンとどのような違いがあるのかを調べたところ、彼らは商品に関する知識が豊富で、顧客プロファイリングにより多くの時間を費やし、商品と顧客ニーズのマッチングを行っていることがわかった。

そこで、この銀行のリーダーは、平均的な営業パーソンに商品知識を与え、プロファイリングの質問を増やすためのツールとインセンティブを与えることを目的とした改革プログラムを作成した。このプログラムは、多大な費用と労力をかけて実施されたが、売上はほとんど改善されなかった。

なぜか？　答えは、その銀行のリーダーはこのように自問すべきだったということだ。「同じ組織体制で仕事をしているのに、なぜ、ある営業パーソンは商品についてより深く学び、顧客のプロファイリングにより多くの時間を費やすことを選択するのだろうか？」。

私たちは、この銀行がこの問いに答えるお手伝いをした。その結果、２つの潜在的なマインドセットの差が根本にあることがわかった。

平均的な営業パーソンは「私の仕事は顧客の望むものを提供することだ」と考えていたのに対し、成績優秀者は「私の仕事は顧客が本当に必要としているものを理解する手助けをすることだ」と考えていた。さらに、平均的な営業パーソンはまた、「自分がされたいように顧客を扱う」という黄金律を持っていたが、対して傑出した営業パーソンは「顧客がされたいように顧客を扱う」というさらに良いルールを持っていた。

一般的な営業パーソンは、自分たちがこだわってきた基本的な考え方自体に問題があることに気づいていなかったし、同時により良いサービスを提供できる別の考え方があり得ることに思いも至らなかった。そこで、そのような思い込みを解消し、営業

図表8-6　マインドセットの力を無視することの危うさ。ナレッジシェアの例

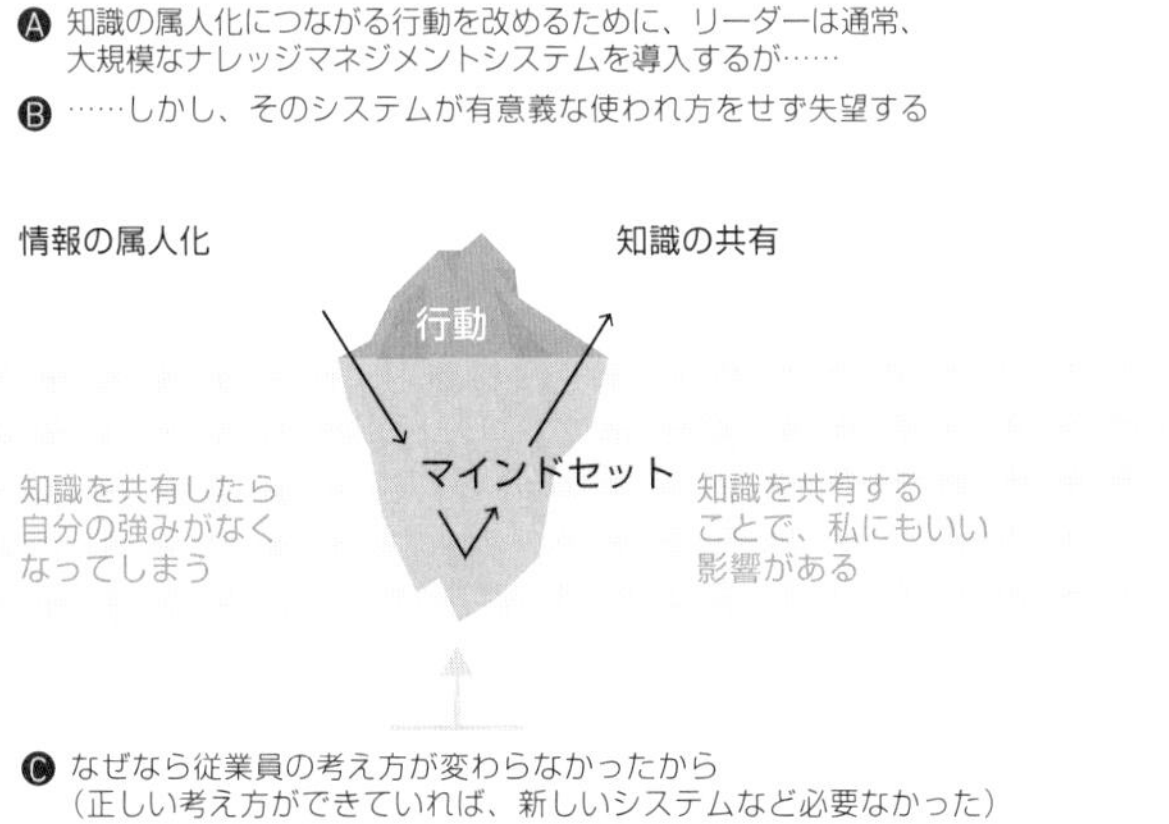

パーソンが何を信じるかを選択できるようにしたところ、たちどころに変化が現れた。それまでうまくいかないまま社員に押し付けていたツールや情報が、積極的に引き出されて活用されるようになり、翌年には売上が43%も伸びたのだ。

明るみに出ていない潜在的なマインドセットを明らかにすることは、思っているほど難しいことではない。インタビューやカードソート、テキスト分析などのツールを使えば、根本的な原因を素早く突き止めることができる。これらの方法をリーダーが実践すれば、アルバート・アインシュタインの名言「今日の問題は、それを生み出したのと同じレベルの思考では解決できない[20]」の神髄を十分に理解することができるだろう。

なにが重要か？　インフルエンスモデルをすべて使う

ここまでは、組織文化の測定方法と、パフォーマンスを引き出すための重要な経営慣行の変化と根本的な考え方の転換に焦点を当てることの重要性についてお話ししてきた。しかし、組織文化をシフトするために実際に何ができるだろうか？

例えば、あなたが「スカイダイビングは危険を冒すほどの価値がない」と考えている大多数の人の一人だとしよう。そこで私は、価値があるとあなたに思ってもらいたい。次のようにしたらどうだろう。

腹落ちできるストーリー：あなたが空からジャンプするたびに、あなたが選んだ慈善団体に１００万ドルを寄付する。さらに毎日車で通勤するよりも怪我の確率が低いことを示す信頼できるデータを見せる。

インセンティブとプロセス：今年のボーナスは10倍に増額され、達成できなければ支給されない。また、自動的に開く予備パラシュートなど、世界最高水準の安全装備も用意する。

能力開発：スカイダイビングの世界チャンピオンが、ジャンプの前に綿密なレッスンを行い（シミュレーションも何度も行う）、あなたが抱く潜在的な恐怖心を和らげる。

率先垂範（ロールモデル）：あなたの上司、同僚２人、肉親、親しい友人も一緒にやる。しかも、あなたの身近な人がすでにやっていて、それを楽しんでいた。

さて、あなたは今、完璧に整備された飛行機から飛び降りたいと思うだろうか？過去１００年の行動心理学と認知心理学によれば、飛び降りることができる可能性は当初よりもはるかに高い。社会科学は、この４つのレバーインフルエンスモデルが、リーダーが考え方や行動を変えるために使えることを教えてくれているのだ。

一方、多くのリーダーは、４つのうちどのレバーが最も重要なのかと考えてしまうだろう。しかし、経験上、どのレバーも重要であることは明らかだ。

この４つのレバーのすべてが適切に機能していない場合、組織文化への取り組みに悪影響が生じる可能性がある。

たとえば、経営陣が社用ジェット機で豪華なオフサイトミーティングに出かけてい

図表8-7　インフルエンスモデルはそれが組織文化をシフトさせる成功の確率をどれだけ高めるか

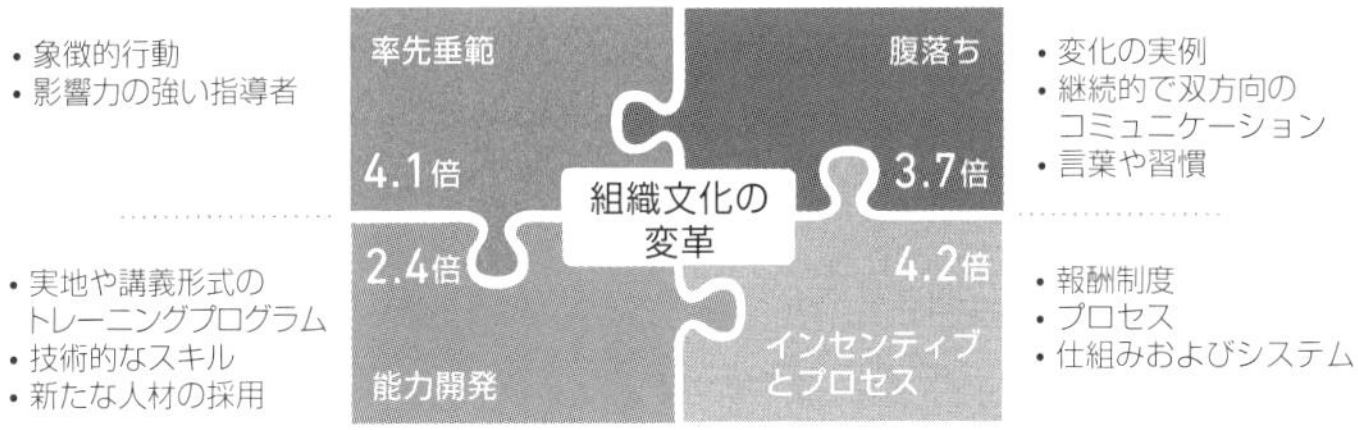

るのに、コスト意識の高い組織文化を追求したり、縦割り組織を優先するインセンティブが強いにもかかわらずコラボレーションを推進したり、現場にリスク文化の強化を求めるのに、それを可能にするのに必要な研修が提供されていないとしたらどうだろう？　このような場合、フラストレーションと冷笑の増大以外に何も達成できず、将来の変化に対する抵抗に拍車をかけることになる。

成功する文化変革の取り組みは、他のビジネス改善の取り組みと並行して進められるのではなく、それらと完全に統合されているべきものだ。つまり、投資資金を求めるビジネスケースには、4つのレバーのそれぞれを使って文化的変化をどのようにもたらすのかが明示されていなければならないことを意味している。

この4つのテーマに集中的に取り組み、その成果を業務改善活動を通じて提供することで、多くのリーダーが期待するよりも早く効果を上げることができる。私たちは、大企業が18ヶ月以内に組織文化のレベルを下位25％から上位25％に引き上げ、その結果を維持し、さらに向上させた事例を目の当たりにしてきた[21]。

どのように実現させるか？　5つのステップを踏んで組織文化を変える

ある大手機器メーカーのケースを考えたい。その会社は、技術革新の歴史を誇り、市場でも数少ない企業の1つだった。しかし、歴史ある同業他社や新規参入企業との競争が激化し、市場環境も変化する中、業績面でも、資本、人材、影響力の面でも、他の企業に後れをとっていることを認識した。同社は、トップに返り咲くことを目指す中で、官僚的で自己中心的な組織文化が大きな阻害要因になることを認識し、組織文化の変革が業績を向上させるだけでなく、同社にとって真似のできない競争優位性となる可能性を見出していた。

1．Aspire（志す）

同社は、現状を十分に理解し、最も効果的な介入を行うべきポイントを明らかにすることに着手した。ＯＨＩ（組織健康度調査）は、本章で説明した組織文化の９つの要素を、成果と実践の両面で測定するものだ。その結果は驚くべきものであった。世界のＯＨＩデータベースと同業他社のベンチマークによると、彼らの組織文化のパフォーマンスは下位３分の１であることがわかった。それでも素晴らしい製品を作ってはいるのだが、それを実現するのが、本来あるべき姿よりもはるかに困難になっていた。

私たちはＯＨＩを分析し、組織文化を改善し、それによって業績を向上させるために最も大きな効果をもたらす重要なマネジメントプラクティスを絞り込んだ。その結果、同社の場合、最も見直しが必要なトップ３は、「外部のアイデアの取り込み」「役割の明確化」「継続的な改善」であることがわかった。

以前は、エンゲージメント調査のアプローチとして、各リーダーが自分のデータを見て、何が重要かを自分で判断するよう求めていた。しかし、組織文化を変えようとするならば、全社的に同じ優先順位に焦点を合わせる必要があり、リーダーたちはこれらのプラクティスの改革に共同で取り組むことに同意した。

Aspire（志す）

▼どこをめざすか？

共通言語：抽象的な話題から具体的な話題へと導くために、用いるべき組織文化や語彙を選択する。

ベースライン：定量的および定性的ベンチマークを使用して、パフォーマンスに重要な9つの要素に関連する結果とプラクティスの出発点を理解する。

戦略的な要件：将来の業績に最も大きな違いをもたらす文化的要素に焦点を当てる。

2．Assess（診断する）

その後、50以上のマインドセットと行動に関するフォーカスグループ・インタビュー（FGI）を実施し、賢く勤勉で善意のリーダーがなぜこれらのことをうまくできないのか（そして、うまくいっている少数のリーダーとどこが違うのか）を理解した。その結果、３つの基本的な考え方が問題の核心であることが判明した。

ａ．特殊な製品で成功した歴史が「我々は唯一無二」という考え方につながり、業界に対する視野を狭め、（特に新規参入の）競争相手の過小評価、過信を生んでいた。

ｂ．技術者中心だった従業員は、「問題をプロセスで解決する」という考え方を身につけており、やがてプロセスや承認が乱立し、誰が何を最終決定できるのかがほとんどわからなくなってしまっていた。

ｃ．再利用や標準化によって得られる潜在的な性能効率向上を無視し、「大きく飛躍しなければならない」という考え方が生まれ、新しい設計が乱立することになった。

Assess（診断する）

▼出発の準備はできているか？

長所と短所：維持したい強みと、その強みを活かした弱みへの対処法を明らかにする。

根本的なマインドセット：従業員がなぜそのような行動を取るのかを説明するマインドセットを理解し、それをどのように再解釈できるかを検討する。

エンゲージメントモデル：組織をどのように、いつプロセスに参加させるかを決定する（トップマネジメントチーム、広範な相互連携したリーダーシップ、変革の核となる「チェンジエージェント」（変革を主導するモデル社員）、全従業員）。

3. Architect（設計する）

彼らは、最も重要な習慣を改善し、根本的な考え方を変えるために、インフルエンスモデルに対応する強固な計画を作成した。また、効果的に管理できるように、取り組みの順序を決め、ガバナンスと測定方法を決定した。計画のハイライトをいくつか紹介したい。

率先垂範：経営陣は、目標とするプラクティスやマインドセットシフトに関連する個人とチームの行動に関する360度フィードバックを受け、経営陣、次世代リーダーから30人の変革リーダーを選んだ。

腹落ち：なぜ今なのか、何を、どのように、そして誰が、ということを説明する強力なチェンジストーリーを作成した。また、ストーリーを伝えるだけでなく、組織内の全員が自分やチームにとっての意味を理解できるような計画も作成された。

インセンティブとプロセス：特に重要な業務にまずは焦点を当て、意思決定の所在やプロセスを迅速に修正するためのアプローチを作成した。目標は、絶対的なものだけでなく、同業他社との比較で見直された。インセンティブは、飛躍的なイノベーションではなく、継続的な改善の重要性を反映するように調整された。

能力開発：社内のリーダーシップカリキュラムを一新し、社外の人材を登用することを計画した。また、継続的改善の専門知識を持つ、業界をリードする外部の人材を探すことも計画された。

Architect（設計する）

▼**到達には何が必要か？**

率先垂範：CEO、トップチーム、インフルエンスリーダーの明確な行動計画を決定し、自ら率先して行動する。

腹落ち：強力なチェンジストーリー、一連の言い回しや表現、および全体的なコミュニケーション計画を作成。

インセンティブとプロセス：構造、プロセス、システム、インセンティブに必要な要件を決定。

能力開発：フィールド&フォーラム方式による従業員セグメント別の計画策定と、必要に応じた新規人材の採用。

4．Act（行動する）

この計画は、社内のオフサイトミーティングの場で発表され、幅広い層のリーダーが、Aspire（志）とAssess（診断）の結果、およびArchitect（設計）フェーズでまとめられた変革プランのドラフトに触れた。セッションはシニアメンバーたちが主導し、チェンジ・リーダーも重要な役割を担ったが、参加者全員が計画に修正を加える権限を与えられた。セッションの焦点は、「これが私や私の地域にとって何を意味するのか」ということだった。その結果、多くのリーダーから「ようやく、私たちの足かせとなっている本当の問題について話してくれた！」と、非常に好評を博した。

　このオフサイトは、その後２ヶ月間にわたって組織全体に広がった双方向対話セッションの連鎖の始まりとなった。そこでは１日がかりの対話型セッションを中心に、変革のストーリーを明確にし、以下のような対話を促した。

「重点とするプラクティスは、どのように私たちのさらなるパフォーマンスを引き出すことができるのだろう？」

「価値を獲得するために（インフルエンスモデルの４つのレバーを使って）何をするのか？」

「どのように自分たちが責任を持つのか？」

このセッションでは、めざすべき文化に関する３６０度フィードバックも含まれており、参加者は「私たちが目指す文化変革に最も貢献するために、自分自身にどんな変化をもたらすか」を考え、公にコミットすることができた。

一方、製品開発部門とサプライチェーン部門では、組織文化変革と業績改善を統合したパイロット的な取り組みが行われた。このアプローチは、他の主要なビジネス施策にも適用され、進捗は定期的に可視化され、必要に応じて取り組みが見直された。また、社内のコミュニケーションにおいては、常に期待値を高め、ミスではなく成功や得られた教訓に目を向けられるように工夫した。

Act（行動する）

▼どのように進んでいくか？

施策の設計：すべての主要なビジネス上の施策は、その実行方法において、望ましい組織文化を反映するように設計されていることを確認する。

個人として腹落ちする：組織文化の変革を実現するために、必要十分な数のリーダーが個人的に深いコミットメントを形成することを確認する。

サポートするインフラ：意識向上からコミットメント、制度化までのプロセスを可視化する仕組みを活用する。

組織の隅々へのコミュニケーション：ボトムアップでのアイデア展開とベストプラクティスの共有の促進。

5. Advance（前進する）

時が経つにつれ、新しい慣行が定着していった。その1つが、緑と黄色のカードを使って、良いことと悪いことをその場で判断することだ（サッカーでいうイエローカードのようなものだ）。イエローの面には、「Ｆｒｏｍ」のマインドセットである「私たちは無敵だ」「問題はプロセスで解決する」「大きく飛躍する」が書かれていた。緑の面には、「ｔｏのマインドセット」である「私たちは挑戦者である」「人を通じて問題を防ぐ」「一歩一歩向上する」が書かれていた。

さらに、新しく入社した人たちは、「望ましい組織文化」を教え込まれた。採用、入社、研修、昇進、報酬の基準など、あらゆる面でそれが強化され、そのため、新入社員は、変化が本当に起こっているかどうかを「鏡に映す」重要な役割を果たすと見なされた。

進捗状況を把握するため、同社は当初、従来型の「パルスサーベイ」を検討した。その調査は10問で構成される予定で、最初の６問は、３つのマネジメント・プラクティスについて、絶対的（どの程度）、相対的（どの程度の変化を経験したか）な進捗を読み取るためのものだった。最後の４問は、インフルエンスモデルの４つのレバーがどの程度、望ましいマインドセットの転換に役立っているかを問うものだった。

しかし、最終的には彼らは「ライブ」アプローチを採用した。ＯＨＩの質問項目全体を幅広い従業員に振り分け、そのうちの１つだけを交代で回答させるという方法だ。これにより、調査負担を最小限に抑えながら、継続的に組織文化を把握することができた。

Advance（前進する）

▼どうすれば継続して改善を続けられるか？

習慣：組織文化を強化する行動を日々のルーティンやコミュニケーションの仕組みに組み込む。

タレントマネジメント：マネジメントプロセス（採用、入社、育成、昇進基準、評価、表彰など）に望ましい組織文化を浸透させる。

継続的なモニタリング：定性的・定量的な指標を用いた組織文化の厳格な測定を継続する。

その2年後、同社は９０００人の管理職全員にＯＨＩ調査を再度実施した。期待通り、生じた変化は目覚ましく、グローバルＯＨＩデータベースと同業他社の両方に対して、彼らは上位４分の１に入るようになった。社員は継続的な改善の成果を誇りに思い、競争力のある指標は社員全体のモチベーションに火をつけ、役割の明確化は重要な問題に対する意思決定の滞りをなくし、以前は停滞していた領域に勢いをもたらした。さらに、組織文化の要素が組み込まれた業務改善施策がもたらした並外れた成果によって、リーダーは、組織文化的なレバーをビジネスパフォーマンスの強力な推進力として利用することを理解した。

まとめ

★なぜ重要なのか？

—組織文化が業績を左右する。

—強い文化の形成には時間がかかるが、簡単に他社が真似できるものではない。

—組織文化の機能不全が組織の存在そのものを脅かした例も多い。

★なにが重要か？

—従業員のエンゲージメント以上に組織文化に目を向ける。

—行動の背景にある、明るみに出ていない潜在的なマインドセットを転換する。

—4つのインパクトの大きいレバー（インフルエンスモデル）を使いこなす。

★どのように実現させるか？

—5つのステップを踏んで、組織文化に影響を与える。

各ステップにおいて見逃しがちなアクション

Aspire（志す）：重要な成果と実践を測定する。

Assess（診断する）：自らを縛る現在のマインドセットを刷新する。

Architect（設計する）：影響力のあるリーダーたちを早期に関与させ、動員する。

Act（行動する）：多くの現場のチェンジ・リーダーが変化を実感できるようにする。

Advance（前進する）：人々の業務プロセスに望ましい変化を組み込む。

【訳者による第8章の解説】

組織文化は本質的にコピーしづらく、それ故、持続性の高い競合優位を築く。空気のように存在し、内部の人間には当たり前すぎて説明も難しい。組織の倫理観とも言え、何かをすること・しないことに対して気持ち悪さや後ろめたさを感じることにも近い。

組織文化は、ソフトで曖昧が故に、意識的な改善の第一歩は、その言語化・定量化にある。本章にあるＯＨＩ（組織健康度調査）は、組織文化の課題を共通言語化する手法である。例えば、外部志向に大きな課題が特定された場合、外部志向に焦点を当てた複数の改善施策を全社的に実施する。「ここでのやり方」を変えるためには、周囲（特に上長）も同時に変わる必要があり、背後にあるマインドセットを含めた集中した変革活動が必要となる。

残念ながら日本企業の組織健康度は概して驚く程低い。さらに、よく見られるのは、マネジメント層のスコアは高いが中堅層以下のスコアは非常に低い、という世代間の差である。挑戦を後押ししない文化、内向き文化など「パフォーマンスを阻害する文化」が存在する。では、このような文化を変えることは不可能なのだろうか？

組織健康度調査において、興味深い傾向がある。それは、日本国内の外資系企業や、日本企業の海外支社では、日本人であっても組織健康度が明らかに高いことだ。つまり、一度新しい文化の中に放り込まれると、それに順応するということだ。同調性の高い日本人だからこそ、組織文化の変革は、トップが音頭を取って全社で同時に行い、階層の上が模範を見せることで一気に進展する。

第9章

どうしたら組織全体を変革できるのか？

時代を超えたテーマ――変革し続ける

ヘラクレイトスは「万物は流転する」と宣言し、ナポレオンは「もし優位性を維持したいと望むのなら、（中略）変化しなければならない」と言った。ジョン・F・ケネディは「変化とは人生の法則である。過去と現在しか見ない人は、確実に未来を見失う」[1]と言っている。このように歴史の中を探せば、変化し続けることの重要性について多くの引用を見出すことができるだろう。

おそらく、変化に関する最も使い古された言葉であり、決まり文句のようになっているのが、ダーウィンの文章を比喩としてレオン・C・メギンソンが用いた「生き残るのは、最も強い者でも最も賢い者でもなく、変化に最もうまく適応できる者である」というものである。

１９４７年、ドイツ系アメリカ人の心理学者であるクルト・レヴィンは、変化のプロセスを構造化した。レヴィンの３段階のプロセスは、「アンフリーズ（unfreezing）」（防衛機制の解体）、「ムービング（moving）」（意図した変化に向かう）、「フリーズ（freezing）」（新しいレベルのパフォーマンスの安定化）で構成されていた[2]。

この70年間に、レヴィンは、多数のチェンジマネジメントモデルに関する功績を残し

図表9-1　変革は組織全体のパフォーマンスを持続的に向上させる

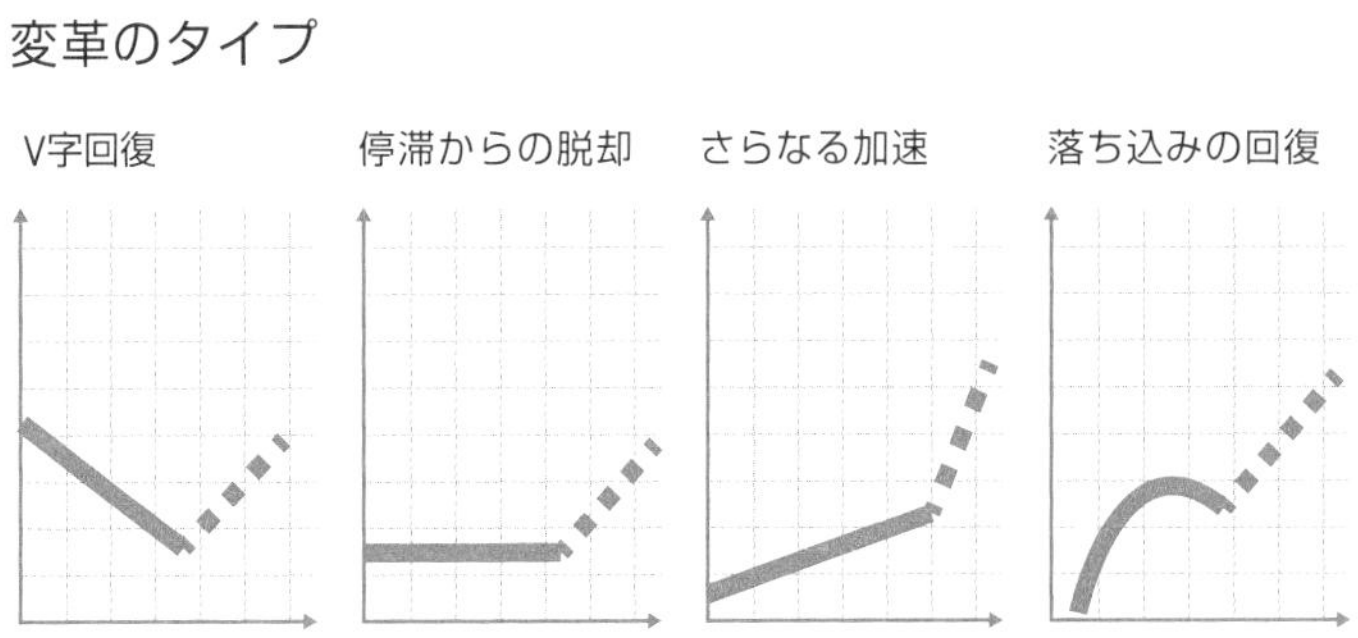

たが、そのすべてのモデルの中核にあるのは、「集団（組織）のパフォーマンスをより高いレベルへ移行しようとする試みは、多くの場合短命であり、その集団は『腕試し』の活動の後、すぐに以前のレベルへと戻ってしまう」というレヴィンの考えに基づいたものである。

変革について考える際、個人またはチームだけでなく、組織レベルで迅速かつ持続的な変化を促進するリーダーを支援することが重要になる。

また、よく使われる変革の例えに、幼虫が蝶に変わるというものがあるが、その一方で、単純な変化では、水から氷への変化が例えとして使われる。

幼虫から蝶への変化はなぜ「変革的」なのだろうか？　それには２つの特徴がある。第一に、生物全体が根本的に変化しており、戻れないことだ。第二に、生物は、その環境の中で生き残り、成長するために、行動の自由と能力を大幅に向上させ変化していることである。もしあなたが、変革への努力の結果として、組織を単なる大きな幼虫にするのではなく、大空に羽ばたく蝶のようにしたいのであれば、次の文章を読んでほしい。

なぜ重要なのか？　組織変革は、更なる偉業への道筋

　変革に関する多くの議論は、成功する変革プログラムがいかに少ないか、という悲惨な統計から始まる。それは事実ではあるが（そして、その事実については、まもなく紹介する）、私たちは、変革の達成によるプラス面について、高すぎる期待を寄せているのである。この精神に基づき、モチベーション向上のスペシャリストのジョエル・バーカーは「行動なきビジョンは単なる夢、ビジョンなき行動は単なる時間つぶし、行動が伴うビジョンは世界を変えることができる」という有名なスピーチ[3]をしている。変革とは、まさにビジョンを行動につなげることであり、企業が顧客、従業員、株主、そして事業を展開する地域社会のために世界を変えることである。

　財務面での成果を見ると、全社的な変革プログラムに関する最近の研究では、成功したプログラムは平均して、株主総利回り（ＴＲＳ）が市場よりも40％高く、利払

前・税引前利益（ＥＢＩＴ）が開始時よりも４・３倍、投資資本利益率（ＲＯＩＣ）が２・８倍、という成果を変革プログラム開始後３年以内に達成している。[4]

多くの人々は変革を伝説的な逆転劇として捉えている。たとえば、スティーブ・ジョブズが破綻寸前のアップルを再建したこと、アン・マルケイヒーが大胆な「基本に立ち返る」アプローチでゼロックスを倒産の危機から救ったこと、ラヴィ・カントがタタ・モーターズの運命を大きく転換させたことなどがそうである。ハリウッドの超大作映画のように、これらの企業は追い詰められ、ライバルから猛烈なパンチを浴びせられていた。しかし、どうにかこうにかして、超人的な力を呼び起こし、大胆なリスクを取り、報われた結果、再生し、より強くなった。もちろん、これらのストーリーにはそれぞれユニークな複雑さや小ネタがあるが、いずれも企業をかつての栄光へと見事によみがえらせた、という点では共通しているのだ。

しかし、ほとんどのリーダーは、それとは異なる課題に直面している。それは、会社を立て直すことではなく、ジム・コリンズが言うところの「グッドからグレートへ（Good to Great）」を実現することだ。良い時（グッドの時）にいかにして変革を起こすか、それを考えなければならない。このような場合、今までと同じレベルの考え方や行動を維持しようとする惰性が強く働く。確かに、今行動しなければ、社会や事業

図表9-2　成功したプログラムの、開始36ヶ月後に達成された平均的なパフォーマンスの向上

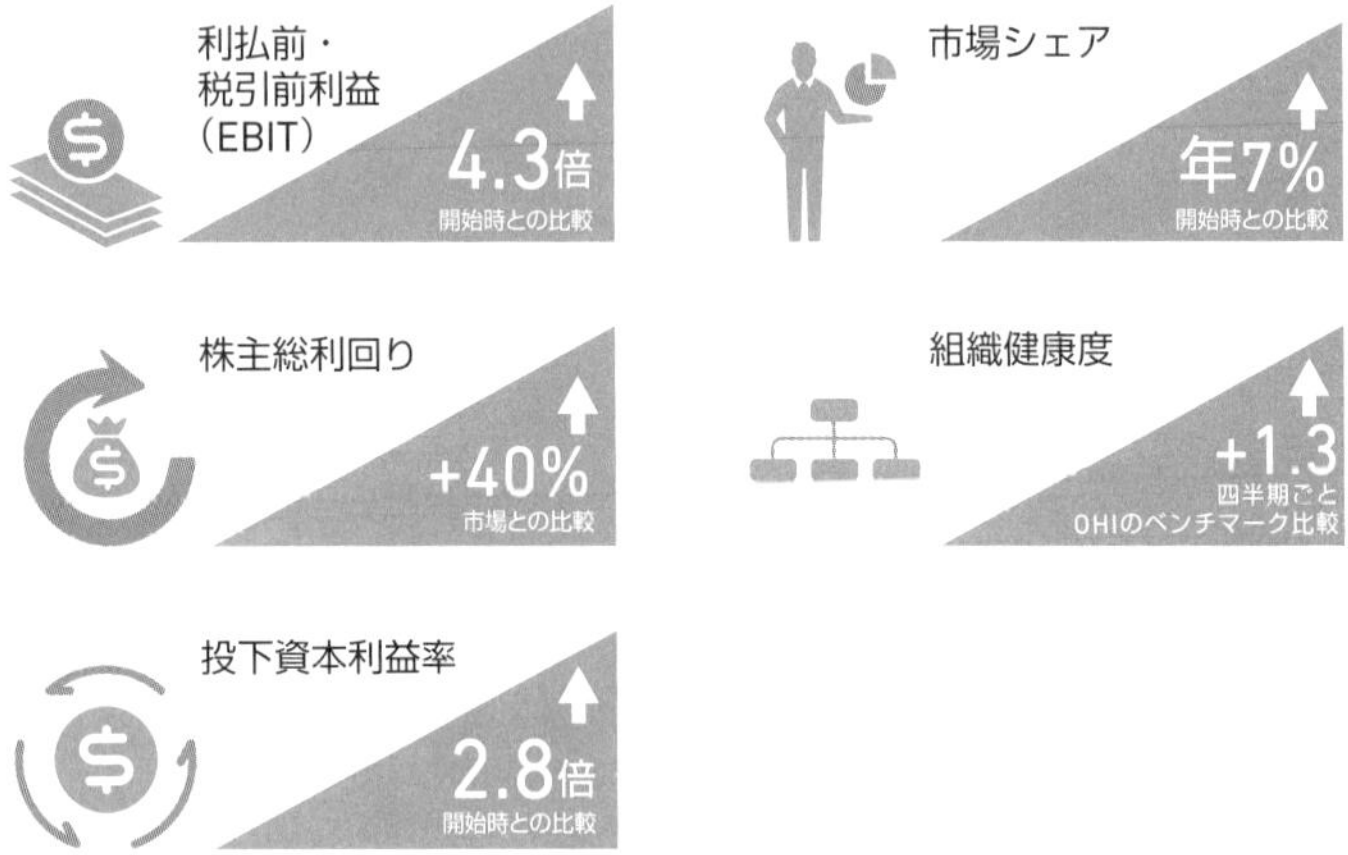

が不連続に急激に変化する時代において、ゆっくりと衰退し、最終的には危機的状況に陥るかもしれない。しかし、逆に言えば、変革は難しい。ビジネスを根本的に見直し、変化させる一方で、日々の業務を遂行しなければならないうえに、成功が保証されているわけではないからだ（結局のところ、壊れていないのに、なぜ直すことをわざわざしないといけないのか）。アップル社のティム・クックやGEのジェフ・イメルトが直面しているのは、こうした課題の最たるもので、それは「偉大なるものから、より偉大なものへ（Great to Great still）」と呼ばれる変革に当たる。

どのような挑戦であっても、目指すのは「偉大さ（greatness）」であり、それを達成したリーダーが「偉大なリーダー」と認められるのだ。

なぜ重要なのか？「変革か死か（Change or Die）」は真実

アラン・デウッチマン著『チェンジ・オア・ダイ（Change or Die）』は、ビジネス書の中でも最も注目される書籍の1つだ。この本は、多くの研究に基づいており、ほとんどの人は、自分の命がかかっているときでさえ、ライフスタイルを変えようとしないことが分かっている。例えば心臓病の患者に関して見ると、心臓病は長年の研究により、喫煙や飲酒を控え、脂肪分を減らし、ストレスレベルを下げ、運動するように生活習慣を変えれば、ほとんどの心臓病患者はかなり長生きできることが分かっているが、心臓病の手術を受けた人の90％が、2年以内に不健康な生活に戻ってしまうという研究結果もある。

人と同じことが、組織でも起こる。以前、危機的状況に陥ることが変化の動機づけになるという話をしたが、実際には、存続が危ぶまれているときでさえ、組織が変化を起こさないことが多いのだ。パンナム社、ブロックバスター社、ブリティッシュ・レイランド社、リーマン・ブラザーズ社、ワールドコム社、コンパック社、ゼネラルフーヅ社、アーサー・アンダーセン社、ディジタル・イクイップメント・コーポレーション社などはすべて、かつて象徴的だった企業が、倒産や買収の餌食になることを止められなかった例である。

10年後、20年後に、今ある有名企業のうち、どの企業が消滅しているのだろうか？　労働人口の大幅な変化、テクノロジーの範囲・規模・経済的影響の加速、資本フローの複雑な相互関連性、資本市場・消費者信頼感・政府政策の変動、予測不可能性の増大により、どの企業も生き残ることが当然と考えることはできなくなっている。経営学者ゲイリー・ハメルは、「創造的破壊の力から既存企業を守ってきた障壁が崩れ落ち、かつての偉大な企業は、ますます守勢に立たされることになる」[5]と言っている。

企業の終焉を意味しないまでも、マーケットリーダーとしての地位はますます不安定になる。スタンダード・アンド・プアーズ（Ｓ＆Ｐ）社の５００種指数（以下Ｓ＆Ｐ５００）において、一般的な企業の平均残存年数は１９５８年には61年、１９８０年にはわずか25年、２０１１年には18年となっている。この10年間で、Ｓ＆Ｐ５００の企業は２週間に１回入れ替わっている。つまり、現在の企業の約75％が、今後10年以内に新しくインデックスに加わった企業に取って代わられることになる[6]。

もっと説得力が欲しいだろうか。20世紀を代表する経営書である『In Search of

図表9-3　平均的な企業がS&P500にとどまる期間

Excellence』と『Built to Last』に登場する企業を見てみると、良い業績の企業はわずか3分の1、およそ50%は苦戦し、残りはもう存在しないことが分かる。もちろん、これらの数字は、マクロ経済や業界の魅力、そして運に左右される部分もある。しかし、生き残り、成功を収めた企業にとって、優れた戦略とそれを実行するための組織全体の変革を推進する能力が成功の鍵であることは間違いないだろう。

なぜ重要なのか？　正しいアプローチを取ることで、変革の成功確率は2倍以上になる

宝くじに当たる確率は一般的に低いことは理解されているが、驚くべきことに、アメリカでは本、ビデオゲーム、レコード音楽、映画やス

ポーツイベントのチケットの合計よりも宝くじに多くのお金が費やされている[7]。もし、宝くじに当たる確率を倍以上にする方法があったら、皆知りたいと思うだろう。そして、自動車事故で死ぬ確率は、１１３人に１人という驚くべき高さである[8]。もし、自動車事故で死ぬ確率を半分にする方法があったら、皆知りたいと思うだろう。

大規模な変革を行うと、その影響は、非常に大きなプラス面とマイナス面の両方がある。しかし、それがうまくいく確率はどの程度なのだろうか？

１９９６年に出版された世界的なベストセラー『企業変革力（Leading Change）』で、ジョン・コッターは当時かなり精緻に調査し、その答えを紹介している。それは、効果的な変革プログラムを主導できる企業は、わずか30％である、というものである。それ以来、多くの研究機関や組織が類似の調査を実施したが、どれも同等の結果となった[9]。しかも、ジョン・コッターがこの確率を打ち破る方法をアドバイスして以降、組織の変化に関する２万５０００冊を超える書籍が執筆され、何百ものビジネススクールがチェンジマネジメントをカリキュラムに組み込んでいるにもかかわらず、驚くことに、この20年間、確率は改善していないのだ。多くの書籍やチェンジマネジメントの研究があったにもかかわらず、チェンジプロセスの成功につながること

図表9-4　変革を推進する際に陥るよく知られた落とし穴

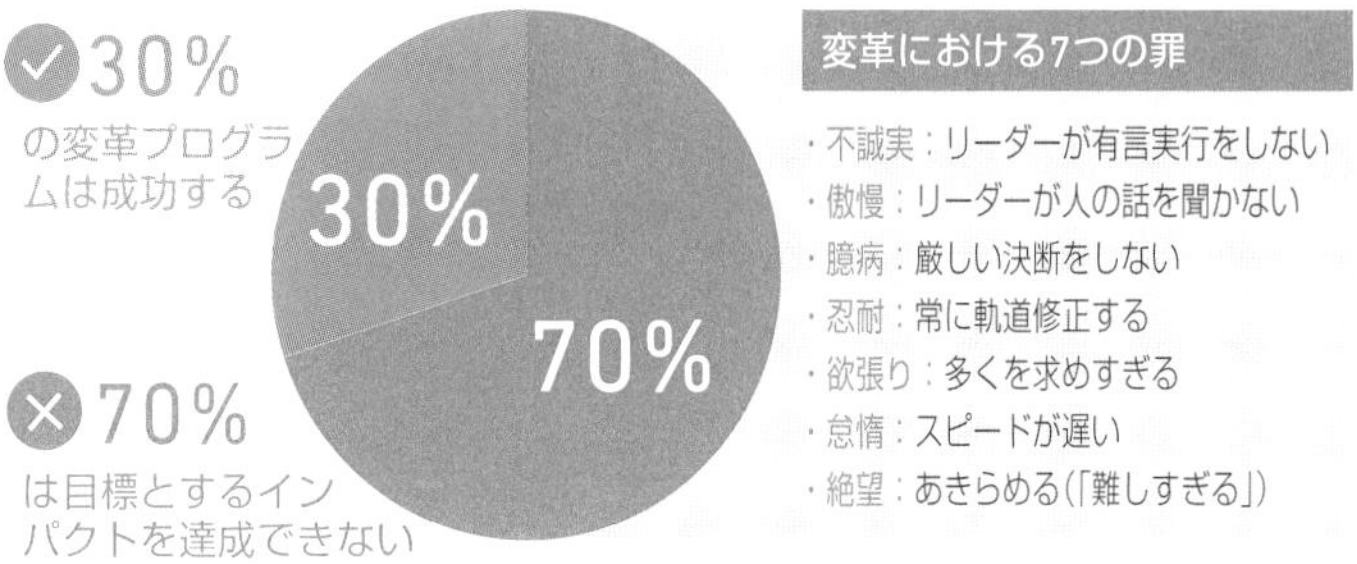

はなかったようである。

もし、あなたがリーダーで、この30%の壁を打ち破る方法があるとすれば、それを知りたいと思うだろうか？　もちろん、そのはずだ。事実、そのようなアプローチが実際に存在し、それを使うことで成功の確率は30%から79%に跳ね上がる[10]。この方法論は、この分野でこれまでに実施された最も大規模な調査研究の成果である。1500を超えるグローバル組織の300万人を超える従業員に対する調査、変革というトピックに関する900を超える書籍と一流の論文のレビュー、100を超える異業種交流ラウンドテーブル・変革リーダーフォーラムの実施、100社以上に及ぶ特定のツールとテクノロジーの実地テスト、30人のCEOによる数年にわたる変革過程への密着取材、などである。

私たちは、変革が簡単だと言っているのではない。Ｃ・Ｓ・ルイスの言葉を借りれば、「幼虫が蝶になるのは難しいかもしれないが、羽をつけずに飛ぶことを学ぶ方が、はるかに難しい」[11]のである。私たちが言いたいのは、あなたの会社が飛べるように、羽を作るための確実な方法があるということだ。

なにが重要か？　パフォーマンスとヘルスを同等に重視する

１９９６年、米国の電器メーカー、サンビーム社は変革の時を迎えていた。１９９４年12月以来、業績は悪化し、株価は52％下落していた。スコット・ペーパー社やクラウン・ゼラーバッハ社など、同じような境遇の企業を買収し、短期間で黒字化させ、株主に喜ばれる形で売却した実績のある再建屋、アル・ダンラップの登場である。ＣＥＯ兼会長に任命されると、株価は49％上昇した。

ダンラップは、すぐに新しい経営陣を配置し（元のメンバーで残ったのは１人だけ）、大規模な人員削減を実施してコストを削減し、製品ポートフォリオを合理化した。その結果、最初の７ヶ月で株価は２８４％も上昇した。コスト削減が終わると、ダンラップは５つのコア製品カテゴリー、顧客の細分化、サービス面での差別化に焦点を当てた成長戦略を発表した。株価は、彼の在任中に当初の３倍以上にまで高騰した。

１年半後、ダンラップは再建完了を宣言し、投資銀行を雇って買い手を探させた。しかし、今回は、これまでの再建とは違って、買い手がつかなかった。皮肉なことに、株価が高騰していたため、売却の目論見が外れてしまったのだ。ダンラップは、自分が再生させた会社を、今度は自分で経営しなければならないのだ。１９９８年初め、サンビームは大幅な赤字を計上し始め、６月には、ダンラップが次の人員削減の対象になった。

サンビーム社の物語は、業績向上と組織の健康度向上のバランスを欠いた経営陣が、変革に取り組む際の教訓となっている。変革を推進する際に、ほとんどのリーダーは、財務面や業務面で株主や顧客にインパクトを与えるにはどうしたらよいか、と考える。そして、「買う、作る、売る」と表現できるように、より良い・より安い原材料を購入し、より良い・より安い製品やサービスを作り、より効果的・効率的に市場に販売する。

しかし、それと同様に重要なのは、組織の健康度、つまり、ステップアップした成果を持続させるだけでなく、長期にわたる継続的な改善を確実にすることに焦点を当てることだ。組織の健康度において「合意する、実行する、更新する」と関連する質問にはこのようなものがある。何をすべきか、なぜすべきかについて組織を団結さ

図表9-5　パフォーマンスとヘルスが意味するもの

せ、人間関係の摩擦を最小限に抑え、厳格に実施し、競合他社よりも早く組織を刷新できるようにするにはどうしたらよいだろうか？

私たちはパフォーマンスとヘルスという言葉を使うが、テクニカルとアダプティブ、ハードとソフト、左脳と右脳、オペレーションと文化、ビジネスと行動といった言葉を使いたい人もいるだろう。どのような言葉を選んだとしても、要するに、変革の取り組みの成功は、この2つを等しく重視することによって、はるかに大きくなるということだ。ある研究では、一方を重視するアプローチと両方を重視するアプローチとでは、持続可能なインパクトの差が1・82倍になることを示している[12]。

なにが重要か？　確立された変革のレシピ（How）を厳格に適用する

「パフォーマンスと組織健康度を両立させる」という言葉は、多くのリーダーの共感を呼んでいるが、81％の人が、これが実際に何を意味するのか分からないと言っている。

その答えは、「5つのフレーム」アプローチを厳格に用いることで導き出される。これから述べる方法は、本書で推奨している変化への5つのステップ「5A」のアプローチをとり、各ステップでパフォーマンスとヘルスのためのフレームワークを1つずつ提供するものだ。つまり、パフォーマンスのための5つのフレームワークと、ヘルスのための5つのフレームワークがあり、これらを厳格に適用すれば、組織全体の変革の鍵を握ることができる。

ステップ1　Aspire（志す）：

このステージでは、「どこをめざすのか？」という問いかけに答える。まず、戦略的な願望と具体的なパフォーマンス目標を設定する（パフォーマンスフレーム1）。そして、インパクトを達成するためには、どのようなヘルス／行動の変化が必要かを決定する（ヘルスフレーム１）。

ステップ2 Assess（診断する）：

願望達成のための計画づくりに入る前に、まず「出発の準備ができているか？」を問うことが肝要だ。これにより、満たすべき組織的な能力のギャップが明らかになり（パフォーマンスフレーム２）、同時に望ましい行動の変化をもたらす根本原因のマインドセットのシフトがいくつか明らかになる（ヘルスフレーム２）。

ステップ3 Architect（設計する）：

この段階では、具体的なビジネスの取り組み（パフォーマンスフレーム３）と、マインドセットに影響を与えるための職場環境の再構築（率先垂範、腹落ち感のあるストーリー、スキルや自信の構築、インセンティブとプロセスの正式なメカニズムなど）（ヘルスフレーム３）について、「到達には何が必要か？」ということを設計する。

ステップ４ Act（実行する）：

ここでは、取り組みの試行および規模拡大（パフォーマンスフレーム４）と、継続的なコミュニケーション、リーダーの行動、モニタリング／レビュー、権限委譲などによる変革のためのエネルギーの創出（ヘルスフレーム４）により、実行の過程を動的に管理する。

ステップ５ Advance（前進する）：

このステップでは、継続的な改善のためのインフラを構築し（パフォーマンスフレーム５）、会社を前進させるためのリーダーシップ能力の習得を確認する（ヘルスフレーム５）ことにより、変革プログラムの一部であった仕事を日常業務に移行させる。変革プロセスの最後に記載されているが、実際には、ステップ１〜４をリーダーシップ開発のアクセラレータとして明示的に使用することで、リーダーシップ能力が構築され、ステップ５でその能力が完全に発揮される準備が整うのだ。

管理するのが大変だと思われるかもしれない。実際、大変なのだ。アインシュタインの「ものごとはできるかぎりシンプルにすべきだ。しかし、シンプルすぎてもいけ

図表9-6　変革の5つのフレーム

変革のステップ	パフォーマンスに関するフレーム	ヘルスに関するフレーム
ASPIRE（志す）：どこをめざすか？	戦略目標	健康目標
ASSESS（診断する）：出発の準備はできているか？	能力プラットフォーム	基本となる考え方
Architect（設計する）：到達には何が必要か？	施策のポートフォリオ	インフルエンスモデル
ACT（実行する）：どのように進んでいくか？	デリバリーの方法	エネルギーの創出
ADVANCE（前進する）：どうすれば継続して改善を続けられるのか？	継続的な改善	リーダーシップの集権化

ない」という教えを実践しているものとご理解いただきたい。（より詳細な情報は、組織文化の章をご覧いただきたい。）

なにが重要か？　多様な人材を巻き込むことで、非合理に対して合理的に挑戦する

ノーベル賞を受賞した物理学者で、サンタフェ研究所の共同設立者であるマレー・ゲルマンは、かつて「もし素粒子が〝考える〟ことができたら、物理学はどんなに大変なことになるか考えてみてください」[13]と述べている。この言葉は、変革の方程式の人間側に対処することの重要性と複雑さをよく表している。これこそ、パフォーマンスと同等の厳しさで組織のヘルスに取り

組むことが、成功にとって非常に重要である理由だ。ほとんどのリーダーは、人間的要因に対処するための「教科書的」な取り組みが的外れであることを直感的に認識している。メッセージを送っても聞いてもらえない、行動が誤解される、インセンティブが意図しない結果を生み出してしまう、などである。

その理由はなんだろうか？　変革の物理学における「素粒子」（あなたの従業員）は、単に考えることができるだけではない。彼らは非常に頻繁に非合理的な考えをするのである。これが、最も賢く、最も勤勉で、善意のリーダーでさえも、変化の方程式を解くことが難しい理由の核心だ。しかし、社会科学者の研究により、多くの分野で人間の非合理性を予測することができるようになったという明るい兆しもある。これを知っていれば、経験豊富なリーダーは、非合理性を利用して、変革の取り組みを加速させたり、頓挫させたりすることさえもできるのだ。

ダニエル・カーネマンが行った、宝くじにまつわる実験の1つは、念頭に置いておくに値するものだ。参加者の半数は、ランダムに番号入りの宝くじを割り当てられた。残りの半数は白紙を渡され、当選のために好きな数字を書き込むように言われた。そして、当選番号が出る直前に、研究者が宝くじを買い取ると申し出た。つまり、この実験の主旨は「自分で番号を書いた人」には、「ランダムに番号をもらった

図表9-7　社会科学から学ぶ変革のための重要な教訓

- 自分のストーリーは本人に書いてもらうのが一番（本人が書いた方がオーナーシップが5倍高まる）
- 自分のやる気の源泉が他の人と同じとは限らない（80%は自分とは異なる動機によって動かされている）
- 公正なプロセスが重要（それが欠けていると、たとえ結果が公正であっても、従業員はしばしば非合理的な行動をしてしまう）
- 金銭はモチベーションを上げる最もコストの高い方法である（小さな、予期しない報酬は、行動で報いたいという強い欲求を生み出す）
- 弱点を克服するよりも、強みを活かす方が、より大きな成果を得られる（上手くいっていることを活用すれば、2倍以上のインパクトが得られる）
- インフルエンサーは、あなたが思っているような人ではない（60%のリーダーが、非公式的に影響を及ぼしているインフルエンサーを正しく認識していない）
- 従業員には、ベストを尽くすのを求めるのではなく、改善を求める（ほとんどの人が、自分は既に上手くいっており、他の人が変わるべきと考えている）

人」に比べて、いくら多く支払わなければならないかということである。宝くじが純粋に偶然の産物である以上、合理的な答えは「全く変わらない」だろう（どのチケットも、書いても貰っても、同じ確率である）。実際の結果はどうだったのか？　地域や人口統計に関係なく、自分で番号を書いた人には少なくとも5倍以上の金額を支払わなければならなかった。

変革のリーダーにとっての教訓は何だろう？　それは、実行のモチベーションを高めたいなら（つまり実行のスピードを上げたいなら）、たとえリーダーの頭の中で答えが明確になっていても、戦略の策定に他人を巻き込むことが有効である、ということだ。

　これまでの章でも、公正な結果よりも公正なプロセスの重要性を述べてきたように、非合理的な事例は様々ある。経済学の分野は、行動経済学の登場により、人間がいかに不合理であるかを予測できるようになり、すでに大きく進化している。今こそ、チェンジマネジメントの実践の中で、その知見に基づいた類型化された変革が起こるべき時なのだ。

どのように実現させるか？　５つのステップを踏んで変革する

　ラテンアメリカのある保険会社は、厳しい状況に陥っていた。国内市場で特権的な地位を占めていた同社は、規制によりその地位を失い、ライバル企業が新技術を駆使して特定の利益率の高い商品のシェアを奪い、顧客の購買パターンは同社が強みを持たないダイレクトチャネルに移行しつつあった。２年目の赤字の後、オーナーから新しいＣＥＯが選ばれ、組織全体の変革の推進を命じられた。

１．Aspire（志す）

　最初のステップは、事実を直視することだった。８週間にわたる集中的な取り組みにより、会社の競争上の地位、顧客動向、株主の期待、コストベンチマーク（社内外）、規制や技術動向の潜在的影響などが把握された。また、ＯＨＩ（組織健康度）調査によるベンチマーク、インタビューの実施、成果報酬や離職率といった分析によって自社の健康状態を確認した。

この事実を基に、プロが進行役を務める「ミラーワークショップ」で、シニアチームは現状を把握し、一緒に将来への抱負を設定した。それは、５年以内に収益性、顧客サービス、雇用者の選択で業界ナンバーワンになることだった。そして、この変化を可能な限り効率的、効果的、持続的に実現するために、組織の健康度を高める３つのマネジメント手法（優先順位付け、権限委譲、説明責任）を特定した。

Aspire（志す）

▼どこをめざすか？

戦略目標：背景と基準値の理解、機会領域の特定、全体目標の設定。

健康目標：共通言語と基準値の作成、関連する健康目標の設定、トップチームの配置。

2. Assess（診断する）

その後、８週間かけて、全体の目標を実現するために戦略的に重要な能力を特定し、その能力を引き出すために必要な技術、マネジメント、行動システムに対して、それぞれの現状を診断していく。この際、過大評価とならないよう、第三者的な視点も取り入れる。最後に、その能力を構築するための選択肢をまとめた。同時に、なぜ機能不全に陥る経営慣行を選択してきたのか、従業員の考えを明らかにするために、専門的な手法のインタビューと定性データ分析が行われた。

そして、すべての発見と提言は、２回目のワークショップでトップチームによって１日半かけて徹底的に検討された。その結果、代理店の生産性管理、リスク調整された価格設定と引受、サブセグメントのダイレクトチャネルの商品提供、無駄のないコスト管理の４つの分野で、能力開発の優先順位が完全に一致し、深い確信を得ることができた。

さらに、優秀で勤勉な社員が、なぜ組織の機能不全を認めつつも日々放置することに加担していたのか、根本原因が３つのマインドセットにあると判断された。それは、「失敗は許されない」（vs「成功に向かうために小さく早く失敗する」）、「批判は人間関係を損なう」（vs「率直さは信頼を築く」）、「完璧をめざし、細部にこだわる」（vs「インパクトがある、重要なことに集中する」）である。

Assess（診断する）

▼出発の準備はできているか？

能力プラットフォーム：能力要件を定義、現状の棚卸し、何を・いつ・どのようにするのかを優先順位付け。

基本となる考え方：必要な行動変化の優先順位付け、根本原因を特定するマインドセット、強みを再解釈して弱みの解消に取り組む。

3．Architect（設計する）

ここで、トップチームは、より広範なリーダー陣に、大まかな方向性の下で「自分たちの宝くじ（やりたいこと）を書く」ことを求めた。2日間にわたるエネルギッシュなワークショップで、50人のトップリーダーが集まり、「Aspire（志す）」「Assess（診断する）」ステージで得られた結果を内面化し、洗練されたものにした。さらに、率先垂範、腹落ち感のあるストーリー、スキルと自信の構築、正式なメカニズム（構造、プロセス、システム、インセンティブの変更）などを通じて、考え方や行動を変えるための効果の大きい活動をブレインストーミングで選び出した。

　ワークショップの後、リーダーが小グループとなって、範囲、潜在的な影響、責任、測定メカニズム、大まかな予算とリソース要件、相互依存性、主要マイルストーンを明確にし、潜在的な施策を具体化した。例えば、クレーム管理プロセスの再設計、モバイル・チャネルの構築、非中核事業の売却、間接費の削減、引受および主要顧客管理能力の向上、自動車セグメントにおける新商品群の開発など、さまざまな施策が挙げられる。さらに、各施策に取り組むチームは、その内容や実施プロセスにおいて、関係者の考え方や行動に望ましい変化をもたらし、リーダーシップ開発の促進剤として機能させる方法を明示し、「組織健康のためのエンジニアリング」を行う責任も担った。

　同時に、説得力のあるチェンジストーリーの作成と継続的なコミュニケーション・キャンペーン、業績と組織健康度への目標が含まれるリーダーシップ基準の設定、インセンティブ、それらを結びつける管理プロセスの変更という形で、組織健康に関わる追加アクションが実施された。最後に、今後も継続して変革を促すチェンジ・リーダーを特定し（影響力のあるリーダーを特定するために、シンプルな電子メール・チェーン・アプローチを活用）、その動員計画を策定した。

Architect（設計する）

▼到達には何が必要か？

施策のポートフォリオ：改善すべき範囲の設定、リスク・難易度・インパクトのバランスをとる、相互依存性を考慮した順序にする。

インフルエンスモデル：チェンジストーリーを書く、幅広いリーダーシップを巻き込む、公式な仕組み通じた変革を計画する。

4．Act（実行する）

トップ50のリーダーによる最終ワークショップで大枠が決定した後、トップ500のリーダーたちが2日間集まってプログラムをスタートさせた。ここでは、それまでのプロセスのミニ版を体験し、業績と健康状態を映し出す鏡に目を向け、今後の進むべき方向と決断を理解し、内在化させ、要望をくみ取り、ポートフォリオと関連する変革のゲームプランに結びつくように設計されていた。チェンジストーリーを中心にして、私たちは何者か、なぜ変わる必要があるのか（そしてなぜ今なのか）、どこに向かっているのか、どうやってそこに到達するのか、私にとってそれはどういう意味か、そしてなぜそれが重要なのか、といった点について深く考えたのである。

その後、１ヶ月かけて４万人の協力者に改革案を浸透させた。パワーポイントを使った手の込んだプレゼンは行われなかった。その代わり、各セッションの前に、変革のストーリーがすべて書かれた事前課題が送られ、各ユニットが集まって読んだ内容について会話をし、リーダーが質問に答え、参加者は自分のエリアにとってどんな意味があるか、どうすれば最大の変化をもたらすことができるかを話し合い、そして、正面からどのようにリードするかについて考え、お互いに約束をした。

この取り組みは、「３００日」の３つのフェーズで実行された。第１フェーズは収益性の回復を目指すもの、第２フェーズは成長の勢いをつけるもの、第３フェーズはナンバーワンへの加速に焦点を当てたものである。取り組みの性質に応じて複数の展開方法が用いられ、多くの場合、パイロット版を使用し、フォワードリーダーを育成し、取り組みがより拡大する方法がとられた。５人のＰＭＯチームが効果的に活動を調整し、プログラム全体のレベルでモニタリングとレビューができるようにした。

チェンジ・リーダーと学びを共有することを目的とした非常に効果的なコミュニケーションプログラム（全リーダーとの月例バーチャル対話式「ＣＥＯチャット」など）は、効果的にエネルギーを生み出した。

Act（実行する）

▼どのように進んでいくか？

デリバリーの方法：テスト・学習・スケールアップの取り組みの、ライン主導のガバナンスの導入、サポートと後方支援のためのＰＭＯ設立。

エネルギーの創出：チェンジストーリーの拡大と強化、チェンジ・リーダーの活性化、組織健康に対するパフォーマンス施策への取り組み。

5. Advance（前進する）

３００日の最後の波を迎えた会社は、すでに目標の多くを達成し、変革の推進から、毎年継続的な改善を実現する恒久的な作業モデルへの手法の進化に力を移し始めた。草の根的な業務改善活動を迅速に表面化させ、資金を調達し、実行に移すためのプロセスが確立された。チェンジ・リーダーのグループは、各主要分野を継続的に改善するメンバーによって刷新された。ＰＭＯは廃止され、目標設定とモニタリングの手法が、継続的な戦略立案と年間予算編成のプロセスに直接組み込まれた。また、知識の収集と共有を確実にするために、中核部門（センター・オブ・エクセレンス）が創設された。

おそらく最も重要なことは、プログラム期間中、現場にいる社員からリーダーまで全員が施策活動と融合されたリーダーシップ開発プログラムに参加したことだ。このプログラムでは、リーダーたちが技術的なスキルも身につけたが、個人の考え方や行動の転換、意味の発見と創造、課題を機会と捉え直すこと、人間関係のネットワークの構築、不確実性に直面したときの積極性、エネルギーと時間の管理（すべて「中心型リーダー」モデルの側面）などを体験的に学ぶことに主に焦点が当てられた。これらは、今や組織の文化に浸透し、学習と開発、ロールモデルとして組み込まれている。

Advance（前進する）

▼どうすれば継続して改善を続けられるか？

継続的な改善：継続的な改善への期待を設定する、ベストプラクティスの共有をする、組織的学習を実施する。

中心的なリーダーシップ：変革をリーダーの成長のために利用する、「フィールド＆フォーラム」手法を採用する、次世代リーダーを特定しスキルアップする。

開始後３年、リーダーシップチームとオーナーが喜んだことに、この会社は収益性を回復し成長をうまく推進するだけでなく、すでに目標としていたすべての分野で市場ナンバーワンを達成した。ＲＯＩは２桁、利益率は健全で、市場シェアも高い。さらに、会社の組織健康度は上位４分の１どころか、ＯＨＩデータベースの全企業の上位３％に入り、未来は明るくなっていた。最も大きな変化は、個人の目標と会社の目標が一致するようになったこと、戦略に基づいて行動するようになったこと、そして従業員の全体的なモチベーションが向上したことであった。

まとめ

★なぜ重要なのか？

―組織変革は、更なる偉業への道筋である。

―どんな有名企業でも変革出来なければ生き残れない、というのは真実。

―正しいアプローチを取ることで、変革の成功確率は２倍以上になる。

★なにが重要か？

―パフォーマンスと組織健康度を同等に重視する。

―確立された変革のレシピ（Ｈｏｗ）を厳格に適用する。

―多様な人材を巻き込むことで、予測し難い非合理性に対して合理的に臨む。

★どのように実現させるか？

―５つのステップで変革する。

各ステップにおいて見逃しがちなアクション

Aspire（志す）：初日から幅広いリーダーシップに参加してもらう。

Assess（診断する）：長所と短所を同等に重視する。

Architect（設計する）：組織健康のためのパフォーマンス施策を活用する。

Act（実行する）：従業員が意義を感じる5項目（社会、顧客、会社、チーム、自身に対するインパクト）を活用する。

Advance（前進する）：次世代リーダーを発掘し、育成する。

【訳者による第9章の解説】

本章であるように、企業変革を成功させるためには「パフォーマンス（業績）」と「ヘルス（組織健康度）」を両輪で進めることが重要である。これは日本企業においても同様、もしくは欧米企業以上に重要なポイントであると日々感じている。実際、日本の経営陣に、支援した変革プログラムの最も大きなインパクトは何だったかを尋ねると、大きな業績改善を成し遂げているにもかかわらず、組織健康度改善の取り組みを行ったことを挙げられる方が多い。

社会・経済の状況が大きく変化する現在、あらゆる企業がなんらかの変革に取り組んでいる。新しいかたちに脱皮できたと言えるほどの変革はどの程度あるだろうか。リーディング企業では挑戦したことを褒める文化や、失敗を学びと位置づけコーチングによる成長を促進する、といった加点主義に基づいた組織運営がなされている。一方で、そうではない企業では、失敗をしたら評価が下がるという減点主義が依然根強く、事なかれ主義を生み出し、変化を起こす意欲を弱めている。これまで紹介してきた様々な組織課題に真正面に向き合い、これらウィル（Will）に起因する阻害要因を取り除くことで、はじめて変革に必要なスキルを獲得しよう（個人としても、組織としても）という機運が生まれてくる。

成功に至る変革では、社員の情熱に火がつき、「事なかれ主義」とは対極の「オーナーシップマインド（自分ごと化）」が生まれる。その熱を直に感じるからこそ、日本の経営者は組織健康度の向上に大きな手応えを感じられるのだと思う。

第10章

リーダーの移行を成功させるには？

時代を超えたテーマ——リーダーの移行

１９２９年、アメリカの株式市場で史上最大の暴落が起こり、10年にわたる大恐慌の幕開けとなった。１９２９年から１９３２年にかけて、アメリカの株式市場は85％下落、世界のＧＤＰは推定15％減少、国際貿易は50％以上落ち込み、一部の国の失業率は33％にも上った（参考までに２００８年から２００９年の「世界金融危機」でのＧＤＰは１％の減少である）。

このような状況下で、フランクリン・Ｄ・ルーズベルトはアメリカ合衆国の大統領としての役割を果たしていく。ルーズベルトは就任演説で「われわれが恐れなければならない唯一のものは、恐れそのものだ」と歴史上有名な就任演説を行い、その驚くべき「最初の１００日間」をスタートさせた。その４時間後、政権が発足した。24時間以内に銀行システムを停止させ、緊急銀行法を起草した。１週間もすると、金融パニックは収束し、銀行システムは再び動き出した。その後３ヶ月の間に15もの法案が可決され、農家への融資、連邦事業、新しい金融規制などの一連の経済政策「ニューディール政策」によって、アメリカの姿が変わっていった。その間、彼はラジオ放送で「炉辺談話」を行い、国民に直接語りかけた。

ルーズベルトのリーダーとしての移行におけるスピードと確実性のすごさは、古代のユリウス・カエサルのそれと重なる。カエサルの軍事的征服はよく知られているが、投資アドバイザリー会社のプリンストン・エコノミクス・インターナショナル社の前会長マーティン・アームストロングによれば、実はカエサルは「すべての他の候補者を破った後、紀元前46年にローマに戻り、徹底した経済改革に着手した。その成果は大きく、ルーズベルトの最初の１００日の成果が小さく見えるほどである」とのことであった[1]。カエサルは、労働市場や司法制度の改革、教育や医療の充実、貿易赤字への対応、新しい暦の制定など、さまざまな改革を行った。まさにカエサルの名言通り「来た、見た、勝った」である。

これら2つの例は、歴史上に組織が存在する限り起こり続ける数多くのリーダーの移行の中で、特に有名なものに過ぎない。

あらゆる移行には不確実性が伴うため、シニアリーダーは新たなリーダーに対して多くの不安を抱き始める。例えば、「新しいリーダーは前任者が果たせなかったチャンスを発見し、それをつかむことができるだろうか?適切な場所で適切な時を過ごすことができるだろうか?適切なチームを編成できるだろうか?彼らが行う変革は持続可能なものだろうか?ふさわしい後継者を育てられるだろうか?」そして究極的には

図表10-1　リーダーは、自分とその組織が、共有する成果に向けて最大限の生産性を達成するまで、移行期にいる

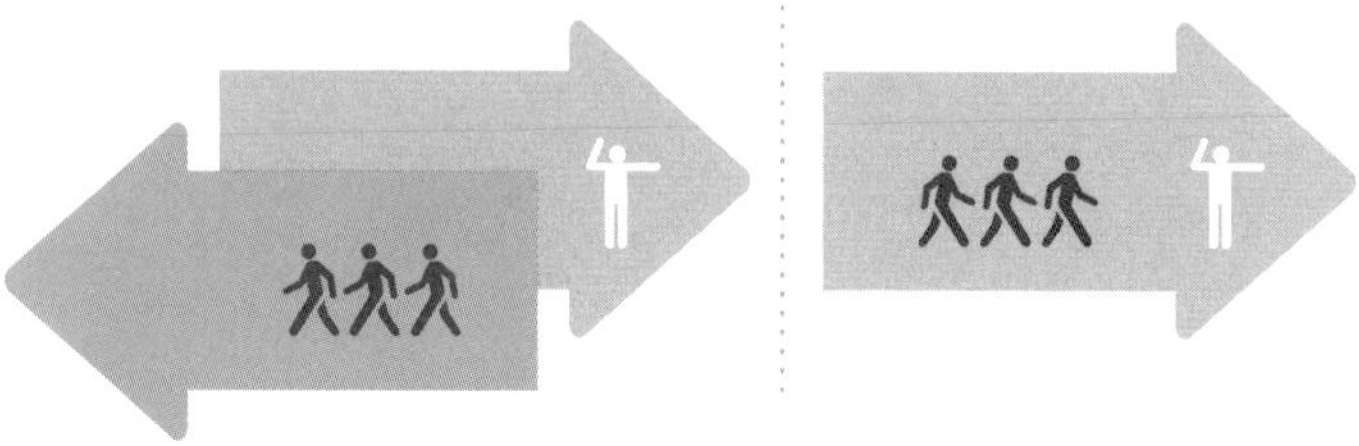

「彼らは成功するのか、しないのか」という問いに集約される。

私たちは「移行期間」を「リーダーとその組織が、共有する成果に向けて最大限の生産性を発揮できるようになるまでの期間」と定義している。現在、フォーチュン５００のCEO、CEO直属の部下、そのまた直属の部下までを含む上級幹部レベルの人数は合計約８０００人であり、その数だけの移行が一定期間内に生じていると推定される。これら移行を正しく行うことのビジネスにおける重要性は明らかであろう。リーダーが自身の最大の生産性に、より早く到達することができ、またその生産性が高ければ高いほど、より多くの価値が生み出されることになる。自身のリーダーとしての移行を成功させたい、あるいは新しい役割を担うリーダーが移行を成功させるために組織として最善の支援を行えるようにしたいと考えるなら、本章の

内容は関連するだろう。

なぜ重要なのか？　リーダーの移行はハイリスク・ハイリターン

あなたが新しい上級管理職の役割に移行しているとき、あなたは何を感じているだろうか？　もちろん、置かれている状況によって、感じていることは違うだろう。例えば、あなたは新しく作られた役職に就いているのか？　特に能力の低いリーダー、あるいは高いリーダーの後を継いでいるのか？　他の組織や他の国から来たのか？　大きな昇進なのか、あるいは同じ職位での異動なのか？　よく知っているビジネスや分野なのか？　その職務に就く前に、準備が可能となる予告期間があるのか、それとも突然の異動なのか？　上司やチームとすでに関係性を築けているのか、築けている場合はどのような関係か？

どのような状況であれ、一般的に経営者やリーダーの移行は、感情面でもビジネス面でもハイリスク・ハイリターンである。感情面では、リーダーにとっては、興奮と不安が混在している。興奮は、新しくより大きな舞台で変化をもたらすことができる可能性、新しい世代の人材を指導・育成するチャンス、自尊心の向上、選ばれたことによる大きな報酬などで、不安は、大きな期待が寄せられること、一層注目の的になること、複雑性の増大、急な学習曲線を前にした自信喪失などである。実際、ある調査で人生における困難を難易度の高い順に並べたときに、死別、離婚、健康問題などの人生の大きなイベントを差し置いて、「仕事での転機」が第1位となっている[2]。また移行するリーダー本人以外にも感情面で影響がある。リーダーを指名した側にとっては、正しい選択であったという希望と、間違っていたのではないかという不安がある。リーダーの組織に属する人々にとっては、交代が「自分にとって何を意味するのか、どのような影響があるのか」という不安定で不確実な状況が生まれる。

ビジネス面では、リーダーの移行が成功すれば、そのリーダーのビジネスが長期的に成功する可能性が高くなる。例えば、移行が成功したと判断されたリーダーのチームでは、10チーム中9チームが3年間の業績目標を達成している。さらに、そのチームの離職リスクは13%低く、チームの自発的に努力する意欲は2%高く、平均より5%高い売上と利益を生み出している。一方、移行期間に苦労したリーダーの直属の部下は、高パフォーマンスのリーダーの直属の部下に比べ、パフォーマンスが15%低下している。さらに、このようなリーダーは、解任されたり、組織を去ったりする可能性が20%も高くなる[3]。

またパフォーマンスの低下以外にもマイナス要因は存在する。例えば、移行に関わ

図表10-2　成功した移行と失敗した移行のインパクト

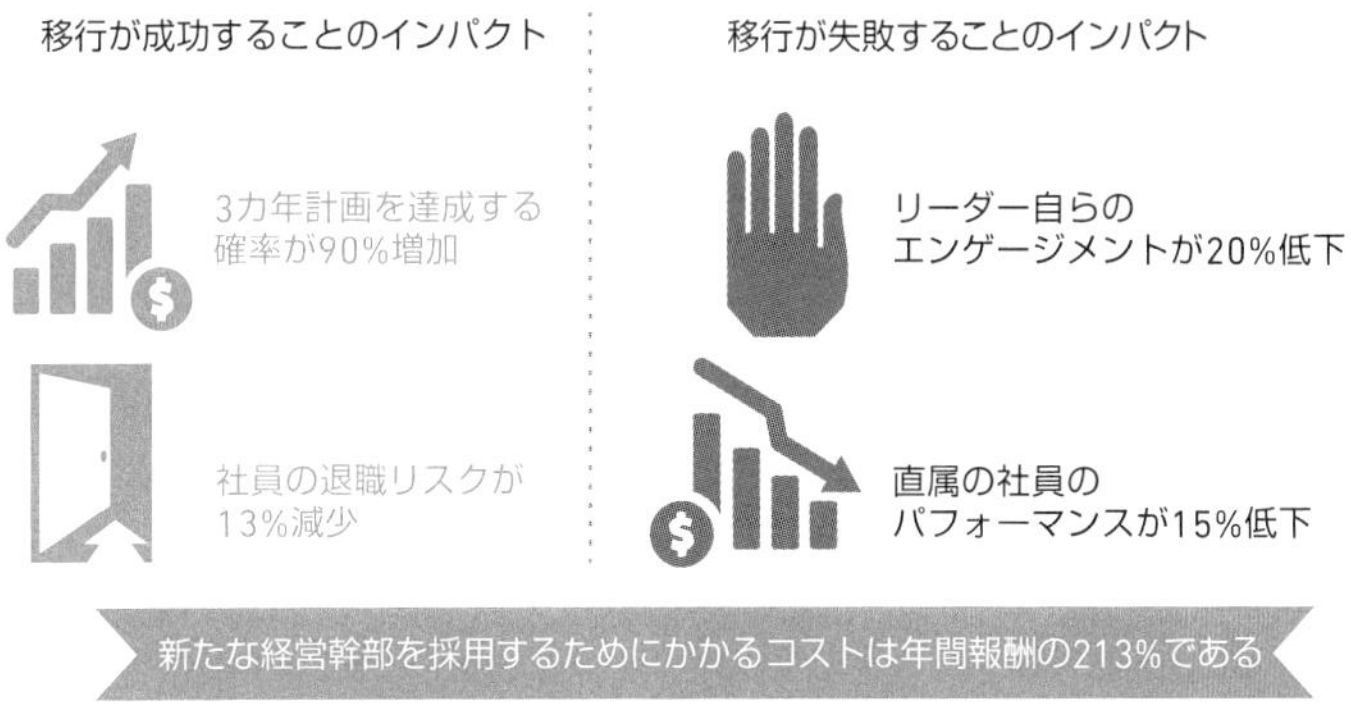

るコストが直接発生する。このコストは、状況によって大きく異なるが、一般的には、前述のパフォーマンス低下による損失に加え、広告や採用のコスト、引越手当、契約一時金、従業員紹介報酬、プロセスに関与する人事担当者やその他のリーダーの間接費が含まれる。これらを合計すると、最大で上級幹部の年間報酬の2倍以上に達する[4]。そして恐らく、最も大きなマイナス要因は、他社との競争が起きている間、組織を前進させるための期間を6ヶ月、12ヶ月あるいは18ヶ月失うことであろう。

　大きなアップサイドもあるが、大きなマイナス面もあるのが移行である。あなたが移行するシニアリーダー自身であっても、移行を支援する側であっても移行を正しく行うことが重要である。

なぜ重要なのか？「ソフト」な要因によって、移行の約半分は失敗している

２０１０年末、ロン・ジョンソンはアップル社の有名な経営者だった。小売事業担当副社長として、アップル・リテール・ストアとジーニアス・バーのコンセプトを作り上げ、アップル社以前の10年間では、ターゲット社マーチャンダイジング担当の副社長として店舗をおしゃれなイメージに変えることに成功し名を馳せた[5]。スタンフォード大学で学士号を取得し、ハーバード大学でＭＢＡを取得した彼は、これまで数々の移行を乗り越えてきた実績ある経営者であった。そして２０１１年11月、それまで7年間ＣＥＯを務めていたマイク・ウルマン氏の後任として、米百貨店のＪ・Ｃ・ペニーに鳴り物入りで入社した。

ジョンソンは、百貨店チェーンを抜本的に見直した。例えば値引きをやめ、流行ブランドのブティックの集合体として店舗を改装した。しかし、この計画は大失敗に終わってしまった。就任16ヶ月後の２０１３年初めに彼が解任されたとき、売上高は60億ドル減少、株価は51％下落し、４万人の従業員を解雇し終え、莫大な負債を抱えていた。２０１３年４月、マイク・ウルマンがＣＥＯとして復帰し、事態の収拾にあた

った。

多くの移行はこれほど顕著な失敗ではないかもしれないが、調査によると、シニアリーダーの移行のうち、移行2年後には27～46％が失敗または期待値よりもパフォーマンスが低い状態にある[6]。では、なぜこのようなことが起こるのか。調査によると、68％が組織文化、人材、政治に関する問題でつまずき、67％のリーダーが組織文化の変革にもっと早く取り組めばよかったと考え、移行時の課題の第1位として組織内政治に適応することが挙げられているのだ。なお、これは外部から入ってきた人たちだけの問題ではない。社外から入社した社員の79％、社内から昇進した社員の69％が、組織文化の変革を実施することは難しいと報告している[7,8,9]。

ただし、前述のジョンソンのケースは、戦略の失敗だったと言えないだろうか。つまるところ、値引きを廃止し節約志向の強い長年の顧客を怒らせ、また新規顧客も獲得できず、一方で店舗の改装をどんどん進めていたのである。しかし、元人事部長のダン・ウォーカーは、「戦略は間違っていなかったと思う」との見方をしている。「仮により大きく店舗を変革できていたなら、違う結果になっていたかもしれない」[10]と述べる。ジョンソンは、自身が進めた店舗内ブティック戦略の名残が今日の成功に寄与していると述べている。一方で、ジョンソンは、主な失敗の原因に、会社の停滞し

図表10-3　ソフト面が移行の成功率にどう影響するか

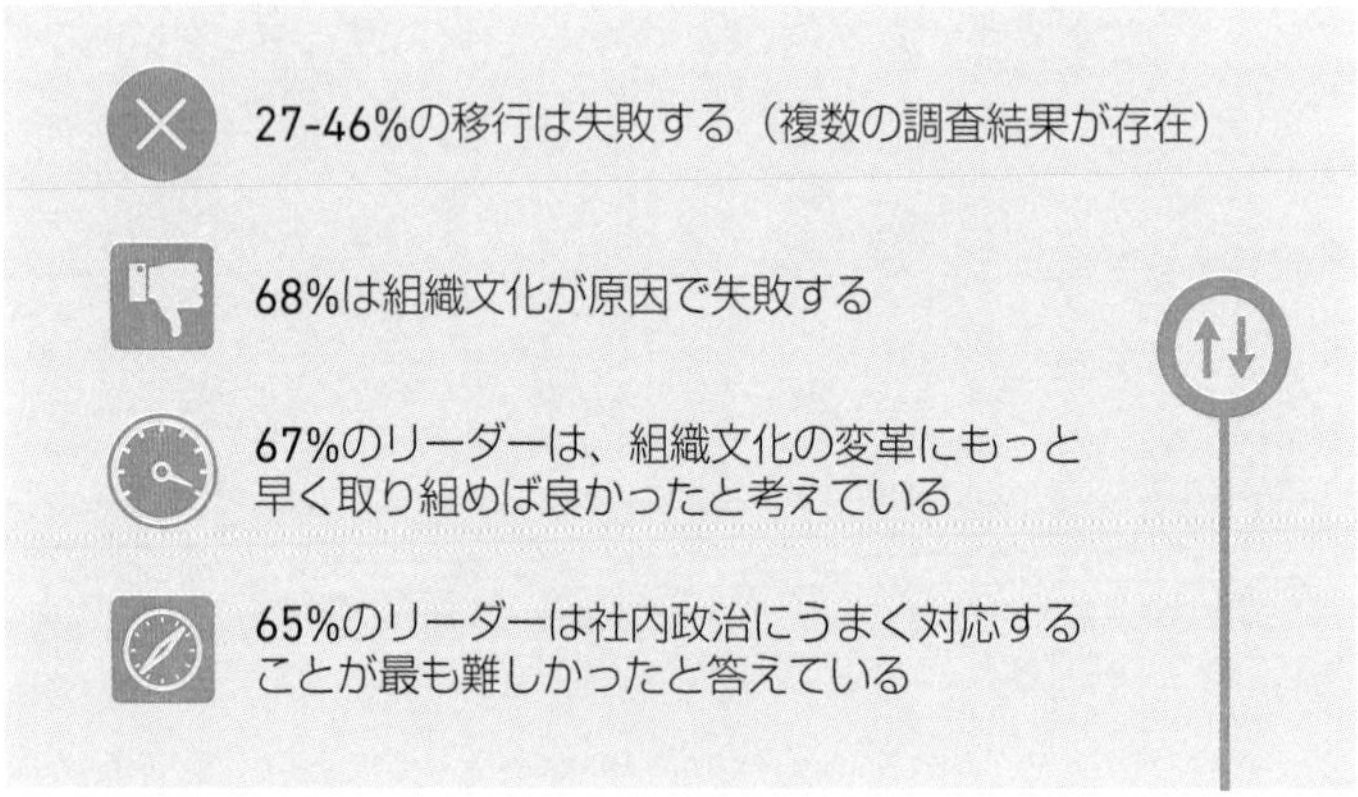

た組織文化を挙げている。フォーチュン誌によれば、「社員は凝り固まっており、彼に抵抗していたのだ、とジョンソンは述べている」[11]。また、元COOのマイク・クレイマーも、ジョンソンと既存の組織は「初日から水と油のようなものだった」と同意している。ジョンソンが導入したソフト面への対処法では問題を解決することはできなかった。フォーチュン誌が彼のリーダーシップスタイルについても触れているが、「ジョンソンを批判すると、ジョンソンは、たとえその批判が正しくとも、そうでなくとも、批判者を懐疑的な人物とみなした」[12]のである。

移行期を経るリーダーは、リーダーシッププコーチであるマーシャル・ゴールドスミスの「今までのやり方では、これから先はうまくいかない（What got you here won't get you there)」[13]というアドバイスを、特にソフト面において参考にするのがよいだろう。

なぜ重要なのか？　移行頻度は高まるものの、支援はほとんど提供されていない

ビジネス界における変化のペースと規模が絶えず拡大していることを考えれば、経営幹部の移行の数が増加していることは想像しやすいだろう。ＣＥＯの退職率は２０１０年から5年間で11・6％から16・6％に増加している[14]。また、新しいＣＥＯの69％は、就任後2年以内に経営陣を入れ替えるため、連鎖的に上級幹部の移行が発生している[15]。最近の調査によると、67％のリーダーが、現在の自分の組織では過去１０年間に比べて「多少なりともより多くの」移行が発生していると報告している[16]。

多くの移行が起き、またそれと同時に多くの価値を失うリスクがあるとすると、当然どの企業も、これらの移行を成功させるためにきちんとした支援を提供するはずだろう。しかし、事実はそうではないことを示唆している。自分の組織が新しいリーダーを適切に支援していると感じている人は、米国では29％、世界全体では32％しかい

ない。また、米国のリーダーの74%、世界のリーダーの83%が、準備が不十分な状態で新しい職務に就いていると感じている[17]。経営や人事に関するコンサルティング会社のＣＥＢ社が述べるように、「ほとんどの組織は、新しいリーダーの移行を、Ｍ＆Ａを行うのと同じように、単発のイベントとして行っている。よく起きる非体系的なあまり関与しない『ハンズオフ』な移行のアプローチは、新しいリーダーが自身で移行を実施することに頼っている。しかし、ほとんどのリーダーは、キャリアの中で数回しか移行を経験しないため、彼らにとっては、移行は科学的なものでなく、感覚的なものにとどまっている」[18]。

　では、移行を成功させるために、組織はどのような支援を行っているのか。調査によると、最も一般的な方法は、メンタリングや非公式的な「仲間」のネットワークを提供することである。しかし、社外から入社した人のうち、これらが役に立ったと考える人はわずか47%で、また社内から昇進した人のうち、これらが役に立ったと考える人はさらに少ない29%であった。次に多いのは、一般的な入社プログラムによる支援であるが、これらが効果があると回答しているのは、社外の経営幹部の19%、社内の経営幹部の11%にとどまる。移行が成功する可能性を2倍にすることが証明されている方法もあるが（例えば、カスタマイズされた新組織への融和（アシミレーション）

図表10-4　経営幹部の移行の頻度および支援に関する指標

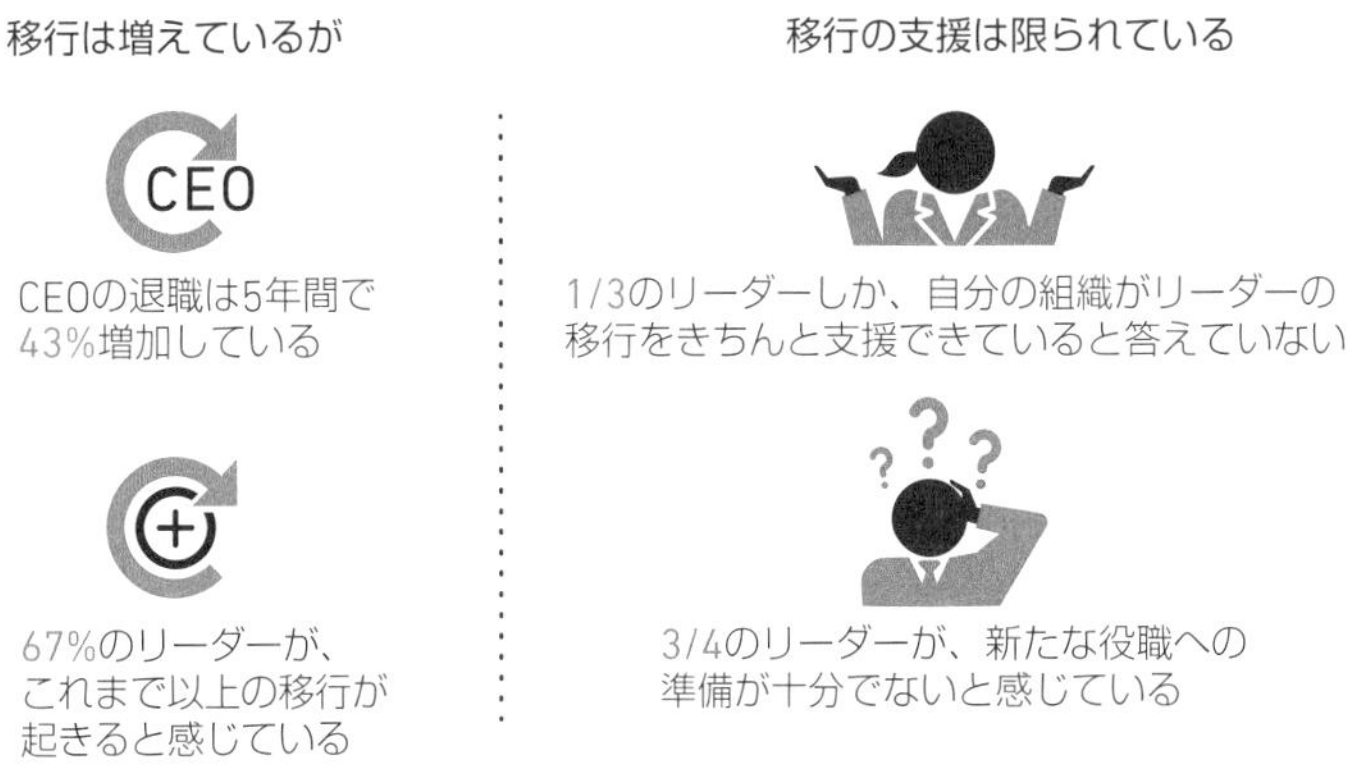

プランとプログラム、およびカスタマイズされたエグゼクティブコーチングなど）、これらを提供しているのは32％の組織に過ぎない[19,20]。組織が今後提供する予定の追加の支援を尋ねたところ、1位の答えは、支援の役割を果たす人事ビジネスパートナーによる支援内容の拡大であった。ただし人事ビジネスパートナーは、移行支援を拡大する以前に、すでに手一杯の状態にあるとされているのが課題である[21]。

もし、あなたが生産率向上に取り組むオペレーションマネージャーで、生産ラインから流れてくる製品の29～47％に不良品があったとしたら、その問題を解決するために真剣に取り組むだろう。上級経営幹部の移行においても、特に大きなポジティブな効果を生み出す可能性があると考えれば、同じように真剣に取り組むべきである。ではどうすればよいのだろうか。次に、移行において「何を」「どのように」行うかについて紹介する。

なにが重要か？　5つの側面で準備と実行を行う

スペインの文豪ミゲル・デ・セルバンテスは、かつて「しっかり準備しておけば、半分は成功したようなものだ」と記した。これはシニアリーダーにおける移行にも通ずる。では、成功に必要な残りの半分は何だろうか。同じくスペインの画家、パブロ・ピカソは「行動こそがあらゆる成功の鍵である」と述べている。つまり彼らの言葉を借りれば、リーダーは移行にあたり、準備、次に実行をするという2つのステップを考えるべきである。私たちの経験上、この2つのステップは、次の5つの側面それぞれで行われるべきものである。

担当事業領域：あなたは、ビジネスのパフォーマンスと組織の能力の現状を正確に把握し（準備）、今後の目指すところと優先項目に対してチームと組織を連携させ、動かすことができているか（実行）。

組織文化：組織文化の現状と、将来のパフォーマンスを引き出すために必要な変化を理解し（準備）、変化の実現に向けてあなたとあなたのチームが利用できるあらゆる打ち手を講じているか（実行）。

チーム：チームメンバーに備わっているスキルや意志と、チーム体制の観点から適切なチーム構成になっているか（準備）、そして高パフォーマンスのチームになるために体系立った取り組みをしているか（実行）。

自身：あなたは、あなた自身が勢いに乗り、ビジネスとプライベートの境界線を設定し、在任中に残したい遺産（レガシー）を検討するために、必要なことを行い（準備）、自身しかできない役割を果たすために賢く時間を使っているか（実行）。

その他のステークホルダー：あなたは自身の任務や、主要なステークホルダーがあなたに何を期待しているかを理解しているか（準備）。また、彼らの期待値を常に理解するために彼らと生産的な働き方のリズムと関係を確立しているか（実行）。

リーダーのスタート地点は一人ひとり異なるため、これらの質問に対して、一般的な答えで回答しないようにする必要がある。例えば、あるリーダーにとっては、受け継いだものを各方面で維持し、着実に向上させることが大きな役割となり、あるリーダーにとっては、すべての方面で変革が必要となり、またあるリーダーにとっては、その２人の間になるだろう。また、新たなＣＥＯはチームの50％を入れ替えて「自分たちのチーム」にすべきだという定説がある。実際、業績不振の企業を引き継いだＣＥＯの72％、高業績の企業を引き継いだＣＥＯの66％は、まさにその通りにしている。しかし、チームを入れ替えることで得られる効果は状況によって大きく異なる。業績不振の企業では株主総利回り（ＴＲＳ）が０・８％上昇する一方で、高業績の企業では価値を毀損している[22]。すなわち、すべてのリーダーは、適切なチームを編成する必要があるが、その方法はそれぞれの状況によって異なるのである。

５つの側面を同時に取り組むのは容易ではない。皿まわしのように、ゆっくり取り組みすぎると勢いを失って地面に激突し、速く取り組みすぎると制御不能に陥る。し

図表10-5　準備と実行で取り組むべきトピック

	準備すること	実行すること
1. 担当事業領域	現在のトレンドや機会	高い志と優先順位への連携
2. 組織文化	組織の状況や求める変化	組織に影響を与えるための４つの打ち手
3. チーム	適切な人材とチーム構成になっているか	高パフォーマンスのチームになるための取り組み
4. 自身	達成したいことと勢いに乗るために必要なこと	自分自身しかできない役割
5. ステークホルダー	自身の任務の理解と明確化	生産的な会議のリズムと関係性の構築

かし、これを正しく行うことができれば、見事な成功を収めることができる。

なにが重要か？「何をやらないか」も明確にする

　2000年6月、世界的な消費財メーカーであるP&G社の業績が低迷しているとき、アラン・G・ラフリーが指揮を執った。前任者は4ヶ月の間に3回の業績予想を修正し、P&Gはダウ工業株価指数で最悪の業績になっていた。その状況下でラフリーが在任中の最初の5年間に利益を70%、売上を30%増加させたことはよく知られるところだが、この成功の要因は、彼が何を始めたかと同じくらい、何をやめたかということにある。ラフリーと経営陣は、

４つのコアビジネスと１００以上の国のうち10カ国を重点項目とした。そして２億ドル近い「スカンクワークス」と呼ばれる実験的な特命技術プロジェクトに速やかに終止符を打ち、地域ごとのマーケティングキャンペーンを終了させるなどした。

ラフリーは、自身の哲学を次のように要約している。「ものごとの方向性は、子ども番組で流れるくらいにシンプルにし、広く理解できるようにする。また、何をやらないか、何をやめなければいけないかを明確にする。ほとんどの人間や企業は選択をするのが好きではないし、やり続けなければならないことの選択をするのは特に好きではない。もし、私たちが『やらない』と言ったことに取り組んでいる人を見つけたら、予算と人員を引き上げて、私たちがやるべきことに集中させる」[23]。彼の哲学は、アップル社の元ＣＥＯ、スティーブ・ジョブズの「私は、我々が何をするかと同じくらい、何をしないかを誇りに思う」という言葉と非常によく似ている[24]。同じように、経営思想家のジム・コリンズは、偉大な企業は「やること」リストを補完する「やめること」リストを作成していると述べている[25]。

私たちの経験では、新しい職務に就いたリーダーが陥りやすい罠の１つは、自分のリーダーシップの下で何をやるかは明確にするが何をやらないかを明確にしないことだ。なぜなら、新たにリーダーが就任した際には、次のようなことが起きるからだ。

新しい方向性を聞いた社員は、まず自分たちがすでに行っていることを、その新しい方向性に合致するように修正する。次に、彼らが長年大事にしているプロジェクトをその新たな目標を達成するための方法として推進する。その結果、様々な施策が善かれと進められ、組織に負荷をかけることになる。施策の数が増えると、インパクトの創出が遅くなり、リーダーシップによるコミットメントが薄れ、勢いが失われるのである。

この事象は、事実によっても裏付けられている。成功するリーダーは、「何を始めるべきか」と同時に「何をやめるべきか」に関する、自分の期待値を明確に伝えていることが、成功しないリーダーよりも１・８倍も多い[26]。

移行中のリーダーが「準備」をする際には、どのような変化を見たい、または見たくないかに加えて、具体的に何のスピードを緩めるべきか、何を先送りにするべきか、何をやめるべきかについて、周囲に尋ねるのが賢明だろう。例えば、施策、会議、プロセス、レポート、儀式的な行動などにおいてである。「実行」の際には、やめることと開始することを明確にするだけでなく、「きれいな部屋の管理」の秘訣である、「１つ増えたら、１つ減らす（one in, one out）」を適用する必要がある。新しいシャツを１枚クローゼットに入れたら、スペースを空けるためにどの古いシャツを

図表10-6　「やらないことリスト」を持つことの効果

「何をやるか」と同じくらい「何をやらないか」を明確にする

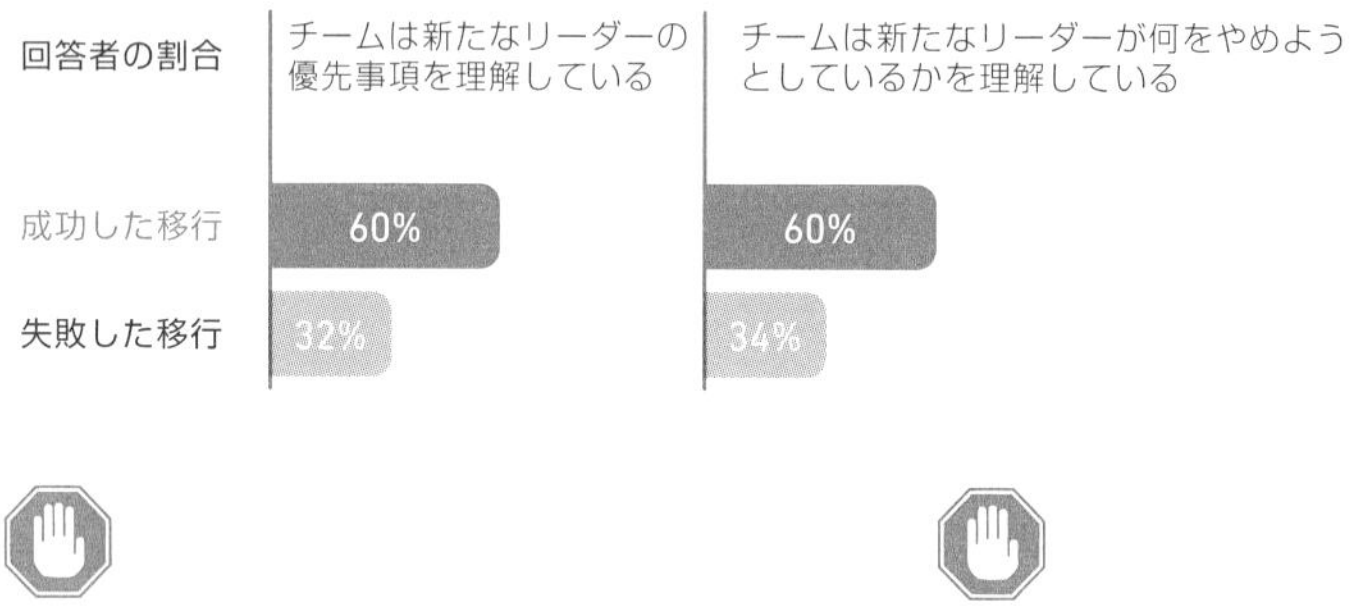

捨てるべきか。同じように、新しい取り組みが提案されたとき、単に「ビジネスケースは何か？」という問いだけでなく、「これをうまくやるための時間、お金、資源を生み出し、注力するためには、何をやめるか？」と問うのが大事である。

なにが重要か？「最初の１００日」に縛られない——日程重視ではなく、インパクト重視で移行を進める

あなたは最近ローマからメキシコシティに引っ越したとしよう。これを祝うために、あなたは新しい友人たちのために夕食を作った。しかし残念ながらパスタは茹で足りず、パンはパサパサ、デザートは外側がカリカリで、中身は柔らかすぎだった。実は、今回あなたは、いつも

図表10-7　移行を成功させるために実際にかかる時間

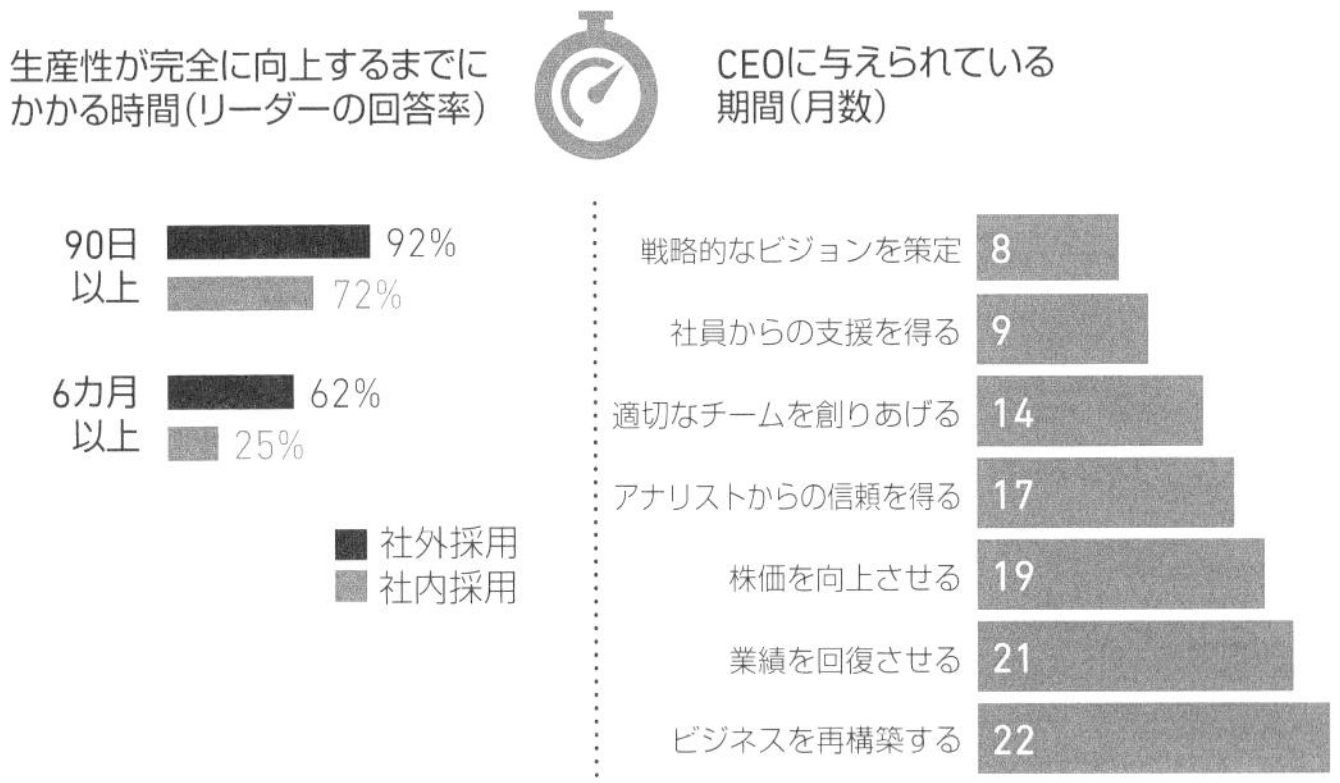

より2200メートル高い標高で調理すること、つまり気圧が低くなることで、食材を焼くのに時間がかかり、お湯は低温で沸騰し、気泡がより膨張することを考慮に入れていなかったのだ。翌日、あなたは朝の日課のランニングに出かけた。いつもは30分間で6キロメートル走れるのに、今日は5キロがやっとであった。前の晩に飲みすぎたわけでもないのに、なぜだろう？　実はこれも高地のため、酸素濃度が低いことが原因だった。

　この話で伝えたいこと、それは何かをするのにどれくらいの時間がかかるべきかは、状況に依存するということだ。つまり、リーダーが最大の生産性を得るために必要な時間は、状況におけるあらゆる変数が影響を及ぼすため、それぞれの移行ごとに異なる。しかし、アマゾンのウェブサイトで「経営幹部の移行」と検索入力すると、成功に向けた「最初の90日」または「最初の１００日」の計画に関する膨大な本のリストが表示される。実際にはこれらの本には同じことが書かれている。それは、最大の生産性を達成するためには時間が限られており、その時間内に達成できなければ、将来が絶望的だ、ということである。このようなメッセージのアプローチは、マーケティングとしては優れているかもしれないが、証拠に裏付けられてはいない。実際には、ほとんどの新任のリーダー（外部採用のうち92％、内部採用のうち72％）の生産性が完全に向上するまでに90日以上かかっている[27]。さらに、多くの経営幹部は真に効果を得るには少なくとも６ヶ月を要すると認めている（社外採用のうち62％、社内採用のうち25％）。

　経営幹部に対する期待値を客観的に見ると、「最初の１００日間」は人為的に作られたものであることが明らかである。例えば新しいＣＥＯの場合、ステークホルダーはＣＥＯに対し、通常、最初の８ヶ月間で新しい戦略的ビジョンを共有することを求め、新しいチームを作り上げるために14ヶ月の期間を与えている。また、株価が上昇するまでに期待する期間は、１年７ヶ月とさらに長くなっている[28]。もちろんこれはリーダーが行動をとるのを遅らせてもよいということではない。実際、72％のリーダーは、もっと早くチーム作りをしておけばよかったと思っている。しかし、リーダーは早く行動しなければならないというプレッシャーを感じるべきでもないということだ。例えば、半数以上の経営幹部は、移行において、個人のリーダーシップにおける長所と短所を把握することや、目指す個人の運営モデルを考え抜くのに十分な時間をかけなかったと振り返っている[29]。

「最初の１００日」というコンセプトは、冒頭で紹介したフランクリン・Ｄ・ルーズベルト大統領の政権移行に結びつけられることが多いようだ。皮肉なことに、実はルーズベルトはこの言葉を自身の移行期間についてではなく、ニューディール法の大半を可決するため、議会を休会させることなく開催した１００日間を説明するために使っている。ゼネラルエレクトリック社のＣＥＯであるジェフ・イメルトは、リーダーにとって究極の気づきは次の通りだと述べている。「最初の90日（あるいは１００日）について書かれた本は、いろいろな意味で役に立たない」[30]。次のセクションでは、日程を重視するアプローチよりも、インパクトを重視するアプローチのほうが、いかに成功の可能性が高いかについて紹介する。

どのように実現させるか？
5つのステップを踏んで移行を成功させる

ヨーロッパの金融サービス企業でシニアリーダーを務めるソフィアは、最近保険仲介事業の経営幹部のポジションを引き受けた。彼女のこれまでのキャリアをよく見ていた経営陣は、この役職は、彼女にとって少し背伸びをしなければいけないものではあるが、彼女が適任であると感じていた。ソフィアは、リテール・バンキング部門の財務部からキャリアをスタートし、次々と難易度の高い職務を担当し、急速に出世していった。ソフィアは、保険業務については、多少なりとも触れたことがあったが、その仕組みについてはほとんど知らなかった。ただし、この保険事業の業績が悪いことは知っていた。

1．Aspire（志す）

ソフィアは、新しい役割を引き受けるとすぐに、その詳細を理解することに専念した。前任者と話し、時間をかけて前任者の考えや見解の理解を深めた（前任者が在任中の業績は芳しくなかったことを念頭に置きながら）。また、第三者の専門家を招いて、業界の動きや競合他社の動向、業界におけるベストプラクティスを把握するためのワークショップを開催した。さらに、現在は同じ事業で働く昔のチームメンバーに会い、自分が受け継ぐチームについて理解を深めた。

就任後、ソフィアは各地域のオフィスを訪れ、現地で時間を過ごしながら、組織への理解を深めていった。その間に、優秀な社員と個別に面談をしてアドバイスをもらいつつ、他の社員とも交流した。また、主要な顧客にも会って、彼らの希望や悩みを聞いた。同時に、彼女の代わりに、戦略チームが事業部の業績と組織文化に関する基本的な分析をまとめていた。彼女は、毎週このチームに会っては、調査結果を話し合い、競争環境、これまでの業績、現在の組織文化、業界の動向などをまとめた「１つの真実の姿」を作り上げた。

就任から10週間後、ソフィアはチームを集め、「高い志の設定」をするための２日間の合宿を開催した。当日は有効的に時間を使い、自分たちにしかできないことに集中できるよう、メンバーにはビジネスの基本情報が記された事前資料が共有された。そして合宿中に、一同で３つの「高い志」を創りあげた。

3つの高い志：

「私たちは、独立した企業ではなく、銀行グループの一員として運営する」

「私たちは、すべての人にすべてを提供するのではなく、規律をもってセグメント化する」

「私たちは、まず連続的な成長に取り組む、その後必要な買収を検討する」

また、今後は暫定的に隔週で会議を開催し議論を深めるという、今後の運営方法にも合意をした。

1．Aspire（志す）

▼どこをめざすか？

ベースライン：以下を含む「1つの真実の姿」を作成する。

—競争環境
—これまでの業績
—現在の組織文化
—業界の動向

ヒアリングツアー：ステークホルダーと現地で時間を過ごす。
共創：チームを巻き込み、高い志とそれを具体化するためのロードマップを共同で創造する。

2. Assess（診断する）

現状と高い志が明確になり足並みが揃ったところで、ソフィアとその戦略チームは、高い志を達成するために重点的に取り組むべき項目を特定した。また、それに向けて新たに構築する必要のある能力（デジタル・マーケティング、データ分析、顧客管理システムなど）を特定した。そして最後に、新たな重点項目を達成するための最適な組織構造について、さまざまな選択肢を検討した。その結果、ソフィアが新しい役職に就いてから3ヶ月後、ソフィアは事業の再編成と2人の経営幹部の早期退職、そして経営層に3つの新しい役職を設置したことを発表した。

この間、ソフィアは毎朝1時間、主要なステークホルダーと非公式に連絡を取り合った。同時に、彼女は少人数のチームで特定のテーマについて議論するフォーカスグループを実施し、高い志の達成を妨げる可能性のある、足枷となるような組織や社員のマインドセットや行動を特定した。この結果、多くの社員は、「大きな金融機関の一員として運営することは、保険事業の競争力を高めるというよりも、むしろパフォーマンスを阻害することになる」と感じていることがわかった。また、中には自身が所属する部門以外の同僚の能力を信頼していないという社員もいた。加えて、「収益（利益率含む）さえ伸びていれば、他のことはどうにかなる」という考え方も蔓延していることがわかった。

その後に行われたチームとのワークショップでは、経験豊富なファシリテーターの下、具体的な業績目標（利益率の伸び、クロスセル率、顧客満足度など）について参加者間で合意がなされ、併せて必要なマインドセットと行動の変化を特定した。

Assess（診断する）

▼出発の準備はできているか？

目標：高い志の達成に向けた、価値を生み出す具体的な打ち手を特定する。

能力：現状と求められているも状態とのギャップを把握する。

マインドセット：マインドセットと行動の観点において、どのような現状から将来への変化が必要かを判断する。

「善は急げ」：組織体制と人材に関して、とりあえずやるべき変化は実施する。

ステークホルダーの巻き込み：ステークホルダーと実地で過ごす時間を増やす。

チームの連携：重点分野における現状から未来への変化の目標を共同で作成し、チームを巻き込む。

3．Architect（設計する）

「現状把握」し、「志」を一致させたソフィアと新チームは、組織を前進させるための「行動」を計画し始めた。各重点分野で何を行うかを検討する施策推進チームが立ち上げられた。各施策のスポンサーは経営幹部クラスが務め、お互いの理解を深めるために施策推進チームとスポンサーは二人三脚で行動した。各チームは、「顧客セグメント化戦略の策定」「技術人材の最適化」「働き方と報酬体系の標準化」「社内の他の事業との連携強化」などに取り組んだ。その際には、従来のビジネスケースだけでなく、「何をやめるべきか」「必要な能力をどのように構築するか」「率先垂範、腹落ち感のあるストーリー、強化する仕組み（インセンティブとプロセス）、スキルと自信の構築に関するアクションを通じて、この施策がいかに明確に組織文化の変革を推進するか」を提案することが各チームに求められた。

その次の合宿では、各施策の範囲について議論し、承認がなされた。また、プログラム運営の観点からの確認も行われた。例えばどのような重要な決定が必要か、全体の中でマイルストーンはどこか、どのようなガバナンス構造を用いるかなどである。いくつかのシナリオを作成し、意思決定権、重要な業績評価指標（KPI）、施策の将来的な相互依存関係などに対して、全員で理解を深めた。また、プログラム全体として、なぜ、何を、どのように、いつ、誰が行うのか、をチェンジストーリーという形でまとめた。最後に、チームは自分たちの役割を話し合い、今後の定常状態における会議のリズムを決定した。

Architect（設計する）

▼到達には何が必要か？

施策：シニアスポンサーを含む戦略的施策チームを立ち上げる。

チェンジマネジメント：組織文化の変革とチェンジマネジメントの計画を決定する。

「何をやめるか」：何が変わり、何が変わらないか（あるいは変えるべきではないか）を明確にする。
チェンジストーリー：必要な要素を統合し、筋の通ったチェンジストーリーを作成する。
コミットメント：個人とチームのリーダーそれぞれの、プログラムや施策に対するコミットメントを議論する。
会議頻度（ケイデンス）：プログラムを運営するために必要な会議運営のリズムを決定する。

4. Act（実行する）

合宿の後、ソフィアは、迅速な成果を出すことと並行して、詳細な計画を立てることに焦点を当てた。彼女は、様々な施策チームを調整し、作業を完了させるために、プログラムマネジメントオフィス（ＰＭＯ）を設置した。このステップのクライマックスは、組織のトップ３００人のリーダーを集めた合宿で、そこで全体的なチェンジストーリーと詳細な実施計画を共有し、最終化する。この合宿で、組織の新しい方向性を正式に打ち出すことができるように、ＰＭＯは詳細なチェンジマネジメントプランとコミュニケーションプランを準備していた。一方、財務と人事チームは、現在のビジネスと人材のプロセスを見直し、新しい方向性との整合性を確認し、「誰が何を実施するのか」を明確にすることに取り組んだ。

ソフィア自身は、上司のラジットと時間をかけて話し合い、彼が納得して、この計画を支持してくれることの確認を得た。そして、トップ300が集まる合宿のキックオフに、新しい方向性の可能性と、それが会社全体にとってどういう意味を持つかをラジットに説明してもらうように頼んだ。さらに、ソフィアは、ソフィアのアシスタントと一緒に、日程調整におけるガイドラインを設定し、重要なことに時間を割きつつ、緊急のことにも柔軟に対応できるようにした。

Act（実行する）

▼どのように進んでいくか？

リーダーシップ間の調整：目標や優先順位に対して、より広範なシニアリーダー層（例：トップ300人）をすり合わせる。

リーダーに影響を与える：トップレベルから現場レベルまで、チェンジ・リーダーを特定、巻き込み、取り組みを推進する。

測定：必要な測定と振り返りをできるようにする。
プロセス：新しい方向性をビジネスと人材管理プロセスに組み込み、個々人の責任を明確にする。
ロールモデル：望ましい変化のロールモデルとして行動する。

5．Advance（前進する）

トップ３００のセッションを終えたソフィアは、移行の状態を抜け、より定常的にビジネスを進めていくための取り組みを進めていった。その後６ヶ月間、彼女はＰＭＯ、運営委員会、施策チームとの月１回のミーティングを続け、順調に軌道に乗ると四半期ごとのスケジュールに切り替えた。さらに、顧客、ビジネスパートナー、金融規制当局との時間や、チームのコーチングに時間を費やす一方、戦略や組織の動き、そして自分自身がもたらしているインパクトについて考える時間を確保できるよう、自身の時間の使い方のバランスを常に意識し、必要に応じ調整した。

ソフィアは、チーム全体のセッションや１対１のコーチングセッションを頻繁に行い、彼らが十分に力を発揮できるよう、チームに寄り添い続けた。彼女は、就任から

6ヶ月が経っても期待通りに変化しない2人のリーダーに対しては、残念ながら必要な改革の一環として、再配置などの検討を行った。このときも、彼女は人事部長と協力し、特に補強が必要な領域について、後継者の選択肢を確保していたため、スムーズに進めることができた。彼女はまた、社内に非公式のアドバイザーからなる少人数チームを設け、相談役として、秘密裏にアドバイスを得る先として、また自分やチームの行動が組織の隅々でどのように受け止められているかという「真のスクープ情報」を得る情報源として活用した。

Advance（前進する）

▼どうすれば継続して改善を続けられるか？

自身の見直し：優先順位を見直し、個人の時間を集中できるようにする。

組織：組織と人に関する残りの変革を行う。

説明責任：リーダーに責任を持たせ、必要な支援を与えチャレンジをさせる。

運営モデル：運営モデルおよび測定と振り返りの手法を洗練化する。

フィードバック：自分自身やチームがロールモデルになれているかについて、正式なフィードバックを受ける。

　就任して1年が経った。実はすべてが計画通りに進んだわけではなかった。経済情勢の予期せぬ変化により、個人向けビジネスに重点を置く戦略への転換を余儀なくされ、また、一人のトップメンバーが、彼が担当する領域でリスクとコンプライアンスに関する重大な問題が浮き彫りになったため、突然退社することとなった。しかし、ソフィアが導入した会議運営のリズムのおかげで、チームは調整の必要性を早い段階で察知し、適宜変更を行うことができた。その結果、この事業部の業績は好転し始めた。クロスセルの普及率と利益率の大幅な向上を実現し、計画を上回る成果を上げることができたのだ。さらに、明確な方向性が共有されていると感じている従業員は、ソフィアの就任前には50％以下しかいなかったが、現在は95％に増えた。そして、最も重要なことは、ソフィアが正しい戦略、正しいチーム、そして関係者からの正しい支援を得て、前進し続けることができると確信していることであった。

まとめ

★なぜ重要なのか？

―リーダーの移行はハイリスク・ハイリターンである。

―組織文化、人材、社内政治などの「ソフト」な要因によって、移行の約半分は失敗している。

―移行の頻度が高まっているにもかかわらず、支援はほとんど提供されていない。

★なにが重要か？

―現状を把握するための5つの側面（ビジネス状況、組織文化、チーム、自身、ステークホルダー）。

―「何をやるか」と同じくらい「何をやらないか」を明確にする。

―「最初の100日」に縛られない―日程重視ではなく、インパクト重視で移行を進める。

★どのように実現させるか？

―5つのステップを踏んで移行を成功させる。

各ステップにおいて見逃しがちなアクション

Aspire（志す）：高い志をチームと共創する。

Assess（診断する）：とりあえずやるべき変化を早急に実施する。

Architect（設計する）：効果のある明確なチェンジストーリーを作成する。

Act（実行する）：予想外のことが無いよう、振り返りのメカニズムを導入する。

Advance（前進する）：振り返りや見直しの時間を確保する。

【訳者による第10章の解説】

日本の大企業では、数年サイクルでリーダーが交代し、前任者が会長などのポジションに残りつつ、バトンを繋いでいくという継続性を重視した移行が主流であった。しかし、あらゆる面で逆風に立ち向かう現在においては、リーダーシップが移行した直後から大きな決断、変革の推進が求められる状況となっている。

例えば、欧米においては、新たなリーダーとして１００日プランを作りこむことはあたり前であり（むしろその１００日という期間に縛られすぎる傾向にあるため、本書にあるようにインパクトを重視することを提案しているのだが）、日本においてはまだまだ１００日プランを作りこむことをしている会社は少なく、その一方で独自性をアピールするための新味のある施策を個別展開しがちに思える。

本章で紹介している５つの要素を踏まえた包括的な計画の作りこみ、特に早く取り組むべき組織文化の変革、及びチェンジストーリーの発信（「なぜ変わる必要があるのか、なぜ今なのか」「どこに向かっていくのか」「どうやってそこに到達するのか」「社員に期待することは何か」「自分はどう変わるのか」）など、強いリーダーシップを発揮するために、本章の内容が助けになれば幸いである。

次は何をするべきか？

これまで私たちは、時代を超えて重要な10のテーマを取り上げた。どんな組織でも、どんなリーダーでも、昔も今も、そしてこれから先も、あらゆる組織のリーダーが正しく行動するために不可欠なテーマである。それぞれのテーマについて、なぜそのテーマが今日もなお重要なのか、そのビジネスケースを紹介した。そして、その効果を高めるために、リーダーとして何ができるかを、調査と経験に裏打ちされたアイデアを各章の「なにが重要か？」の節で提案した。最後に、その「重要なこと（big idea）」として提案したアイデアを実際に適用するためのロードマップ（および関連するケーススタディ）を提供した。これで私のミッションは完了だ……。

……と言いたいところだが、このままだと、この本を書くに至った前提そのものに反してしまう。リーダーはかつてないほど多忙であるため、だからこそ、長年にわたるリーダーシップの疑問に対する答えを一か所にまとめ、提供することが必要である。というものの、ただでさえ多忙なリーダーに、10個の重要な変革プログラムのリストを手渡したところで、役には立たないかもしれない。その上で実はもう1つ答えなければならない質問がある。時間や資源が限られている中で、どこから手をつければよいのだろうか?

　リーダーがどこから手をつければいいかの最もわかりやすい答えの見つけ方は、(a)事業戦略を実現するためにそのテーマの相対的な重要性を判断し、(b)それぞれのテーマについて、現在の組織において効果を発揮しているか、を評価することだ。まずは、最も大きなギャップがある箇所（例えば、戦略的重要性が高いが、現在のアプローチは効果的でない）から始めるとよいだろう。以降に掲載したワークシートは、各テーマについて私たちが共有した「重要なこと（big idea）」の内容を基に作成されており、その助けとなることを願っている。また効果を増すために、このワークシートをチームに配り、どの程度認識が揃っているかとその理由、それに対して何をするかを議論してもらうのもよいだろう。

	このテーマで最高クラスになることは、戦略上どれだけ重要か 1＝ある程度重要 2＝重要 3＝とても重要	現状はどうか 1＝最高クラス 2＝よくできている 3＝うまくできていない	優先度 （数値が高いほど優先度が高い）
1. 人材の獲得と定着	A		AxE= F
・組織に95%の価値をもたらす5%のポジションを見極められている		B	
・応募者に対するオファーは魅力的であり、オファー内容は実態が伴っている		C	
・次のゲームチェンジャーとなるテクノロジーに投資している		D	
		B+C+D=E	
2. 人材開発	A		AxE= G
・教室やコンピュータの枠を超えたラーニングのアプローチをとっている		B	
・人材開発を自ら気づきを与える性質のものにしている		C	
・強みに焦点を当てており、強みに関連するストレッチな目標を設定している		D	
		B+C+D=E	
3. パフォーマンス・マネジメント（業績管理）	A		AxE= H
・会社と社員の目標を一致させている		B	
・関係者全員にとってプロセス上の公平さを実現している		C	
・システムやデータではなく、スキルを優先させている		D	
		B+C+D=E	

次は何をするべきか？

	このテーマで最高クラスになることは、戦略上どれだけ重要か 1=ある程度重要 2=重要 3=とても重要	現状はどうか 1=最高クラス 2=よくできている 3=うまくできていない	優先度 （数値が高いほど優先度が高い）
4. 最高のパフォーマンスを上げるチーム	A		**AxE= I**
・強いチームの3つの要素（方向性の共通認識、意思疎通の質、刷新の意識）を積極的に測定、管理している		B	
・経営トップチームが、彼らだけができる仕事に集中している		C	
・組織構成に左右されずに経営トップチームを決めている		D	
		B+C+D=E	
5. 意思決定	A		**AxE= J**
・3つのタイプの意思決定を区別し、必要に応じアプローチを選定している		B	
・対話をデータやアナリティクスと同じように重要視している		C	
・人間の非合理性（バイアス）に効果的に対処している		D	
		B+C+D=E	
6. 組織設計	A		**AxE= K**
・組織は単なる箱と箱の連結としてではなく、人材、ビジネスプロセス、構造的要因を考慮して設計されている		B	
・アジャイルさと安定性の両方の要素が考慮された設計となっている		C	
・再設計プロセスにおける9つの重要なルールに従って設計されている		D	
		B+C+D=E	

	このテーマで最高クラスになることは、戦略上どれだけ重要か 1＝ある程度重要 2＝重要 3＝とても重要	現状はどうか 1＝最高クラス 2＝よくできている 3＝うまくできていない	優先度 （数値が高いほど優先度が高い）
7. 間接費削減	A		**AxE= L**
・コスト削減の7つの手段をすべて活用している		B	
・ゼロベース・アプローチを採用している		C	
・過度に単純化せず、目的に合ったスパンとレイヤーを設定している		D	
		B+C+D=E	
8. 組織文化の変革	A		**AxE= M**
・エンゲージメントに留まらず、パフォーマンスを推進する9つの要素に焦点を当てている		B	
・行動の背後にあるマインドセットを特定し、転換を行っている		C	
・インパクトの大きい4つのレバーを使いこなしている		D	
		B+C+D=E	
9. 組織全体の変革	A		**AxE= N**
・パフォーマンスと組織健康を同等に重視している		B	
・5つのフレームの考え方を適用している		C	
・予測可能な非合理性の活用方法を、合理的に考えている		D	
		B+C+D=E	

	このテーマで最高クラスになることは、戦略上どれだけ重要か 1＝ある程度重要 2＝重要 3＝とても重要	現状はどうか 1＝最高クラス 2＝よくできている 3＝うまくできていない	優先度 （数値が高いほど優先度が高い）
10. リーダーの移行	A		AxE= 0
・5つの分野について同時に現状把握をし、実行している		B	
・「何をやるか」と同じくらい「何をやらないか」を明確にしている		C	
・日程重視ではなく、インパクト重視である		D	
		B+C+D=E	

優先順位サマリー

トピック	優先度 （前のページ参照）	優先順位 （1位から10位まで 順位付けを行う。 最も高い数値が1位）	メモ
1. 人材の獲得と定着	F		
2. 人材開発	G		
3. パフォーマンス・マネジメント（業績管理）	H		
4. 最高の成果を上げるチーム	I		
5. 意思決定	J		
6. 組織設計	K		
7. 間接費削減	L		
8. 組織文化の変革	M		
9. 組織全体の変革	N		
10. リーダーの移行	O		

この優先順位付けの方法は、たしかに基本的で還元主義的で、機械的なものだ。その点では、古典的なニュートン力学にたとえることができる。さらに洗練された見方として、素粒子物理学と同様に、各要素についてだけでなく、各要素が互いにどのように動的に相互作用しているかを見ることも可能だろう。

私たちは、世界中の１５００以上の組織から寄せられた３００万件以上の調査回答をデータベース化し、この分野を探求してきた。その詳細は、スコット・ケラーとコリン・プライスの著書『Beyond Performance』の第２章と第３章を参照してほしい。特殊相対性理論や量子物理学における波動粒子双対性などと同じように、学びを簡単にまとめることは難しいからだ。ただ、そこからのリーダーにとって重要なメッセージは、すべての側面において偉大になろうとしないこと、である（例えば、リーダーシップ開発においてはゼネラル・エレクトリック級、マーケット形成においてはアップル級、リーン生産においてはトヨタ級、優秀な人材を集めることにおいてはゴールドマン・サックス級を目指そうとすると、総じて平凡な組織にしかならない）。その代わりに、偉大でなければならない経営側面と、十分であればよいという経営側面を明確に選択するのだ。

ニュートンの比較的単純な方程式は、すべての条件下で成立するわけではないが、私たちの日々の現実を説明するのには、十分だろう。

なお、今回取り上げた時代を超えたテーマごとに、ビジネスケース（なぜ）、効果的な洞察（何）、そしてどのように実践するかについてのガイダンス（どのように）などリーダーがより深く知りたいと思うような切り口が、確実に複数存在する。例えば、ダイバーシティ＆インクルージョン、デジタルトランスフォーメーション、ミレニアル世代への対応、コンプライアンスの徹底、よりダイナミックなパートナーシップの構築など、様々な切り口が挙げられるだろう。それでは最後に、歴史的な旅に出発したアポロ11号に対するＮＡＳＡのミッションコントロールの言葉を借りて、皆さんへのメッセージを送る。「皆さんの幸運、そして安全な旅路を祈る」[1]。

謝辞

「誰を呼ぼう？（Who you gonna call?）」は、レイ・パーカー・ジュニアが歌うハリウッドの超常現象コメディ「ゴーストバスターズ」のサウンドトラックから流れる印象的なリフレインである。この本を執筆するうえで数々の問いに答えるために、私たちはマッキンゼーの人材・組織・パフォーマンスグループに所属する多くのリーダーやメンバーに連絡を取った。実のところ、本書の内容は私たちのものというより、彼らのものだ。

また、その中でも特にアニータ・バッジオとセハーム・フセインの二人の同僚には、本書の内容をまとめるために尽力してくれたことに感謝したい。また、ブルームズベリー社のチーム、特にイアン・ホールズワースとルイーズ・タッカーの支援と指導がなければ、このように読みやすく、魅力的な形で皆さんの手元に届くことはなかったであろう。また、スクラップラブ社のノア・スミスと彼のチームには、レイアウトや見た目をデザインし、インフォグラフィックに創造性を発揮してもらったことに、特別な賛辞を贈る。

さらに、この本を世に出すために、私が何度も週末や夜遅くまで時間をかけることに我慢してくれた家族にも、生涯感謝したい。最後ではあるが、この旅路に参加してくださった読者のあなたにも深く感謝いたします。そして、次の旅路でまたお会いできることを楽しみにしています。

参考文献

序文

1 Jeffrey Pfeffer and Robert I. Sutton.Hard Facts, Dangerous Half-Truths, and Total Nonsense:Hard facts, dangerous halfuth, and total nonsense: Profiting from Evidence-Based Management (Cambridge, MA: Harvard Business Press, 2006), p.45.　邦訳『事実に基づいた経営：なぜ「当たり前」ができないのか？』清水勝彦（訳）、東洋経済新報社

2 1に同じ

3 Will Schutz, Profound Simplicity (San Francisco: Pfeiffer & Company, 1982), p54.

はじめに

1 https://next.ft.com/content/907fe3a6-1ce3-11e6-b286-cddde55ca122
Virtual memory: the race to save the information age by
Richard Ovenden, May 19, 2016

2 http://www.mckinsey.com/business-functions/organization/our-insights/how-to-beat-the-

transformation-odds

第1章

1 Resch Group（2016）, "Applying LEAN（and Elements of Six Sigma）for Process Optimization", （can be found at http://www.reschgroup.com/training/applying-lean-for-process-optimization/）.

2 Ernest O'Boyle Jr. and Herman Aguinis,
"The Best and the Rest: Revisiting the Norm of Normality in Individual Performance". Personal Psychology, 65（2012）: 79-119.

3 http://www.usatoday.com/story/money/personalfinance/2015/10/24/24-7-wallst-most-profitable-companies/74501312/

4 Kathleen Quinn Votaw, "How Steve Jobs got the A+ players and kept them,"（https://talentrust.com/ October 31, 2011.）

5 Jim Collins, Good to Great（New York: Random House, 2001）. 邦訳『飛躍の法則』山岡洋一（訳）、日経ＢＰ

6 http://www.mckinsey.com/global-themes/employment-and-growth/talenttensions-ahead-a-ceo-

briefing

7 次書籍の図表のグラフィックを参照。McKinsey War for Talent、１９９７年から２０００年にかけて行われたMcKinsey War for Talentという大規模な調査による。中堅・大企業１２５社の１２０００人以上の経営者を対象とした調査。

8 McKinsey & Company and The Conference Board、"The State of Human Capital 2012".

9 http://www.gallup.com/poll/188144/employee-engagement-stagnant-2015.aspx

10 https://appirio.com/cloud-powered-blog/this-year-in-employee-engagement-2016-trends-to-watch

11 http://insight.kellogg.northwestern.edu/article/five-ways-to-attract-and-retain-data-scientists

12 http://www.forbes.com/sites/susanadams/2012/01/23/trust-in-ceos-plummets-but-still-beats-trust-in-government/#5459c4e8295f

13 http://www.bloomberg.com/news/articles/2015-11-17/machines-are-better-than-humans-at-hiring-top-employees

14 https://hbr.org/2014/05/in-hiring-algorithms-beat-instinct

15 http://dupress.com/articles/people-analytics-in-hr-analytics-teams/

第2章

1 オーガスト・カーバー『教育に関する名言集』August Kerber, Quotable Quotes on Education, (Detroit:Wayne State University Press, 1968), p138.（ただし、Suzy Platt(ed.), Respectfully Quoted. A Dictionary of Quotations (Washington D.C.: Library of Congress, 1989) 内では本人の言葉であったか未検証と報告されている。）

2 http://www.mckinsey.com/featured-insights/employment-and-growth/future-of-work-in-advanced-economies

3 Pankaj Ghemawat, "Developing global leaders," McKinsey Quarterly, 2012 .

4 McKinsey & Company and The Conference Board, "The State of Human Capital 2012".

5 http://www.lhh.com/press-room/news/investments-in-leadership-development-to-increase

6 https://www.ziglar.com/quotes/employees/

7 http://www.gallup.com/businessjournal/182228/managers-engaged-jobs.aspx

8 http://www.economist.com/news/business/21651217-more-firms-have-set-up-their-own-corporate-universities-they-have-become-less-willing-pay

9 http://dupress.com/articles/learning-and-development-human-capital-trends-2015/; http://www.bersin.com/corporate-learning-factbook-2014

10 "The Corporate Learning Factbook 2014: Benchmarks, Trends, and Analysis of the U.S. Training Market", January 2014, Bersin.

11 http://www.mckinsey.com/featured-insights/leadership/why-leadership-development-programs-fail; 原典は Matthew Gitsham, Developing the Global Leader of Tomorrow (Ashridge, 2009).

12 http://www.forbes.com/sites/joshbersin/2014/02/04/the-recovery-arrives-corporate-training-spend-skyrockets/#5362bf394ab7

13 https://www.washingtonpost.com/news/on-leadership/wp/2014/09/05/what-employers-really-want-workers-they-dont-have-to-train/

14 https://www.shrm.org/resourcesandtools/tools-and-samples/toolkits/pages/developingemployeecareerpathsandladders.aspx

15 http://www.businessnewsdaily.com/7366-no-career-roadmap.html#sthash.kjm1YrIV.dpuf

16 http://www.ncbi.nlm.nih.gov/pubmed/11894680

17 http://www.bostoncommons.net/knowledge-doubling/

18 Research from Lessons of Experience(Lexington Press, 1988)、後にCareer Architect Planner(Lominger Press, 1996)にまとめられている。

19 McKinsey & Company Human Capital Service Line research, 2014. マッキンゼー ヒューマン・キャピタル・サービスライン調査、２０１４年。

20 Rachel Emma Silverman, "So Much Training, So Little to Show for It" Wall Street Journal, October 26, 2012.

21 http://www.gse.upenn.edu/news/press-releases/penn-gse-study-shows-moocs-have-relatively-few-active-users-only-few-persisting-

22 Ola Svenson, "Are we all less risky and skillful than our fellow drivers?", Acta Psychologica, 47(1981): 143-148.

23 Mark D. Alicke and Olesya Govorun, "The better-than-average effect," in Mark D. Alicke, David A.

Dunning and Joachim I. Krueger, The Self in Social Judgment: Studies in Self and Identity (Hove: Psychology Press, 2005), 85–106.

24 Michael Ross and Fiore Sicoly, "Egocentric Biases in Availability and Attribution," Journal of Personality and Social Psychology, 37（1979）：322-336; http://psych.colorado.edu/~vanboven/teaching/p7536_heurbias/p7536_readings/rosssicoly1979.pdf.

25 http://www.gordontraining.com/free-workplace-articles/learning-a-new-skill-is-easier-said-than-done/

26 http://www.gallup.com/businessjournal/153341/why-strengths-matter-training.aspx

27 "Return on Leadership": joint study by Egon Zehnder International and McKinsey & Company, February 2011.

28 Claudio Fernández-Aráoz, "21st-Century Talent Spotting," Harvard Business Review, June 2014 (accessed online). 邦訳『人材は潜在能力で見極める』（人材育成・人事の教科書：ハーバード・ビジネス・レビューＨＲ論文ベスト11、ダイヤモンド社、２０２０年８月）クラウディオ・フェルナンデス＝アラオス。

29 https://www.randstad.co.jp/wt360/archives/20171117.html

第3章

1 http://pages.stern.nyu.edu/~wstarbuc/ChinCtrl.html

2 Kevin Murphy and Jeanette N. Cleveland, Understanding Performance Appraisal: Social, Organizational, and Goal-Based Perspectives（New York: Sage Publications, 2005).

3 W. R. Spriegel,（1962), "Company practices in appraisal of managerial performance", Personnel Journal, Vol. 39: 77-83.

4 http://www.ysc.com/our-thinking/article/the-end-of-performance-management-sorting-the-facts-from-the-hype

5 DJohn C. Maxwell, The 360 Degree Leader: Developing Your Influence from Anywhere in the Organization（New York : Thomas Nelson publishing, 2005). eveloping Your Influence from Anywhere in the Organization（New York: Thomas Nelson publishing, 2005).

6 P. Drucker, The Practice of Management（Harper, New York, 1954); Heinemann, London, 1955; revised edn, Butterworth-Heinemann, 2007.より引用。

7 J. E. Hunter and Robert Rodgers, "Impact of management by objectives on organizational productivity," J. Appl. Psychol., 76（1991）: 322-336.

8 S. Wagner, C. P. Parker, N. Christiansen, "Employees that think and act like owners:8 S. Wagner, C. P. Parker, N. Christiansen, "Employees that think and act like owners: Effects of ownership beliefs and behaviors on organizational effectiveness," Personnel Psychology, 56（2003）: 847-871.

9 Deborah Brecher, Johan Eerenstein, Catherine Farley, and Good, Tim, "Is Performance Management performing," Accenture（2016）.

10 https://hbr.org/2015/03/why-strategy-execution-unravelsand-what-to-do-about-it

11 The Conference Board CEO Challenge 2015 “Creating Opportunity out of Adversity—Building Innovative, People-Driven Organizations,” by Charles Mitchell, Rebecca Ray, Bart van Ark.

12 Brecher, Deborah, Eerenstein, Johan, Farley, Catherine, and Good, Tim（April 2016）, "Is Performance Management performing," Accenture.

13 2013 Global Performance Management Survey Report by Mercer. Mercerはニューヨークに本社を置く組織・人事等を専門とするコンサルティングファーム。マーサーによる２０１３年グローバル・パフォーマンス・マネジメント調査報告書。

14 https://www.washingtonpost.com/news/on-leadership/wp/2015/07/21/in-big-move-accenture-will-get-rid-of-annual-performance-reviews-and-rankings/

15 Daniel H. Pink, Drive（New York: Riverhead Books, 2011）. 邦訳『モチベーション３・０：持続する「やる気!」をいかに引き出すか』大前研一（訳）、講談社York: Riverhead Books, 2011。

16 https://www.boundless.com/psychology/textbooks/boundless-psychology-textbook/motivation-12/theories-of-motivation-65/incentive-theory-of-motivation-and-intrinsic-vs-extrinsic-motivation-252-12787/

17 15に同じ。

18 https://www.psychologytoday.com/blog/old-school-parenting-modern-day-families/201505/the-failure-child-centered-parenting

19 Terry Burnham and Jay Phelan, Mean Genes（New York: Perseus, 2000）. 邦訳『いじわるな遺伝子：ＳＥＸ、お金、食べ物の誘惑に勝てないわけ』森内薫（訳）、日本放送出版協会。

20 http://www.wsj.com/news/articles/SB10001424052970203363504577186970064375222

21 https://www.shrm.org/ResourcesAndTools/hr-topics/employee-relations/Pages/performance-reviews-are-dead.aspx

22 https://www.cebglobal.com/blogs/corporate-hr-removing-performance-ratings-is-unlikely-to-

improve-performance/

第4章

1 http://www.forbes.com/sites/erikaandersen/2013/05/31/21-quotes-from-henry-ford-on-business-leadership-and-life/#6aeca8443700

2 http://articles.latimes.com/1992-06-25/sports/sp-1411_1_olympic-team

3 http://thegrio.com/2012/06/13/dream-team-documentarys-5-most-intriguing-moments/

4 http://worldsoccertalk.com/2014/07/14/why-germany-won-the-world-cup-and-why-they-may-not-be-perfect/

5 https://www.entrepreneur.com/article/241441

6 Global Institutional Investor survey, Ernst & Young 2009.

7 Scott Keller and Colin Price, Beyond Performance:How Great Organizations Build Ultimate Competitive Advantage（Hoboken, N.J.: Wiley, 2011）.を参照。

8 https://www.sciencedaily.com/releases/2006/04/060423191907.htm

9 https://www.entrepreneur.com/article/269941

10 http://www.inc.com/dave-kerpen/15-quotes-to-inspire-great-team-work.html

11 Kenwyn K. Smith and David N. Berg, Paradoxes of Group Life (San Francisco: Jossey-Bass Inc, 1987).

12 エグゼクティブサーチ会社 Heidrick & Struggles のリーダーシップコンサルティング部門と南カリフォルニア大学の Center for Effective Organization が、フォーチュン５００のトップ人事幹部60名を対象に共同で実施した調査:Richard M. Rosen and Fred Adair, “CEOs misperceive top teams’ performance,” Harvard Business Review, September 2007.

13 Diane Cotu, "Why teams don't work," Harvard Business Review, May 2009.

14 Richard M. Rosen and Fred Adair, "CEOs misperceive top teams' performance," Harvard Business Review, September 2007.

15 ＰｗＣ 第18回グローバルＣＥＯサーベイ２０１５ http://www.pwc.com/gx/en/ceo-survey/ 2015/assets/pwc-18th-annual-global-ceo-survey-jan-2015.pdf

16 http://www.cnn.com/2010/BUSINESS/03/12/ceo.health.warning/

17 http://www.brainyquote.com/quotes/keywords/dream.html

18 http://www.nytimes.com/2016/02/28/magazine/what-google-learned-from-its-quest-to-build-the-perfect-team.html?_r=0

19 原資料Senior Leadership Teams:What It Takes to Make Them Great（Center for Public Leadership）Hardcover - January 24, 2008.Ruth Wageman, Debra Nunes, James Burruss, Richard Hackman は、世界中の１２０以上のトップチームのデータを収集・分析し、その成果は「"Why Teams Don't Work," Harvard Business Review https://hbr.org/2009/05/why-teams-dont-work に掲載された。

20 "Why Teams Don't Work," Harvard Business Review https://hbr.org/2009/05/why-teams-dont-work

第５章

1 Leigh Buchanan and Andrew O'Connell, "A Brief History of Decision-Making," Harvard Business Review, January 2006. リー・ブキャナン、アンドリュー・オコネル、「意思決定の小史」、ハーバード・ビジネス・レビュー、２００６年１月。邦訳『意思決定科学の歴史』（『意思決定のサイエンス』、ダイヤモンド社に収録）

2 http://go.roberts.edu/leadingedge/the-great-choices-of-strategic-leaders

3 １に同じ。リー・ブキャナン、アンドリュー・オコネル、「意思決定の小史」、ハーバード・ビジネス・レビュー、２００６年１月。

4 http://www.nytimes.com/2008/05/02/technology/02kodak.html

5 Marcia W. Blenko, Michael C. Mankins and Paul Rogers, "The decision-driven organization," Harvard Business Review, June 2010. マーシャ・W・ブレンコ、マイケル・C・マンキンス、ポール・ロジャース、「意思決定主導の組織」、ハーバード・ビジネス・レビュー、２０１０年６月。

6 Dan Lovallo and Olivier Sibony, "The case for behavioral strategy," McKinsey Quarterly, March 2010. ダン・ロヴァロ、オリヴィエ・シボニー、「行動戦略の事例」、McKinsey Quarterly, ２０１０年３月。

7 http://www.bain.com/publications/articles/the-five-steps-to-better-decisions.aspx の追加ソースデータを活用した分析。

8 Towers Perrin Global Workforce Survey 2007-2008. タワーズペリン グローバルワークフォースサーベイ２００７―２００８。

9 http://knowledge.wharton.upenn.edu/article/a-tale-of-two-brands-yahoos-mistakes-vs-googles-

mastery/

10 Amir Efrati “Yahoo Battles Brain Drain, Wall Street Journal, December 5, 2011.

11 Cyril Northcote Parkinson, Parkinson's Law : Or the Pursuit of Progress（London: John Murray, 1958). 邦訳シリル・ノースコート・パーキンソン『パーキンソンの法則』森永晴彦（訳）、至誠堂

12 Dan Ariely, Interview by Olivier Sibony, McKinsey Quarterly, 2011.

13 http://www.mckinsey.com/business-functions/strategy-and-corporate-finance/our-insights/the-case-for-behavioral-strategy

14 https://blog.deming.org/w-edwards-deming-quotes/large-list-of-quotes-by-w-edwards-deming/

15 "A Victim of Its Own Success," Financial Times, April 4, 2012.

16 http://www.information-age.com/kodak-presses-the-digital-switch-296791

17 Bent Flyvbjerg, Mette Skamris Holm, and Soren Buhl, "How common and how large are cost overruns in transport infrastructure projects?" Transport Reviews, 23（2003）: 71-88.

18 "Dan Ariely on Irrationality in the Workplace," McKinsey Quarterly, February 2011.

19 データ出典：http://www.nytimes.com/2015/12/09/opinion/diversity-makes-you-brighter.html?_r=0、他の類似の調査には http://insight.kellogg.northwestern.edu/article/better_decisions_through_diversity、https://www.gsb.stanford.edu/insights/deborah-gruenfeld-diverse-teams-produce-better-decisions がある。

第6章

1 Frederic Laloux, Reinventing Organizations: A Guide to Creating Organizations Inspired by the Next Stage in Human Consciousness（Nelson Parker: Brussels, 2014）. 邦訳『ティール組織：マネジメントの常識を覆す次世代型組織の出現』鈴木立哉（訳）、英治出版

2 https://www.gsb.stanford.edu/insights/jeffrey-pfeffer-do-workplace-hierarchies-still-matter, http://www.inc.com/christina-desmarais/your-employees-like-hierarchy-no-really.html

3 Chris Morgan and David Langford, Facts and Fallacies: A Book of Definitive Mistakes and Misguided Predictions（New York: St Martin's Press, 1981）.

4 ２０１３年９月10日から９月20日にかけて実施したマッキンゼーグローバル調査「組織再編成の成功の秘訣」では、地域、業界、企業規模、職務専門性、在職期間を問わず、２０６３人の経営者から回答を得た。このうち、１５３４名が現在の組織で再設計を経験したと回答している。

5 http://www.ere.net/survey-says-executive-tenure-shortening/

6 http://chiefexecutive.net/why-ceos-are-taking-on-more-direct-reports

7 http://www.forbes.com/2010/07/30/corporate-reorganization-abb-ford-leadership-managing-bain.html

8 "How do I reorganize to capture maximum value quickly?「最大限の価値を素早く獲得するための組織再編はどうすればよいか?」McKinsey Organization Practice white paper, Giancarlo Ghislanzoni, Stephen Heidari-Robinson, Suzanne Heywood, Martin Jermiin, November 2011.

9 https://hbr.org/2014/01/five-questions-every-leader-should-ask-about-organizational-design

10 マッキンゼーグローバルサーベイ結果、組織再設計の成功の秘訣、２０１３年9月10日から9月20日まで、地域、業界、企業規模、機能的専門性、在職期間のすべてにおいて、２０６３人の経営者から回答を得た。このうち、１５３４人が現在の組織で再設計を経験したと回答している。４と同じ。ただし、ほとんどの組織の再設計には複数の目的があるため、数字を加算すると、合計が１００％以上になる。

11 Phil Rosenweig, The Halo Effect: How Managers let Themselves be Deceived（New York: Free Press, 2007). 邦訳『なぜビジネス書は間違うのか』桃井緑美子（訳）日経ＢＰ。

12 Phil Rosenweig, The Halo Effect: How Managers let Themselves be Deceived（New York: Free

Press, 2007). 邦訳『なぜビジネス書は間違うのか』桃井緑美子（訳）日経ＢＰ。

13 Dan Bilefsky and Anita Raghavan, "Once Called 'Europe's GE, ABB and Star CEO Tumbled," Wall Street Journal, January 23, 2003.

14 “Harper's Magazine” １９５７年１月号の「Merrill's Marauders: The truth about an incredible adventure」でのチャールトン・オグバーン・ジュニア（1911-1998）の言葉。オグバーンは、２つの異なった、しかし似たようなバージョンを書いている。１つは１９５７年１月号の“Harper's Magazine”『ハーパーズ』誌に掲載されたもので、もう１つは彼の回顧録『The Marauders マローダーズ』（１９５９年）に掲載されたものである。

15 McKinsey Global Survey results, The secrets of successful organizational redesigns, September 2013. マッキンゼーグローバル調査結果、組織再設計の成功の秘訣、２０１３年９月。なお、初回報告時のデータと今回報告するデータが若干異なるのは、ベースデータを見直し、さらに分析したところ、まだ実施中であるため曖昧であると判断した事例が１０３件あった。これらのケースをデータセットから除外することで、数字の不一致を説明できる（N=1208となる）。

16 ＩＢＳ経営研究センター, IBS Center for Management Research, 2003.

17 http://allthingsd.com/20090209/will-tough-talking-bartz-reorg-yahoo-soon-and-finally-blue-pill-the-matrix/

18 http://www.webmd.com/back-pain/news/20140325/low-back-pain-leadingcause-of-disability-worldwide-study

19 http://www.smi-mindbodyresearch.org/Schechter2Web.pdf

20 John E. Sarno, MD, Healing Back Pain: The Mind-Body Connection（New York: Warner Books, 1991）.

21 http://www.nbcnews.com/id/39658423/ns/health-pain_center/t/back-surgerymay-backfire-patients-pain/#.V-OMY_krJhQ

22 John E. Sarno, MD, Healing Back Pain: The Mind-Body Connection（New York: Warner Books, 1991）.

23 "How the Growth Outliers Do It", Harvard Business Review, January-February 2012.

24 Carlos Ruiz Zafón, The Angel's Game（London: Weidenfeld & Nicolson, 2009）カルロス・ルイス・サフォン『天使の遊戯』（ロンドン：ワイデンフェルド＆ニコルソン、２００９年）

25 Steven Aronowitz, Aaron De Smet and Deirdre McGinty, "Getting organizational redesign right", McKinsey Quarterly, June 2015.

第7章

1 Joseph A. Tainter, The Collapse of Complex Societies, New Studies in Archaeology（Cambridge: CUP, 1988）.

2 エドワード・ギボン『ローマ帝国衰亡史』（1776年）。

3 Bobbie Gossage, "Howard Schultz on how to lead turnaround," Inc. Magazine, April 2011.

4 Robert Levin and Alison Watson, “Maximizing the value of G&A,” McKinsey Quarterly, June 2016.

5 Chris Bradley, Angus Dawson and Sven Smit, “The strategic yardstick you can’t afford to ignore,” McKinsey Quarterly, October 2013.

6 http://www.pwc.com/gx/en/ceo-survey/2016/landing-page/pwc-19th-annual-global-ceo-survey.pdf

7 http://www.mckinsey.com/business-functions/operations/our-insights/whatworked-in-cost-cutting-and--and-whats-next-mckinsey-global-survey-results

8 Alexander Edlich, Heiko Heimes, Alison Watson Pugh, "Can you achieve and sustain your G&A cost reduction?" McKinsey Quarterly, October 2016.

9 http://www.bain.com/Images/BAIN_BRIEF_Break_out_from_the_G_and_A_cost_treadmill.pdf

10 Suzanne P., Nimocks, Robert L. Rosiello, and Oliver Wright, "Managing overhead costs," McKinsey Quarterly, May 2005.

11 ２０１３年世界疾病負担調査 https://www.nielsen.com/content/dam/nielsenglobal/eu/nielseninsights/pdfs/Nielsen%20Global%20Health%20and%20Wellness%20Report%20-%20January%202015.pdf

12 Gary Foster, Ph.D., clinical director of the Weight and Eating Disorders Program at the University of Pennsylvania, ペンシルバニア大学体重・摂食障害プログラム臨床ディレクター、ゲイリー・フォスター博　士 http://www.livestrong.com/article/438395-the-percentage-of-people-who-regain-weight-after-rapid-weight-loss-risks/

13 http://www.livestrong.com/article/438395-the-percentage-of-people-who-regainweight-after-rapid-weight-loss-risks/

14 https://www.pacifichealthlabs.com/blog/could-you-be-losing-muscle-instead-of-fat-heres-how-not-to-do-that/

15 Brian Hackett, "Cut costs, but not the trust," The Conference Board, 2002.

16 https://hbr.org/2008/05/halting-the-exodus-after-a-layoff

17 http://www.compensationforce.com/2016/04/2015-turnover-rates-by-industry.html

18 https://www.zanebenefits.com/blog/bid/312123/employee-retention-the-realcost- of-losing-an-employee

19 この挿話は、発案者のはっきりしないインターネットのミームを引用している。著者は、Raymond S. Edge and John Randall Groves, Ethics of Health Careに書かれたミームのバージョンに触発された。A Guide for Clinical Practice,（New York: Thomson Delmar Learning, 1994）.

20 http://disenthrall.co/3-examples-of-the-anchoring-rule-in-marketing/

21 Shaun Callaghan, Kyle Hawke and Carey Mignerey, "Five myths（and realities）about zero-based budgeting," McKinsey Quarterly, October 2014.

22 https://www.bcgperspectives.com/content/articles/organization_design_public_sector_demystifying_organization_design_in_the_public_sector/

23 Julie Wulf, "The Flattened Firm-Not As Advertised", Working Paper 12-087, Harvard Business School, April 9, 2012.

第8章

1 http://www.micsem.org/pubs/counselor/frames/culture_economic_developmentfr.htm?http&&&www.micsem.org/pubs/counselor/culture_economic_development.htm ジョン・スチュアート・ミルの『政治経済学原理』（１８４８）とマックス・ウェーバーの『プロテスタンティズムの倫理と資本主義の精神』を参考に作成した。

2 David Landes, The Wealth and Poverty of Nations (New York: W.W. Norton, 1998). 邦訳『「強国」論』竹中平蔵（訳）、三笠書房デヴィッド・ランデス『国家の富と貧困』（New York: W.W. Norton, 1998）。

3 J. P. Kotter and J. L. Heskett, Corporate Culture and Performance（New York: Free Press, 1992). 邦訳『企業文化が高業績を生む：競争を勝ち抜く「先見のリーダーシップ」２０７社の実証研究』梅津祐良（訳）、ダイヤモンド社。J・P・コッター、J・L・ヘスケット『企業文化と業績』（New York: Free Press, 1992）。

4 Scott Keller and Colin Price, Beyond Performance: How Great Organizations Build Ultimate Competitive Advantage（Hoboken, N. J. : Wiley, 2011). スコット・ケラー、コリン・プライス『ビヨンド・パフォーマンス』。How Great Organizations Build Ultimate Competitive Advantage（Hoboken, N. J. : Wiley, 2011）を参照。

5 Dan M. Kahan, Ellen Peters, Erica Cantrell Dawson, and Paul Slovic, "Motivated Numeracy and

"Enlightened Self-Government," Behavioural Public Policy, Forthcoming; Yale Law School, Public Law Working Paper No.307,' September 3, 2013. ２０１３年９月３日。

6 Gary Hamel and C. K. Prahalad. "Competing for the Future" (Boston: Harvard Business School Press, 1996).

7 http://www.slideshare.net/reed2001/culture-1798664, 2009.

8 Chris DeRose and Noel Tichy "Judgement is All: Does JCPenney's Ron Johnson fatally lack it?" Forbes, March 8, 2013. ２０１３年３月８日。

9 https://www.torbenrick.eu/blog/culture/organisational-culture-eats-strategy-forbreakfast-lunch-and-dinner/

10 Patricia Sellers "Warren Buffet, corporate culture guru," Fortune Magazine, March 17, 2011.

11 ４に同じ。Scott Keller and Colin Price, Beyond Performance:How Great Organizations Build Ultimate Competitive Advantage（Hoboken, N.J. : Wiley, 2011）を参照。

12 http://www.bloomberg.com/news/articles/2003-03-30/an-insiders-tale-ofenrons-toxic-culture

13 http://www.independent.co.uk/news/business/news/exclusive-barclays-insiderlifts-lid-on-banks-

toxic-culture-7920809.html

14　4に同じ。スコット・ケラー、コリン・プライス“Beyond Performance:How Great Organizations Build Ultimate Competitive Advantage”（Hoboken, N. J. : Wiley, 2011）を参照。

15　http://www.telegraph.co.uk/finance/newsbysector/industry/engineering/12043637/Misconduct-at-heart-of-VWs-dieselgate-scandal-sayschairman.html

16　4に同じ。Scott Keller and Colin Price, Beyond Performance:How Great Organizations Build Ultimate Competitive Advantage（Hoboken, N. J. : Wiley, 2011）を参照。

17　http://www.fastcompany.com/1810674/culture-eats-strategy-lunch

18　Lou Gerstner, Who Says Elephants Can’t Dance?（New York: HarperBusiness, 2002）. ルー・ガースナー『Who Says Elephants Can't Dance?（ニューヨーク：ハーパー・ビジネス社、２００２年）。

19　4に同じ。Scott Keller and Colin Price, Beyond Performance:How Great Organizations Build Ultimate Competitive Advantage（Hoboken, N.J.: Wiley, 2011）を参照。

20　R. E. Ulrich, "The use of behavior modification strategies to increase probability of attendance at evening chapel through use of food contingent reinforcement at the Life Line Mission, San Francisco, California," Behaviorists for Social Action Journal, 2（1980）: 1-2.

21 4に同じ。Scott Keller and Colin Price, Beyond Performance:How Great Organizations Build Ultimate Competitive Advantage（Hoboken, N.J.: Wiley, 2011）を参照。

第9章

1 ジョン・F・ケネディの「フランクフルトのパウルスキルヒェの集会場での演説」（1963年6月25日、http://www.presidency.ucsb.edu/ws/?pid=9303）http://www.presidency.ucsb.edu/ws/?pid=9303が伝えている。

2 Kurt Lewin, "Frontiers in Group Dynamics: concept, method and reality in social science; social equilibria and social change," Human Relations, Vol 1, 1947, 5-41. http://dx.doi.org/10.1177/001872674700100103.

3 Joel Barker, Brad Christensen, John Christensen, and Charthouse Learning Corporation, The Power of Vision（VHS: Burnsville, MN, 1990）.

4 Andreas Cornet, Philipp Espel and Daniel Hannemann, "On Enterprise Transformations," McKinsey & Company Organization Practice white paper, February 2016.

5 8章の4に同じ。Introductionの部分。How Great Organizations Build Ultimate Competitive Advantage

(Hoboken, N.J.: Wiley, 2011).

6 http://www.innosight.com/innovation-resources/strategy-innovation/creativedestruction-whips-through-corporate-america.cfm

7 http://www.theatlantic.com/business/archive/2015/05/lotteries-americas-70-billion-shame/392870/

8 http://www.iii.org/fact-statistic/mortality-risk

9 Martin E. Smith, "Success rates for different types of organizational change," Performance Improvement t 41 (2002): 26-33.

10 http://www.mckinsey.com/business-functions/organization/our-insights/how-tobeat-the-transformation-odds

11 George M. Marsden, C. S. Lewis's "Mere Christianity": A Biography (Princeton University Press: Princeton N.J.: 2016). ジョージ・M・マースデン『C・S・ルイスの「単なるキリスト教」』。A Biography (Princeton University Press: Princeton N.J.: 2016).

12 8章の4に同じ。スコット・ケラー、コリン・プライス『ビヨンド・パフォーマンス』。How Great Organizations Build Ultimate Competitive Advantage (Hoboken, N.J.: Wiley, 2011), p.30.

13 George Johnson, Strange Beauty: ジョージ・ジョンソン『ストレンジ・ビューティー』。Murray Gell-Mann and the Revolution in Twentieth-Century Physics（Vintage: New York, 1999）.

第10章

1 https://www.armstrongeconomics.com/writings/2012-2/anatomy-of-a-debt-crisis/

2 http://www.ddiworld.com/DDI/media/trend-research/leaders-in-transitionstepping-up-not-off_mis_ddi.pdf

3 Kruti Bharucha and Nitika Dial, "Corporate Finance:The Cost of Poor Leadership Transitions," CEB, October 29 2013; https://www.cebglobal.com/blogs/corporate-finance-the-cost-of-poor-leadership-transitions/

4 https://www.americanprogress.org/wp-content/uploads/2012/11/CostofTurnover.pdf

5 Brad Tuttle, "The 5 Big Mistakes That Led to Ron Johnson's Ouster at J.C. Penney," Time, April 9 2013; retrieved January 7 2015.

6 故障率とその原因に関する統計は、以下のような多くの画期的な調査から得られたものだ。Brad Smart and Geoff Smart, Topgrading:Brad Smart and Geoff Smart, How to Hire, Coach and Keep A Players

(New York: Penguin, 1999); Mark Murphy, "Leadership IQ study:Mark Murphy, "Leadership IQ study: Why new hires fail,' Public Management, 88 (2: 2005); "Executive transitions market study,:"Executive transitions market study: Summary report 2008,"' Institute of Executive Development and Alexcel Group, 2008; George Bradt, Jayme Check, and Jorge Pedraza, The New Leader's 100-Day Action Plan (Hoboken N.J.: Wiley, 2009); and recent Gallup polls.ここ本文で言及した具体的な数値の範囲は、Executive Transitions Rise, Challenges Continue, IED and Alexcel research June 2013(「今日、約27%の経営トップが最初の2年間で期待に応えられていない」)とCEB、2012(「すべてのリーダーの46%がトランジション移行の過程でアンダーパフォームしている」)の記述に由来している。

7 Carolyn Dewar, Seham Husain and Scott Keller, "Breaking new ground: making successful transition into your new executive role," McKinsey & Company, 2013.

8 http://mld.mckinsey.com/custom-program/leadership-transitions#.V9SXVfkrJzU

9 http://www.ddiworld.com/DDI/media/trend-research/leaders-in-transitionstepping-up-not-off_mis_ddi.pdf

10 Jennifer Reingold, "How to Fail in Business While Really, Really Trying," Fortune, March 20, 2014.

11 Phil Wahba, "Ron Johnson says JCPenney should have stuck to his plan," Fortune, May 16, 2016.

12 10に同じ。
13 Marshall Goldsmith with Mark Reiter, What Got You Here - Won't Get You There (New York: Hyperion, 2007). 邦訳『コーチングの神様が教える「できる人」の法則』斎藤聖美（訳）、日本経済新聞出版社。
14 PWC 2015 CEO Success Study http://www.strategyand.pwc.com/ceosuccess
15 Michael Birshan, Thomas Meakin and Kurt Strovink, "How new CEOs can boost their odds of success," McKinsey Quarterly, May 2016.
16 Executive Transitions Rise, Challenges Continue, IED and Alexcel research June 2013.
17 Matt Paese, PhD and Richard Wellins, PhD, “Leaders in Transition: Stepping up, not off,” (DDI) Rajiv Chandran, Hortense de la Boutetiere and Carolyn Dewar, "Ascending to the C-suite," McKinsey Quarterly, April 2015.
18 CEB, "High-Impact Leadership Transitions," August 2012.
19 Patricia Wheeler PhD, "Executive Transitions market study summary report:2008," The Institute of Executive Development, 2008.

20 Rajiv Chandran, Hortense de la Boutetiere and Carolyn Dewar, "Ascending to C-suite," McKinsey Quarterly, April 2015.

21 Executive Transitions Rise, Challenges Continue, IED and Alexcel research June 2013.

22 Michael Birshan, Thomas Meakin and Kurt Strovink, "How new CEOs can boost their odds of success," McKinsey Quarterly, May 2016.

23 Rajat Gupta and Jim Wendler, "Leading Change:McKinsey Quarterly, July 2005, "Leading Change: An Interview with the CEO of P&G", McKinsey Quarterly, July 2005.

24 John Greathouse, "Steve Jobs:5（More）Motivational Business Tips," Forbes.com, May 18, 2013.

25 Debbie Weil, "Three things on Jim Collins' stop doing list," Inc. September 2008.

26 Rajiv Chandran, Hortense de la Boutetiere and Carolyn Dewar, "Ascending to C-suite," McKinsey Quarterly, April 2015.

27 19に同じPatricia Wheeler PhD, "Executive Transitions market study summary report.

28 Leslie Gaines-Ross, CEO Capital:28 Leslie Gaines-Ross, CEO Capital: A Guide to Building CEO Reputation and Company Success（Hoboken, NJ: John Wiley & Sons, 2002）. 邦訳『「社長の評判」で

会社を伸ばす：戦略的企業広報の活用法』福永朱里（訳）、日本経済新聞出版社。

29 Rajiv Chandran, Hortense de la Boutetiere and Carolyn Dewar, "Ascending to C-suite," McKinsey Quarterly, April 2015.

30 https://www.fastcompany.com/53574/fast-company-interview-jeff-immelt

次は何をするべきか？

1 http://www.scientificamerican.com/article/good-luck-and-godspeed/

村田 崇治（Takaharu Murata）アソシエイト・パートナー
田中 耕路（Koji Tanaka）アソシエイト・パートナー
美甘 政門（Masato Mikamo）エンゲージメント・マネジャー
西村 直紀（Naoki Nishimura）ジュニア・エンゲージメント・マネジャー

〇各章担当訳者

井上 匡史（Tadashi Inoue）、鈴木 温子（Atsuko Suzuki）、栄田 康孝（Yasutaka Eida）、牛山 竜太朗（Ryutaro Ushiyama）、池袋 奈緒子（Naoko Ikebukuro）、柴田 陽子（Yoko Shibata）、日野 光平（Kohei Hino）、古橋 まどか（Madoka Furuhashi）

訳者紹介

マッキンゼー・アンド・カンパニー・ジャパン
人材・組織・パフォーマンスグループ

マッキンゼーの人材・組織・パフォーマンス（POP: People Organization and Performance）グループは、世界中で最先端の知見を獲得するために独自の研究を行い、蓄積した洞察力や経験に基づき、国内外の企業に対して組織変革、人材マネジメント、人材育成から、組織設計、組織の健全性、合併後のマネジメントに至るまで、さまざまな課題に関して支援を提供している。特に近年では、企業変革グループと共に数多くの日本企業の大規模企業変革支援を実施している。

○監訳者

井伊 宏光 (Hiromitsu Ii)

シニアパートナー。マッキンゼーの組織・人材・パフォーマンスグループのリーダーであり、また大規模な企業変革を支援するマッキンゼー・トランスフォーメーショングループのリーダー。

製造業・インフラ業・ハイテク産業を中心に多岐にわたるクライアント企業の課題解決、全社変革プログラムの設計・実行支援を行っている。

○訳者

坂本 貴則 (Takanori Sakamoto)

パートナー。マッキンゼートランスフォーメーショングループの日本における創設メンバー。組織の実行力強化を支援するマッキンゼーインプリメンテーショングループのリーダー。

企業変革を専門として、様々な業界における企業変革・再生に取り組む企業に対し、オペレーションや迅速なキャッシュ改善(運転資本の改善)、統合マネジメント、組織変革および成長戦略など、幅広い領域で支援を行っている。

久家 紀子 (Noriko Kuya)

パートナー。組織・人材・パフォーマンスグループのリーダーとして、欧米企業と日本企業との比較研究、特に伝統的日本企業に求められる組織変革・組織力強化の設計と実行支援にも注力。

交通運輸業、製造業を中心に、戦略、全社変革プログラム、オペレーション改善、リーダーシップ評価・育成など、幅広いトピックについて支援。

著者紹介

スコット・ケラー（Scott Keller）

マッキンゼー・アンド・カンパニー　南カリフォルニアオフィス　シニアパートナー。CEO エクセレンスプラクティスの共同リーダー。

フォーチュン100社のCEOやトップチームにサービスを提供し、全社変革プログラムを主導。また、CEOの移行やその後の直接的なコーチングの役割も果たす。ASHRM Strategic Leadership Award、AMCO の Business Transformation Award、Leadership Excellence のトップ 25 アワードのリーダー育成賞を受賞。共著に、ニューヨークタイムズ紙でベストセラーとなった『*CEO Excellence: The Six Mindsets that Distinguish the Best Leaders from the Rest*』がある。
その他、世界経済フォーラムを含む複数の CEO およびエグゼクティブのイベントでスピーカーを務め、USC のマーシャル スクール オブ ビジネスおよびダブリン大学のトリニティ ビジネス スクールのゲスト講師でもある。

メアリー・ミーニー（Mary Meaney）

元マッキンゼー・アンド・カンパニー　パリオフィス　シニアパートナー。マッキンゼーのグローバルリーダーシップ・組織プラクティスの共同リーダー（当時）。

マッキンゼーのグローバル取締役会、株主評議会のメンバーを務め、マッキンゼーの組織のグローバルな業務をリード。ヨーロッパ、中東、アフリカの幅広いクライアントに、変革の変化、トップチームの連携、能力構築、リーダーシップ開発、人材戦略、業績向上に焦点を当てたアドバイスを提供。その他、マッキンゼーの女性イニシアチブの共同創設者でもある。専門分野は、消費財、化学、製薬、電気通信産業、公共部門を中心に、エネルギー、基礎素材、鉱業、ハイテク、プライベート エクイティなど、様々な分野に及ぶ。

マッキンゼー
勝ち続ける組織の10の法則

2022年11月18日　1版1刷
2023年 2 月 7 日　　3刷

著　者	スコット・ケラー
	メアリー・ミーニー
訳	マッキンゼー・アンド・カンパニー・ジャパン
	人材・組織・パフォーマンスグループ
発行者	國分正哉
発　行	株式会社日経BP
	日本経済新聞出版
発　売	株式会社日経BPマーケティング
	〒105-8308 東京都港区虎ノ門4-3-12
ブックデザイン	山之口正和（OKIKATA）
本文DTP	朝日メディアインターナショナル
印刷・製本	三松堂

ISBN 978-4-296-11447-4
Printed in Japan